字出版物收录的相关文献均不再另付稿酬。

　　《妈祖文化年鉴》（2016）的出版得到了人民出版社的大力支持，这是妈祖文化界值得庆贺的喜事，也表明妈祖文化作为中华优秀传统文化中的重要组成部分，越来越受到社会各界的普遍关注。

　　《妈祖文化年鉴》（2016）的编辑出版还得到了福建省妈祖文化传承与发展协同创新中心、福建省妈祖文化研究会、福建省社会科学研究基地妈祖文化研究中心和福建省高校人文社会科学研究优秀基地莆田学院妈祖文化研究中心的鼎力支持，对此深表谢意。

《妈祖文化年鉴》编委会

2017 年 9 月

第一部分　学术与研究

专著文集

● 专著

蚕沙口——妈祖佑护的村庄 ……………………………朱长波　冯连满等著　003

妈祖文化导论 ……………………………………………………………任清华　003

大爱妈祖 …………………………………………………………………黄明安　003

妈祖文化教育概论 …………………………谢金森　张国栋　柯　力等编著　003

妈祖研究书目 ……………………………………………张　珣　杨玉君主编　003

妈祖缘·岁月情 ………………………………………蔡辅雄述，许诗敏编　004

妈祖与海洋文化 ……………………………………………………黄少强主编　004

妈祖文化读本（初级版）………………李丽娟　黄瑞国　周翔华编著　004

妈祖民俗体育实证研究 …………………………………………………刘青健　004

妈祖祭典 ………………………………………………周金琰　朱合浦撰　004

湄洲天上圣母真经 ……………………………………………刘福铸编修注释　004

妈祖文化社区读本 ………………………………………………陈仁川主编　004

妈祖文化与当代社会……………………………………张国栋　柯　力等编著　004

民间庙会稳态性研究——以天津皇会为例……………………………蒲　娇　005

嬉戏台湾传奇——妈祖林默娘………………郑宗弦著　曹泰容绘图　005

谢宗兴写生创作专辑…………………………………………谢宗兴　005

邮说妈祖……………………………………………………程元郎编著　005

妈祖的足迹：海峡两岸特色妈祖官庙掠影……………金文亨　林仙久　005

妈祖版画史稿（上下册）……………………………………罗春荣编著　005

泉州天后宫志………………………………………………许晓晖主编　005

灵界进行曲——妈祖的灵媒（上）………………万莉莹　曾智郎编著　005

灵界进行曲——妈祖的灵媒（下）………………万莉莹　曾智郎编著　005

《天妃显圣录》与妈祖信仰…………………………………蔡相辉　005

●文集

妈祖文化研究论丛·四
　　……福建省妈祖文化传承与发展协同创新中心　莆田市湄洲妈祖祖庙董事会编　006

妈祖文化年鉴·2013………………………………黄瑞国　詹素娟主编　006

一叶湄洲……………………………………………………郭志诚主编　006

中华妈祖圣像大观…………………………………………林国良主编　006

闽台妈祖诗文集……………………………………………杨文健主编　006

普华寺·天后宫………………………吴晓东　王　丹　李皓男　006

妈祖信仰与文化传承………………………………………刘信吾主编　006

妈祖故里特辑——湄洲是妈祖出生地史料汇编…………刘福铸　朱合浦编　007

妈祖学刊（总第六期）……………………………………林明太主编　007

川渝妈祖庙寻踪……………………………………………林　圃主编　007

闽台妈祖官庙大观…………………………………………杨文健主编　007

施琅与妈祖学术研讨会论文集………………金文亨　孟建煌主编　007

台中妈祖国际学术研讨会论文集……………林茂贤　许世融　程俊源主编　007

2016年国际妈祖文化学术研讨会论文汇编（上下册）
　　…………………………………莆田学院妈祖文化研究院等单位编印　007

"中国梦、'海丝情'"——湄洲妈祖书画院作品集·············徐庆平题 007

苍南妈祖宫庙概览·············苍南县妈祖文化交流协会编印 007

《妈祖文化》（英文版）·············黄婷婷编写 008

可能小学的历史大冒险：跟着妈祖游明朝·············王文华 008

学术论文

妈祖民俗体育文化资源开发的问题与对策·············林剑峰 朱家新 009

闽商在海南的贸易及闽文化的传播·············孟建煌 009

营销 3.0 时代妈祖体育文化传播探究·············刘华煊 刘青健 010

妈祖文化在海上丝绸之路的历史和现实作用·············王成良 010

闽北建阳市马岚天后宫考察·············石奕龙 010

妈祖信仰散文种类及艺术特色

　　——以《妈祖文献史料汇编·散文卷》为例·············黄 玮 011

福建省参与"一带一路"倡议的优势与建议·············刘琳玲 011

琉球王国妈祖祭祀活动之研究·············李宏伟 阳 阳 012

关于烟台庙岛显应宫妈祖文化传承和发展的几点思考·············田茂泉 012

新常态下莆商文化的传承与发展·············许国珍 013

封阳赛龙舟的文化传承——以信都赛龙舟为例·············白燕萍 013

闽台民间信仰交流发展刍议·············何小花 014

福建民间信仰的道德教育意义·············范正义 014

开发宗教文化资源，推动旅游产业发展·············卢建炳 014

信仰认同及其"认同半径"的建构

　　——基于津、闽、粤三地妈祖信仰的比较研究·············张晓艺 李向平 015

宋元明清肖像式妈祖图像的综合考察·············肖海明 015

企业家与民间信仰的"标准化"——以闽南地区为例·············范正义 016

郑和宗教参与多样性及其对海上丝绸之路各国的友好影响浅析

　　·············张俭松 叶 蕾 016

妈祖文化主题酒店的开发探析·············吴小霞 017

天津市民文化的传统与未来走向研究 …………… 信国芳　陈雪飞　宋　娜　017

浅谈妈祖档案的文化价值 ……………………………………… 翁劲松　017

妈祖信仰在东亚传播的特点

　　——以新加坡天福宫和长崎福济寺为个案的研究 …………… 陈衍德　018

打好文化牌　拓展南海"朋友圈" ………………………………… 许利平　018

赤湾妈祖庙与海上丝绸之路探析 ……………………… 毛军吉　陈文广　019

潮汕民间信仰的历史、现状与管理探略 ………………………… 贺璋瑢　019

功能目的论视角下的妈祖文化宣传资料翻译 …………… 徐　颖　李丽娟　020

论妈祖音乐的海洋性特征 ……………………………………… 陈美静　020

妈祖文化认同量表的构建与分析 ……………………… 王梦茵　陈金华　020

元代海上漕运与妈祖信仰的发展 ……………………………… 王海冬　021

闽北对台旅游的文化优势 ……………………………………… 杨瑞荣　021

首届妈祖文化高峰论坛

　　——2015 年国际妈祖文化学术研讨会综述 ………………… 黄瑞国　021

大数据中的中国非物质文化遗产：300 年国际知名度分析

　　　　　　　　　　　　　　　 孙　艳　黄荣贵　洪岩璧　022

吴越地区海神信仰域外传播概述 ……………………………… 毕旭玲　022

妈祖文化数字化保护与创新性传承的应用研究 ………………… 杨帆静　023

天后北传与漕运贸易——一个文化资本的视角 ………………… 张小军　023

妈祖音乐研究的现状与思考 …………………………………… 陈美静　024

明清时期处州地区妈祖信仰的传播及其演变考 ………………… 莫莹萍　024

大陆妈祖研究文献回顾与展望

　　——基于 CiteSpace 文献计量分析 ………… 罗　丹　杨永忠　林鸿熙　025

妈祖信仰传入琉球研究 ……………………………… 李宏伟　阳　阳　025

妈祖信仰在亚洲海域的传播与流布

　　——以"海洋论"为视域的考察 …………………………… 王小蕾　026

浙江坎门花龙装饰艺术研究 …………………………………… 林　霜　026

妈祖文化的外向型特征及其在美国的播迁 …………………… 刘婷玉　027

"海丝"核心区妈祖文化产业发展对策探析

    ——以长乐显应宫为例 ·· 许元振 027

动态语境观下妈祖文化与基督文化对比研究 ············· 叶蔚萍 王闽汕 027

传统文化符号在海峡两岸的"同构"

    ——以"妈祖文化"为例 ·· 何 璇 028

海洋文化视阈下的福建妈祖诗咏特色 ·························· 刘福铸 028

视觉文化·妈祖信仰·社会性别

    ——以中国传统木版年画为中心 ····················· 侯 杰 王 凤 029

传统民间"非遗"文化的电视传播研究

    ——以央视《乡土》栏目为例 ························· 吴灏鑫 谭 雁 029

浙东士人妈祖书写的人文精神 ································· 潘承玉 030

关于妈祖题材舞蹈作品的分析及比较研究

    ——以舞剧《妈祖》和《醮》为例 ···························· 杨湘豫 030

深圳赤湾天后宫重建中的几个问题 ···························· 邓 璐 031

社会变迁视角下的妈祖庙功能分析

    ——以涵江霞徐天妃宫为例 ························· 苏文菁 韩 朝 031

杭州妈祖庙兴废考 ··· 陈政禹 032

文化创意产业格局下闽台妈祖文化产业发展新途径 ·········· 林雪儿 032

对妈祖体育文化融入南日岛海洋牧场的探讨 ····· 陈静青 孔丽涵 刘青健 032

"非遗"福建莆田妈祖服饰语言及其文化内涵研究 ············ 孙雪梅 033

民俗节庆真实性研究

    ——以中国·湄洲妈祖文化旅游节为例 ························· 蔡礼彬 033

妈祖故里湄洲岛"朝圣怀古区"建设的几点思考 ·············· 王进宝 034

试论妈祖信仰在中国古代小说中的传播及其文化史意义 ········ 王子成 034

冼夫人信仰与妈祖信仰传播演变比较研究 ···················· 罗远玲 035

略谈妈祖宫庙类全国重点文物保护单位 ······················ 杨文棋 035

妈祖文化在地方土特产包装中的应用——以莆田为例 ·········· 连晓君 035

清代妈祖封号附会碧霞元君问题新探 ····················· 李俊领 甘大明 036

"闽南"内涵的历史演变 ·················· 汪维真 036

清代妈祖信仰在广西的传播及其观念变迁 ·········· 宾长初 037

《天妃娘妈传》时空变化的文化内涵及其与江西地域文化的关系····· 王子成 037

妈祖祭典乐舞与海洋文化的发展关系 ·············· 廖朝琼 038

从纪录片《天下妈祖》看地域文化的国际传播 ··········· 林潘舒 038

"和平女神"与"战争女神"

　　——从文化的角度比较妈祖与雅典娜的几点不同 ······· 吴晓红 039

清代的东北妈祖信仰与东北亚海上丝绸之路 ·········· 牟艳旗　牟艳涛 039

韩国的妈祖信仰现况 ······················ 朴现圭 039

马来西亚巴生县区的妈祖信仰 ················ 刘崇汉 040

毛里求斯南顺会馆天后宫考察 ·············· 陈秋霞　石沧金 040

妈祖文化旅游发展及应注意的问题浅析 ············ 王进宝 040

妈祖文化与海上丝绸之路 ················· 王丽梅 041

跨文化传播视野下的海外华侨妈祖信仰研究 ·········· 张宁宁 041

宋元时期兴化军文人对妈祖形象的建构 ············ 钟　祺 042

妈祖文化中的生命伦理意蕴 ················· 郑金林 042

民间信仰的现代性境遇

　　——以即墨金口妈祖信仰为中心的考察 ········· 赵秀丽　王　靖 042

芷江天后宫门坊石雕图像的妈祖文化隐喻 ··········· 刘树老 043

漳州浦南墟妈祖信仰的兴衰嬗变 ·············· 黄艺娜 043

妈祖类文章

澄天后宫举办民俗文化交流会，两岸宫庙人士共同祭拜妈祖弘扬中华文化

　　···························· 曾武光 044

浓墨添彩国家战略的实践举措

　　——湄洲日报世界妈祖文化论坛全景报道出彩出色········ 许晨聪　吴双双 044

为 21 世纪海上丝绸之路增姿添彩

　　——湄洲湾北岸经济开发区跨越式发展之路············ 黄汉业 045

你该了解的关于妈祖女神的七件事 ················· 佚　名 045

妈祖文化是海洋精神的标志 ························· 郑世雄 045

妈祖是海洋精神的一面旗帜 ························· 周金琰 046

妈祖是实践海洋文明的先驱 ························· 黄志霖 046

莆田人的海洋精神文化基因 ························· 翁卫平 046

温州天妃宫郑和塑像群的回忆 ····················· 张嘉壎 047

弘扬妈祖文化，共叙两岸情缘

　　——天津天后宫获批海峡两岸交流基地 ········· 津台宣 047

湄屿潮音中的仙凡之恋

　　——饰演莆仙戏《海神妈祖》中大龙一角有感 ··· 吴清华 048

传闻利泽至今在，千里危樯一信风

　　——饰演莆仙戏《海神妈祖》中默娘一角有感 ··· 黄艳艳 048

一缕光影穿越时空度千年

　　——浅谈高甲戏《妈祖》灯光设计 ············· 周健行 048

中国北方最早的妈祖庙——长岛显应宫 ············· 佚　名 049

沈阳天后宫 ······································· 佚　名 049

老题材的新角度——《海神妈祖》创作谈 ··········· 姚晓群 050

灵妃一女子，瓣香起湄洲

　　——《海神妈祖》林默娘身上体现的"海丝"精神 ··· 叶晓梅 050

妈祖：烟台人的"海神娘娘" ··············· 王瑶池　申吉忠 050

戏曲舞台上的神圣——看莆仙戏《海神妈祖》 ······· 王朝明 051

硕博论文

● 博士论文

台湾妈祖碑碣与村庄社会之研究 ··················· 严文志 052

文化认同：台湾妈祖文化传播与"两岸"关系互动研究 ··· 庞志龙 052

● 硕士论文

正统化：宋元时期福建文人对妈祖的形象建构 ········· 钟　祺 053

台湾大甲妈祖祭典仪式表演研究 ………………………………… 赵雨程　054

泰国华人妈祖信仰——跨族群的交际 …………………………… 马丽娜　054

湄洲岛旅游目的地投射形象与感知形象比较研究 ……………… 曾祥辉　055

妈祖民俗体育在中小学传承研究 ………………………………… 卢敏英　056

南京天妃宫庙会信仰文化研究 …………………………………… 高　凡　057

经济民俗学视角下的南京天妃宫 ………………………………… 陈　盼　058

图书期刊

● 期刊

《中华妈祖》CN-35（Q）第 0071 号　2016 年第 1 期　总第 64 期 …………059

《中华妈祖》CN-35（Q）第 0071 号　2016 年第 2 期　总第 65 期 …………061

《中华妈祖》CN-35（Q）第 0071 号　2016 年第 3 期　总第 66 期 …………063

《中华妈祖》CN-35（Q）第 0071 号　2016 年第 4 期　总第 67 期 …………065

《中华妈祖》CN-35（Q）第 0071 号　2016 年第 5 期　总第 68 期 …………067

《中华妈祖》CN-35（Q）第 0071 号　2016 年第 6 期　总第 69 期 …………069

《南京妈祖文化》苏出准印：JSE-1002988 号　2016 年第 1 期总第 12 期 ……071

《连江妈祖》2016 年 ……………………………………………………………072

综合类图书

"一带一路"公共外交报告（2016）…………………………… 孙治国主编　076

丝绸之路全史 ……………………………………………………… 郑彭年　076

浙江海上丝绸之路文化 …………………………………………… 伍　鹏　076

广东文化遗产海上丝绸之路史迹 ……………………… 广东省文物局编　076

"一带一路"广东要览 ……………………… 广东省人民政府参事室、

　　　　　　　　　　　　　广东省人民政府文史研究馆编，王培楠主编　076

"一带一路"文化遗产国际学术研讨会论文集 ……………………………076

丝路记忆："一带一路"历史人物 …………《环球人物》杂志编　吕文利撰　076

浙东文化研究 第 2 辑 …………………………………………… 张伟主编　076

闽商发展史·澳门卷 ·· 张 侃 水海刚 076

非物质文化遗保护理论与方法 ··· 乌丙安 076

国宝"妈祖祭典"：重大非物质文化遗产的杰出价值评估 ······················077

中国海洋文化·福建卷 ···《中国海洋文化》编委会编 077

中国海洋文化·香港卷 ···《中国海洋文化》编委会编 077

中国海洋文化·天津卷 ···《中国海洋文化》编委会编 077

中国海洋文化·山东卷 ···《中国海洋文化》编委会编 077

中国海洋文化·广东卷 ···《中国海洋文化》编委会编 077

中国海洋文化·辽宁卷 ···《中国海洋文化》编委会编 077

中国海洋文化·澳门卷 ···《中国海洋文化》编委会编 077

中国海洋文化·台湾卷 ···《中国海洋文化》编委会编 077

闽台历史文化研究 ···闽台文缘编委会编著 077

中国国家地理百科全书 4·上海、江苏、浙江、福建 ······················张妙弟主编 077

中国国家地理百科全书 10·新疆、香港、澳门、台湾 ····················张妙弟主编 077

海大日本研究（第五辑）·· 修斌主编 078

世界华文文学研究年鉴 2014 ·· 胡德才策划 078

宋城怀古 史海帆影 续卷 ·· 贾穗南编著 078

中国地理百科·潮汕平原

·························中国地理百科丛书编委会编，林起凤 黄佳聪撰 078

《中国最美古建园林》精装珍藏版·············郭成源 马祥梅 邱艳昌主编 078

国家航海（第十七辑）····························· 上海中国航海博物馆主办 078

浙东水利史论——首届浙东（宁绍）水利史学术研讨会论文集

·························宁波市水文化研究会 绍兴市鉴湖研究会编 078

民族民间文化论坛（第五辑）·················· 田兆元 扎格尔 黄江平主编 078

浙江海洋文化与经济 ··························· 李加林 刘家沂主编 078

彩图丝绸之路 ·· 朱利荣著 078

《全世界孩子最爱问的为什么》超值全彩白金版 ···················· 刘晓菲主编 078

彩色图解十万个为什么 ··· 乔楚主编 078

多元·诠释与解释：多采多姿的台湾民间宗教 ……………………张家麟 079

话说青岛 ……………………………………………………鲁 海 079

顺德庙会 ………………………………梁景裕 陈三株 梁晓华编著 079

佛山明清冶铸 ………………朱培建编著 《佛山历史文化丛书》编委会编 079

掇碑撷菁——东莞市袁崇焕纪念园藏东莞碑刻拓片选

………………………………………东莞市袁崇焕纪念园编 079

寻访福建水文化遗产 ……………福建省水利厅 人民网福建频道编 079

《上海春秋》修订版 ………………………………………曹聚仁 079

《中国建筑图解词典》白金版 …………………………王其钧编著 079

中国最美的古城·古城格局、古建保护与营销推广2 ……黄滢 马勇主编 079

中国最美的古城·古城格局、古建保护与营销推广5 ……黄滢 马勇主编 079

中国国家地理百科全书1 ………………………………张妙弟主编 079

老建筑 ………………………………………………………张 建编 079

沈阳历史建筑印迹 ……………………………陈伯超 余泓主编 080

仙与道神仙信仰与道家修身 ………………………………干春松 080

中国寺庙通论 ………………………………王鹤鸣 王 澄 梁 红编 080

深圳年鉴2016 …………………………………………黄 玲主编 080

《中华典故》超值精装典藏版 …………………………王建梅主编 080

中华姓氏彩图馆 ……………………………………………徐梦然编著 080

惠州风物撷胜 …………………………………………………陈训廷主编 080

基督教中国化的社会研究 …………………………………李向平 080

中国阅读大辞典 ………………………………王余光 徐 雁主编 080

潮阳文史（第25辑） ………中国人民政治协商会议汕头市潮阳区委员会

《潮阳文史》编委会编 080

漳州民间信仰与闽南社会 …………………………林国平 钟建华主编 080

图解台湾民俗传递台湾最暖人情味 …………………李文环 林怡君 080

三明民俗风情 …………………………三明市地方志编纂委员会编著 080

《中华文化常识全典》（第2版）………………………谭春虹主编 081

传奇三清山⋯⋯⋯⋯⋯⋯⋯⋯⋯⋯⋯⋯⋯⋯陈正永编著 081

《弟子规·千字文》（彩色注音精装版）⋯⋯⋯余良丽主编 081

追逐太阳⋯⋯⋯⋯⋯⋯⋯⋯⋯⋯⋯⋯⋯⋯⋯⋯郑国贤 081

秋红柿⋯⋯⋯⋯⋯⋯⋯⋯⋯⋯⋯⋯⋯［马来西亚］朵 拉 081

中国记忆·散文卷⋯⋯⋯⋯⋯⋯⋯⋯⋯⋯⋯⋯王剑冰主编 081

白鹭与黑天鹅⋯⋯⋯⋯⋯⋯⋯⋯⋯⋯⋯⋯⋯⋯汪 兰 081

风从西边来⋯⋯⋯⋯⋯⋯⋯⋯⋯⋯⋯⋯⋯⋯⋯周海滨 081

中华文化问答录⋯⋯⋯⋯⋯⋯⋯⋯⋯⋯⋯⋯孙宜学主编 081

杏园诗社选集·载欣集⋯⋯⋯⋯⋯⋯⋯⋯⋯⋯姚国荣 081

果山诗选⋯⋯⋯⋯⋯⋯⋯⋯⋯⋯⋯⋯⋯⋯⋯⋯姚嘉潭 081

一池红影碎⋯⋯⋯⋯⋯⋯⋯⋯⋯⋯⋯⋯⋯⋯⋯醉红雨 081

唠唠叨叨的大神⋯⋯⋯⋯⋯⋯⋯⋯⋯⋯⋯⋯李仪婷文 081

不尽山河⋯⋯⋯⋯⋯⋯⋯⋯⋯⋯⋯⋯⋯⋯⋯⋯郑千里 081

郑怀兴戏剧全集⋯⋯⋯⋯⋯⋯⋯⋯⋯⋯⋯⋯⋯郑怀兴 082

印象沧口⋯⋯⋯⋯⋯⋯⋯⋯⋯⋯⋯⋯青岛市李沧区政协编 082

虚室止止集⋯⋯⋯⋯⋯⋯⋯⋯⋯⋯⋯⋯⋯⋯⋯陈支平 082

香港澳门旅行 Let's Go⋯⋯⋯⋯⋯⋯⋯《亲历者》编辑部编 082

厦门鼓浪屿好吃好玩真好买⋯⋯⋯⋯《好吃好玩》编写组编 082

一本书读懂台湾史⋯⋯⋯⋯⋯⋯⋯⋯⋯⋯⋯⋯⋯亢 霖 082

全景福建⋯⋯⋯⋯⋯⋯⋯⋯⋯⋯⋯⋯全景福建编写组编著 082

《畅游香港》（第 2 版）⋯⋯⋯⋯⋯⋯⋯《畅游世界》编辑部编著 082

《台湾玩全攻略》2016—2017 全彩升级版⋯⋯⋯⋯《玩全攻略》编辑部编 082

搭地铁游香港⋯⋯⋯⋯⋯⋯⋯⋯⋯⋯⋯《亲历者》编辑部编 082

畅游日本⋯⋯⋯⋯⋯⋯⋯⋯⋯⋯⋯⋯《畅游日本》编辑部编著 082

刘云若社会言情小说经眼录⋯⋯⋯⋯⋯⋯⋯⋯⋯侯福志 083

文化心灯——李乔文化评论选粹⋯⋯⋯⋯⋯⋯⋯⋯李 乔 083

谈天说海话仙乡⋯⋯⋯⋯⋯⋯⋯⋯朱长波 冯连满 李连君主编 083

邮票上的神话与传说⋯⋯⋯⋯⋯⋯⋯⋯⋯⋯杨 波 杨学旺主编 083

011

海上丝绸之路的民间故事 …… 福建省民间文艺家协会、《故事林》杂志社编　083

中国人应知道的民俗知识 ……………………………………郑一编　083

三天读懂中华五千年神话传说 ………………………………诸葛文　083

青少年应当知道的 100 个海洋故事 ………………………李夕聪主编　083

青少年应当知道的 100 个海洋人物

　…………………… 邵成军主编　苏小飞文稿编撰　赵冲图片统筹　083

中国神话传说 ………………… 广州童年美术设计有限公司编著　083

中国经典民间故事 ……………………………《线装经典》编委会编　083

南怀瑾禅话 …………………………………………………南怀瑾　083

创意管理评论 第 1 卷 ………………………………………杨永忠主编　083

中国古代神话故事：房露主编 ………………………………………084

中外神话故事 ………………………………………………赵小敏　084

中国民间故事丛书·浙江温州瑞安卷 ………………………罗杨总主编　084

中国民间故事丛书·上海闸北卷 ……………………………罗杨总主编　084

千村故事·精选卷 3 ……浙江省农业和农村工作办公室、浙江农林大学中国农民发展

　研究中心、浙江省农民发展研究中心、中国名村变迁与农民发展协同创新中心主编　084

中国民间故事丛书——湖北宜昌西陵点军卷 ………………罗杨总主编　084

学界概况

●研究机构

连江县妈祖文化研究会 …………………………………………………085

湄洲妈祖文化研究中心 …………………………………………………085

晋江市妈祖文化研究会 …………………………………………………085

陆丰市妈祖文化研究会 …………………………………………………086

宁德妈祖文化研究会 ……………………………………………………086

莆田学院妈祖文化研究院 ………………………………………………086

中华妈祖文化研究院 ……………………………………………………086

上海社会科学院妈祖文化研究中心 ……………………………………086

深圳市南山区妈祖文化研究会 ……………………………………087

安溪善坛妈祖文化研究会 ……………………………………087

台湾地区新港奉天官妈祖文化研究暨文献中心 ……………087

台湾中华妈祖俗信文化研究中心 …………………………087

福建省妈祖文化研究会 ……………………………………087

三明市妈祖文化研究会 ……………………………………088

福建省妈祖文化传承与发展协同创新中心 ………………088

台湾"中正大学"妈祖文化研究中心 ……………………088

崇州市妈祖文化研究会 ……………………………………088

中国北方妈祖文化研究中心 ………………………………089

白沙湖（上墩）妈祖文化研究会 …………………………089

天津妈祖文化艺术研究中心 ………………………………089

●研究课题

基于乡村治理的闽台妈祖信俗与乡土文化互动发展研究 …089

妈祖图像的收集整理与研究 ………………………………090

妈祖信仰世界传播史 ………………………………………090

妈祖文化与当代社会道德建构研究 ………………………090

"新海丝"战略中妈祖文化跨语境传播的话语构建模式研究：

　　以界面研究为视角 ……………………………………090

妈祖工艺美术景观特征及社会功用研究 …………………090

妈祖文化与海上丝绸之路系列研究 ………………………090

学术动态

●研讨会信息

2016 中国·连江妈祖文化交流大会 ………………………091

2016 年宁波妈祖文化交流会 ………………………………092

"妈祖文化与海上丝绸之路"研讨会 ……………………092

"对接'一带一路'文化创造价值"中国（曹妃甸）妈祖文化研讨会 …………098

第一届云林北港成年礼学术研讨会 ·································099

妈祖文化与现代文明研讨会 ·································099

2016世界妈祖文化论坛 ·································099

第二届国际妈祖文化学术研讨会 ·································100

2016年国际妈祖文化学术研讨会论文目录 ·································101

妈祖文化与海洋精神国际研讨会 ·································106

世界妈祖文化论坛主旨演讲 ·································108

● 研讨会综述

第二届妈祖文化高峰论坛——2016年国际妈祖文化学术研讨会综述 ···········109

● 会议工作报告

杨文健会长在连江县妈祖文化研究会2015年年会上作的年会报告 ···········113

连江县领导在2016中国·连江妈祖文化交流大会致辞 ··········114

关金花会长在澳门妈祖文化交流协会成立三周年庆祝晚会上的致辞 ···········115

长岛县妈祖文化交流协会召开2016年年会 ·································117

中华妈祖文化交流协会第三届会员大会 ·································118

《世界妈祖文化论坛湄洲倡议》 ·································120

湄洲妈祖祖庙董事会2016年工作总结（节选） ··········121

莆田学院妈祖文化研究院2016年工作总结及下一年工作计划 ··········125

第二部分　宫庙与祭祀

春秋二祭

·································133

习俗活动

分灵及开光 ·································142

鹿港天后宫元旦摆桌拜妈祖 ·································144

海南省妈祖宫庙到惠安小岞霞霖妈祖宫参访 ·································144

"泉澎祈龟民俗文化活动" ………………………………………………… 145

天津天后宫举办"舍天后福佑粥"活动 ………………………………… 145

台湾大里区福兴宫入火谢土纪念日举办"天上圣母契子节" ………… 145

台中大甲镇澜宫举行除夕夜抢头香活动 ……………………………… 145

泗阳妈祖文化园举办春节庙会 ………………………………………… 145

善化庆安宫大年初一发放祈福岁钱 …………………………………… 146

旗山天后宫 2016 青年创业基金掷筊比赛 …………………………… 146

湄洲妈祖祖庙举行迎春祈年典礼 ……………………………………… 146

大甲镇澜宫妈祖到宜兰慈惠堂参访 …………………………………… 146

山东长岛县庙岛显应宫元宵庙会 ……………………………………… 146

新港奉天宫举办元宵绕境活动 ………………………………………… 147

台湾屏东市慈凤宫举办乞龟赐福保平安活动 ………………………… 147

北港朝天宫首度联合北港地区各宫庙举行上元平安绕境 …………… 147

台北市内湖六大角碧奉宫到北港朝天宫进香 ………………………… 147

台湾佳里天后宫到贤良港天后祖祠进香 ……………………………… 147

高雄朝后宫徒步到北港朝天宫进香 …………………………………… 147

台湾鹅銮鼻保安宫到湄洲岛省亲 ……………………………………… 148

莆田文峰天后宫举行元宵"尾晚灯"活动 …………………………… 148

"海口天后宫庙会妈祖巡游为民祈福"活动 ………………………… 148

马来西亚林氏宗亲到妈祖故里进香 …………………………………… 148

日本东京妈祖庙到北港朝天宫谒祖进香 ……………………………… 149

"妈祖回娘家活动"进香小高峰 ……………………………………… 149

台北松山慈佑宫到彰化县南瑶宫参香 ………………………………… 150

高雄狮甲慈明宫到莆田文峰天后宫进香 ……………………………… 150

台湾屏东新惠宫到贤良港天后祖祠进香 ……………………………… 150

白沙屯拱天宫往北港徒步进香 ………………………………………… 150

桃园龙德宫"四妈祖"到麦寮拱范宫谒祖 …………………………… 151

虎尾福安宫到鹿港天后宫谒祖进香 …………………………………… 151

2016彰化南瑶宫笨港进香 ……………………………………………151

印度尼西亚三座妈祖宫庙信众到湄洲妈祖祖庙谒祖进香 ………151

雾峰南天宫到彰化南瑶宫谒祖 …………………………………152

桃园大树林天后宫到妈祖故里进香 ……………………………152

嘉义后潭镇福宫到莆田文峰天后宫进香 ………………………152

泰国南瑶妈到彰化谒祖进香 ……………………………………152

嘉义伏龙宫到湄洲妈祖祖庙谒祖进香 …………………………152

旗山天后宫2016年平安巡境活动 ……………………………153

苗栗县田寮永贞宫到北港朝天宫等庙宇进香 …………………153

莆田文峰天后宫到贤良港天后祖祠谒祖进香 …………………153

台湾彰化员林代天宫到湄洲妈祖祖庙谒祖进香 ………………153

台湾台中大雅永兴宫等五座宫庙到妈祖故里谒祖进香 ………153

台湾日南慈德宫到莆田文峰天后宫进香 ………………………154

台湾新竹香山天后宫妈祖信众到妈祖故里进香 ………………154

台湾云林举行六房妈过炉交接仪式 ……………………………154

大里福兴宫到湄洲妈祖祖庙谒祖进香 …………………………154

苗栗县铜锣天后宫到莆田文峰天后宫进香 ……………………154

新北市八里开台天后宫到莆田文峰天后宫进香 ………………155

宜兰县冬山乡鹿安宫到莆田文峰天后宫进香 …………………155

台湾苗栗县竹南后厝龙凤宫到湄洲妈祖祖庙谒祖进香 ………155

台湾南瑶宫举行端午祈福圆满法会 ……………………………155

新北市泰山紫竹寺到莆田文峰天后宫进香 ……………………155

隆津赤产天后古庙到妈祖故里谒祖进香 ………………………155

宜兰县龟山岛拱兰宫到莆田文峰天后宫进香 …………………156

彰化县东螺承天宫到莆田文峰天后宫进香 ……………………156

新北市三芝小基隆福成宫到莆田文峰天后宫进香 ……………156

白沙屯妈祖驻驾丰原武德宫一个月 ……………………………156

宜兰南方澳南天宫到莆田文峰天后宫进香 ……………………156

新北市树林慈圣天后宫到莆田文峰天后宫谒祖进香 …………………156

高雄三民天后宫到莆田文峰天后宫进香 …………………156

苗栗紫玄宫到莆田文峰天后宫进香 …………………157

台湾莆仙同乡会商务考察团到莆田文峰天后宫进香 …………………157

台南安平开台天后宫首次到妈祖故里谒祖进香 …………………157

基隆市庆安宫举行庆祝漳州妈祖安座纪念三献典礼 …………………157

屏东县枋寮乡德静宫到莆田文峰天后宫进香 …………………157

泉州市圣德宫到厦门忠仑的霄宫妈祖庙参访 …………………157

陆炳文在长乐致祭"天妃灵应之记"碑 …………………158

鹿港天后宫到莆田文峰天后宫进香 …………………158

陆丰乌泥天后宫到莆田文峰天后宫参香 …………………158

梧栖浩天宫妈祖登玉山 …………………158

西螺广福宫举办"百尊千、顺将军护驾绕巡西螺"活动 …………………158

东莞朝安宫妈祖信众到湄洲妈祖祖庙谒祖进香 …………………159

苗栗县苑里慈和宫到湄洲妈祖祖庙谒祖进香 …………………159

嘉义县大林湖北朝天宫到莆田文峰天后宫进香 …………………159

梧栖朝元宫等四间台湾妈祖宫庙联合到湄洲妈祖祖庙进香 …………………159

全台祀典大天后宫到宁德霍童天后宫进香 …………………159

龙岗天后古庙到莆田进香 …………………159

海南省妈祖文化交流协会到莆田文峰天后宫进香 …………………160

台北松山慈祐宫到莆田文峰天后宫进香 …………………160

昆山慧聚妈祖连续第三年赴鹿港天后宫谒祖进香 …………………160

台湾桃园当德宫等四宫庙联合到湄洲妈祖祖庙进香 …………………160

新竹太初玄清宫到湄洲妈祖祖庙谒祖进香 …………………160

桃园虚竹慈母宫到莆田文峰天后宫进香 …………………160

"心缘团"连续十七年到湄洲妈祖祖庙参访进香 …………………161

泰国妈祖信众到妈祖故里朝圣 …………………161

丰原慈济宫到湄洲妈祖祖庙谒祖进香 …………………161

台中广福宫妈祖信众到湄洲妈祖祖庙谒祖进香 ……………………161

台中梧栖浩天宫到南京天妃宫进香 …………………………………161

嘉义新港奉天宫到福建参访进香 ……………………………………161

惠安净峰墩南村后型妈祖宫到湄洲妈祖祖庙谒祖进香 ……………162

彰化县员林镇福宁宫到湄洲妈祖祖庙谒祖进香 ……………………162

台南鹿耳门圣母庙参访厦门朝宗宫 …………………………………162

陆丰乌坭天后宫与台湾鹿港天后宫联合举办的"妈祖巡安 两岸祈福"活动……162

台湾北港朝天宫到南京天妃宫进香 …………………………………162

旗山天后宫到鹿港天后宫谒祖进香 …………………………………162

宫庙修建

莆田市荔浦广正社妈祖宫开工重建 …………………………………163

苗栗后龙镇南港里清海宫建成 32.2 米高妈祖石像 …………………163

旗山天后宫庙前老榕树动迁 …………………………………………163

泉州东海镇蟳埔村顺济宫修缮完工 …………………………………164

台湾多座妈祖宫庙在地震中受损 ……………………………………164

苍南县妈祖文化园天后圣殿上梁 ……………………………………164

嘉义县朴子市配天宫举行主梁上梁大典 ……………………………164

沈阳天后宫动工重建 …………………………………………………164

潮阳和平下宫天后古庙妈祖广场落成 ………………………………165

苍南县炎亭镇燕窝妈祖庙落成 ………………………………………165

彰化南瑶宫迎回两尊明代晚期的妈祖神像奉祀 ……………………165

仙游县枫亭霞桥灵慈庙妈祖金身重修完毕 …………………………166

海口骑楼老街中山路天后宫进行修缮 ………………………………166

营口妈祖庙文化广场改造完成 ………………………………………166

陆丰东海镇旧圩天后宫重建奠基 ……………………………………166

惠来妈祖文化公园天后宫奠基 ………………………………………166

宜兰县五结乡利泽简永安宫举行神庙落成暨妈祖登殿晋座大典………167

霞浦松山村百年古井里发现木雕妈祖和侍女 ·················167

新县文峰宫建造妈祖石像 ·····················167

第三部分　文创与慈善

媒体传播

微信公众号 ·····················171

妈祖网站 ·····················172

报纸报道 ·····················175

戏曲影视

●戏曲

陆丰正字戏《妈祖》首演 ·····················215

民俗歌舞《祥瑞湄洲》 ·····················215

台南市"艺姿舞集"演艺团队创作舞剧《默娘》 ·················216

●影视

《〈中国节〉系列专题片——妈祖诞辰纪念活动》 ·················216

《2016 丙申年忠仑神霄宫庆祝妈祖诞辰 1056 周年忠仑妈祖何厝顺济宫进香

全纪录》DVD 光盘 ·····················216

《妈祖故里——莆田》专题片 ·····················216

纪录片《天下妈祖》 ·····················216

《祈愿——2016 白沙屯妈祖进香》DVD ·····················216

正字戏《妈祖》光碟 ·····················217

《圣母颂音乐 MV 专辑》 ·····················217

电影《夜曙行旅》 ·····················217

电视纪录片《霞浦·千里海疆行》第六集《海上女神》 ·············217

《传承优秀文化 弘扬妈祖精神——苍南县妈祖文化事业五年发展历程》碟片 ······217

文化交流

莆田市北岸开发区举行"妈祖情·'海丝梦'"书画展 ·······218

陆炳文发表《2016元旦首炷香拜妈祖祈愿文》·······218

"2015海峡两岸妈祖信众祈福行"续行（部分）·······218

汕尾红海湾遮浪街道举办妈祖文化旅游节 ·······221

纪念天津天后宫敕建690周年、重新开放30周年书画展 ·······221

海口市妈祖文化交流协会举行挂牌仪式 ·······221

陆丰举行妈祖文化传播交流座谈会 ·······222

天津市妈祖文化促进会第二届五次理事大会 ·······222

海口六灶天后宫举行国家非遗项目揭牌 ·······222

妈祖意象服装登上柏林时装周伸展台 ·······222

厦门市两岸妈祖文化交流协会成立 ·······223

陆丰市妈祖文化研究会成立十三年暨林氏豪溪月洲围追远堂重光庆典活动 ·······223

陆炳文到台北松山慈佑宫进香并题诗一首 ·······223

厦门朝宗宫举行2015年年度总结会议 ·······223

《妈祖》动漫游戏项目签约 ·······224

新港奉天宫2016国际妈祖文化节 ·······224

天津天后宫"金猴贺春"传统文化庙会 ·······224

板桥慈惠宫举办第八届民艺大街嘉年华活动 ·······224

2016鹿耳门天后宫新年文化季 ·······224

2016年湄洲妈祖祖庙迎新春茶话会 ·······225

台湾西螺福兴宫举行文创商品展等迎新年活动 ·······225

第17届青岛天后宫新正民俗文化庙会 ·······225

美国妈祖基金会举行迎新春系列活动 ·······225

梦笔寻源——海上丝绸之路妈祖文化书法艺术展 ·······226

美国妈祖基金会到中华妈祖文化研究院参访 ·······226

嘉义县新港乡溪北六兴宫推进环保会香 ·······226

2016 台中妈祖国际观光文化节 ···226

妈祖成大甲区文昌祠元宵灯会主灯 ···227

台湾彰化南瑶宫举行"元宵不夜彰化——提着灯笼找妈祖"活动 ······227

莆田学院开设妈祖文化传播人才培养特色班 ···································227

莆田市人大到中华妈祖文化研究院调研妈祖信俗立法保护 ···············228

中华潮汕商会到陆丰市妈祖文化园参访 ···228

湄洲妈祖祖庙第五届四次信众代表大会 ···228

陆丰市第二职业学校举办"妈祖信俗"讲座 ···································228

湄洲岛举行"三大渔女同谒妈祖" ···229

2016 大甲妈祖国际观光文化节 ···229

2016 大甲镇澜宫妈祖文化薪传营 ··230

中国社会科学院历史所到莆田考察指导妈祖文化研究工作 ···············230

台湾白沙屯妈祖设立"咱ㄟ妈祖"网络电视台 ·······························230

安平开台天后宫第五届"一句好话敬妈祖，一片诚心学妈祖"标语比赛 ···231

发挥妈祖文化等民间文化的积极作用写进十三五规划 ······················231

"微藤圣娘庙"妈祖巡安为民祈福文化节 ·······································231

"2016Bike 宜兰妈祖古庙·骑求平安" ···231

新加坡道教总会会长到湄洲妈祖祖庙参访进香 ·······························231

台湾"中华妈祖妈祖俗信文化研究中心"举办合写孙中山文化核心

　　内涵的笔会 ···232

2016 甬台妈祖文化交流活动 ···232

国际体操联合会主席布鲁诺·格兰迪到莆田贤良港天后祖祠参观 ········233

彰滨秀传医院供奉的妈祖回鹿港天后宫进香 ···································233

晋江市妈祖文化交流团到霞浦松山天后行宫开展联谊交流活动 ·········233

国家文物局专家来莆考察妈祖文化传播与发展情况 ·························233

西螺社口福天宫举办"绍安米、香福田米苔目传统美食推广"活动 ······233

莆田市外国语学校举行"大爱妈祖"故事演讲比赛 ··························234

首届"祖庙杯"妈祖诗歌大奖赛 ···234

第四届"安平迓妈祖百百旗—旗队艺阵大赛" ·······234

莆田学院举行"台湾妈祖文化研究"知识讲座 ·······235

汕头市第四届妈祖文化节 ·······235

第八届"龙岗妈祖文化节" ·······235

广东惠州·巽寮第五届妈祖文化旅游节 ·······235

陆丰市南塘华山寺纪念妈祖诞辰 1056 周年 ·······236

湄洲妈祖祖庙举行纪念妈祖诞辰 1056 周年系列活动 ·······236

台中妈祖宫庙带头认购绿电 ·······237

惠安七座妈祖宫庙到台湾参访 ·······237

曹妃甸区举行《北方妈祖文化丛书》首发式 ·······237

2016 南京妈祖文化旅游节 ·······237

2016 烟台市妈祖文化节 ·······238

2016 永福妈祖文化节 ·······238

第七届中国·洞头妈祖平安节 ·······238

2016 汕尾妈祖文化旅游节 ·······239

莆田学院与湄洲妈祖祖庙董事会签订战略协议 ·······239

第二届中国（莆田）妈祖文化用品博览会 ·······240

陶瓷作品《妈祖》获第十一届中国（莆田）海峡工艺品博览会优秀作品评
　比金奖 ·······240

第三届（2016）福建最具创意文化产品评选——妈祖文化创意设计专项赛 ·······240

海口市妈祖文化交流协会举办琼剧表演纪念妈祖诞辰 1056 周年 ·······241

国家海洋局到莆田调研妈祖文化 ·······241

第八届广州南沙妈祖文化旅游节 ·······241

台湾屏东慈凤宫庆祝建宫 280 年 ·······242

莆田学院举办第五届妈祖文化艺术节 ·······242

霞浦县长春镇外城圣母宫理事会成立 ·······242

新海天妃宫妈祖文化交流协会成立 ·······242

妈祖文创产品入选"福建好礼"百佳旅游商品 ·······242

湄洲岛举行乡村十音八乐比赛·····································243

"发挥妈祖等民间文化的积极作用"征文大赛··········243

莆田市北岸开发区举行"螺港帆影·逐梦'海丝'"主题摄影作品征稿··········243

莆田在深圳文博会上推介妈祖文化··········244

闽浙妈祖文化交流团赴闽南展开妈祖文化联谊交流··········244

台湾北海岸传奇妈祖文化祭··········244

厦门朝宗宫到台湾开展交流活动··········244

2016丙申年妈祖文化金银纪念币··········245

北港朝天宫等四家台湾宫庙到蓬莱开展妈祖联谊活动··········245

第四届全球妈祖文化征文暨摄影大赛··········245

陶艺师陈忠正创作完成北港迓妈祖陶艺阵头··········245

2016桂山天后诞··········246

香港电影界代表团到莆田市考察妈祖文化··········246

第八届海峡论坛·妈祖文化活动周··········246

台湾妈祖联谊会举办"妈祖迺台湾"集章活动··········247

2016首届民间宗教论坛——万民看妈祖··········248

"妈祖福安"德化瓷葫芦猴粥米罐··········248

湄洲妈祖祖庙、贤良港天后祖祠入选"海丝"申遗预备名单··········248

莆田妈祖信俗等摄影展在抚州市市博物馆举行··········248

第八届霞浦"妈祖杯"龙舟赛··········249

两岸青年与留学生共同表演万国茶帮拜妈祖··········249

汕尾红海湾田墘白沙湖(上墩)妈祖庙会··········249

参加第八届海峡论坛的两岸妈祖信众到厦门朝宗宫祭拜妈祖··········249

马六甲拿督颜天禄一行到中华妈祖文化研究院参访··········250

台湾成立圣母三妈文化交流协会··········250

莆田举办妈祖文化与海上丝绸之路图片展··········251

二十七年前从台湾直航湄洲岛进香的船长再回"妈祖故里"··········251

《海灵》《颂》两妈祖文化舞蹈获"海外桃李杯第六届国际舞蹈大赛"

　　广东选拔赛一等奖 ···251

连江县妈祖文化研究会2016年上半年工作会议 ·············251

苍南县妈祖文化交流协会召开第二次会员大会 ·············252

南京妈祖文化交流协会召开换届大会 ·······················252

2016年"亲情中华·汉语桥"夏令营莆田营体验妈祖文化 ···253

莆田学院组织大学生实践队开展妈祖文化遗产调研 ·········253

浙江传媒学院到湄洲岛进行妈祖文化实践活动 ·············253

福州大学妈祖文化调研实践队到中华妈祖文化研究院开展暑假实践活动 ······254

东华大学人文学院暑期实践队到福建调研妈祖文化 ·········254

福建省妈祖文化促进会成立 ·································254

台湾逢甲大学到莆田文峰天后宫考察文物 ···················255

莆田市区赤柱妈祖宫妈祖首次赴台交流 ·····················255

第九届政治学与国际关系学术共同体年会设"妈祖文化体系建设"

　　分专场讨论会 ···255

闽台妈祖文化交流团到天津考察 ·····························255

2016湄洲岛"妈祖情，学子游"优惠活动 ·····················256

厦门大学暑期社会实践队学生到中华妈祖文化研究院调研 ···256

莆田市举办"妈祖文化在海上丝绸之路沿线国家传播与发展"讲座 ···256

2016大甲妈祖文化育乐营 ···································256

南海开渔节暨三亚崖州中心渔港开港仪式 ···················257

鹿港天后宫举行第十七届管理委员会与第八届监事就职典礼 ···257

台湾大陆新生代参访团到莆田文峰天后宫参访 ···············257

妈祖雕像亮相鄂尔多斯 ·······································257

全台祀典大天后宫于举办"未婚联谊月老宴" ·················257

台湾鹿港天后宫到莆田参访问 ·······························258

2016古笨港成年礼 ···258

厦门朝宗宫举行第二届16岁成年礼活动 ·····················258

安平开台天后宫举行 16 岁成年礼活动 ……………………………………258

霞浦妈祖宫庙到苍南进行妈祖文化交流 ……………………………………259

青岛市妈祖文化联谊会第二届常务理事会第一次会议 ……………………259

"弘扬妈祖文化、拓展合作共赢"投资合作论坛 ……………………………259

湄洲妈祖祖庙举办服务员、讲解员口试笔试比赛 …………………………259

百变妈祖游台中·妈祖大型公仔装置暨文创成果展 ………………………260

澳门神州妈祖文化交流协会成立三周年 ……………………………………260

莆田市代理市长李建辉到中华妈祖文化研究院调研 ………………………260

湄洲妈祖祖庙在金海岸举行放生活动 ………………………………………261

莆田学院开设《妈祖文化教育概论》课程 …………………………………261

《中华妈祖》与《海南之声》签订资讯互通备忘录 ………………………261

中华妈祖文化交流协会第二届常务理事会第八次会议 ……………………261

台中梧栖朝元宫到福建姐妹宫联谊交流 ……………………………………262

泗阳妈祖文化园举办中秋国庆艺术彩灯节 …………………………………262

第八届中国·天津妈祖文化旅游节 …………………………………………262

莆仙戏《海神妈祖》入选第三届丝绸之路国际艺术节展演 ………………264

天津天妃宫复建筹备处、天津妈祖文化传播交流中心、天津市天后妈祖

　　发展基金会揭牌 …………………………………………………………264

2016 丹台妈祖文化经贸交流联谊活动 ……………………………………265

全台祀典大天后宫、高雄新庄天后宫到厦门朝宗宫参访 …………………265

青岛市妈祖文化联谊会考察青岛周边妈祖庙旧址 …………………………265

"2016 年中国农民艺术节"——小康电视节目工程颁奖典礼在湄洲岛天后

　　广场举行 …………………………………………………………………265

湄洲岛打造妈祖文化小镇 ……………………………………………………266

第十九届中国（象山）开渔节 ………………………………………………266

旗山天后宫举办天赐良缘男女配对活动 ……………………………………266

霞浦松山天后行宫到台湾进行妈祖文化交流 ………………………………266

海南省妈祖文化交流协会和海口市妈祖文化交流协会到中华妈祖文化

　　研究院参访 ···266

福建省佛教协会副会长广霖方丈等人考察苍南妈祖文化园建设 ·········267

澳门神州妈祖文化交流协会、台湾妈祖官庙到长岛县进行妈祖文化交流 ···267

彰化妈祖联合绕境祈福活动推进环保祭祀 ···························267

2016 北台湾妈祖文化祭 ···268

莆田学院成立妈祖文化传播学院 ·································268

福山举行"福运如山·长寿澄迈"重阳祈福暨海洋文明妈祖文化活动 ···268

2016 曹妃甸蚕沙口金秋庙会暨曹妃甸首届海鲜美食节 ···············269

湄洲岛第二届彩虹跑 ···269

第十四届澳门妈祖文化旅游节 ·····································269

首届宁波"妈祖颂·'海丝情'"主题系列活动 ·······················270

"大爱妈祖"2016 鲁樵中国画展 ·································270

湛江市硇洲岛津前天后宫建宫 510 周年暨第二届妈祖文化旅游节 ·······270

福建省广播影视集团向台湾妈祖官庙赠送《天下妈祖》光盘 ···········271

莆田学院举行《妈祖学研究系列丛书》出版发布会 ···················271

新北市三峡长福岩到厦门朝宗宫参访 ·····························271

妈祖文化摄影图片展在美国举行 ·································271

莆田市白湖顺济庙举行普济殿开光仪式及海峡两岸暨香港妈祖文化

　　交流活动 ···271

第六届北港妈祖杯排球锦标赛 ·····································272

莆田学院妈祖文化特色班学生到惠安崇武天后宫 ·····················272

陆炳文到台北松山慈佑宫茶祭妈祖 ·································272

青岛市妈祖文化联谊会到新加坡参访 ·····························272

2016 西螺太平妈祖文化祭 ·······································273

台湾梧栖区中正小学校庆迎请妈祖绕境 ·····························273

莆田市启动妈祖信俗保护立法 ·····································273

"妈祖文化图片展"在马来西亚举办 ·································273

2016 新北市宗教艺术节暨庆祝新庄慈祐宫建庙 330 周年活动 ·······················273

天津市妈祖文化促进会第三届会员大会 ··274

沙埕第五届妈祖文化节 ···274

台湾北港春生活博物馆举办"国外画家、在地文化"联合展 ·······················274

第十八届中国·湄洲妈祖文化旅游节 ··274

昆山慧聚天后宫举办成年礼 ··275

《妈祖潮》作品在第三届（2016）福建最具创意文化产品评选活动中获

"最具创意文化产品奖" ··275

青岛市妈祖文化联谊会到台湾参访 ···276

台湾妈祖联谊会举行 37 次会员大会 ···276

日本国际妈祖会创立 40 周年 ··276

纪念孙中山先生诞辰 150 周年，陆炳文率众到上海天妃宫祭拜妈祖 ···············276

搜三百集团一行到贤良港天后祖祠参观朝圣 ·····································277

首届"湄洲女发髻技艺表演赛" ···277

莆田举办妈祖文化专题《新闻沙龙》 ··277

中国书法家协会副主席何奇耶徒一行到贤良港天后祖祠参访 ·······················278

青岛市妈祖文化联谊会到印尼、马来西亚进行妈祖文化交流 ·······················278

大陆妈祖宫庙赴台参加"道行天下——祖天师巡台祈福文化庆典"活动 ···············278

莆田市妈祖文化交流促进会一届二次会员大会 ···································278

洞头区举办"妈祖平安宴"烹饪技能培训 ···278

上海天妃宫与梧栖浩天宫结为姐妹宫 ··279

莆田着手建设世界妈祖文化中心 ···279

"永福妈祖文化节"入选"闽西十大经典民俗活动" ·······························279

福清黄檗文化促进会与日本莆田同乡会商榷中日妈祖文化交流 ·····················279

贤良港妈祖文化交流中心成立 ··279

天津市妈祖文化交流团到莆田参访 ···280

莆田学院"妈祖文化教育示范基地"入选福建省高校中华优秀传统文化

教育示范基地 ···280

昆山慧聚寺天后官开通"微信支付"……………………280

莆田学院妈祖文化传播人才培养特色班到仙游县调研……………………280

台湾彰华南瑶官观音殿落成百年纪念……………………280

妈祖担任嘉义县新港艺术高中荣誉校长……………………281

"妈祖保佑"主题春联征集……………………281

湄洲妈祖祖庙开展"妈祖文化走亲"联谊活动……………………281

连江妈祖文化研究会召开第四届会员大会……………………282

"崔永元口述历史研究中心"到莆田采访，寻找妈祖文化与"海丝"文化的

契合点……………………282

"寰宇妈祖文化国际交流协会"成立……………………282

莆田文峰天后官妈祖金身今年第二次前往马来西亚吉隆坡巡安……………………283

"莆商情·妈祖心"精准扶贫公益颁奖晚会……………………283

园区建设

妈祖文创专利……………………284

泗阳妈祖文化园获批国家 4A 级旅游景区……………………285

湄洲妈祖祖庙推出二维码自助语音导览系统……………………285

福建湄洲岛将创建中国国际妈祖文化旅游目的地……………………286

莆田市高地天后官入选市第五批市级文物保护单位……………………286

台湾嘉义县规划打造"妈祖大道"……………………286

潮阳区贵屿天后古庙举行妈祖大学堂授牌仪式庆典活动……………………286

晋江市妈祖文化研究会"妈祖大学堂"授牌暨开学典礼……………………287

中国红十字在湄洲妈祖祖庙设立救护站……………………287

天津滨海妈祖文化园开园……………………288

慈善活动

北京妈祖仁爱慈善基金会获"希望工程 2015 杰出贡献奖"……………………289

新港奉天宫百年建醮万桌普度品捐赠弱势社团……………………289

辽宁省举行闽商表彰先进大会暨公益慈善助学金颁发仪式 …………………………289

嘉义县新港奉天宫发放冬令慰问金及"千里育才·顺风飞翔"奖助学金 ………290

2016大甲妈祖冬令救济活动 …………………………………………………………290

台湾桃园慈护宫举办岁末寒冬送暖"冬令救济"活动 ………………………………290

台湾南投慈善宫推进环保庙会，节约经费用于慈善 ………………………………290

霞浦松山天后行宫举办春节送温暖活动 ……………………………………………291

莆田文峰天后宫开展春节"扶贫助困送温暖"活动 ………………………………291

2016湄洲妈祖祖庙举行"慈善之光"春节送温暖活动 ……………………………291

台南安平开台天后宫向台南地震灾区捐款 …………………………………………291

湄洲妈祖祖庙为台湾地震灾区义捐 …………………………………………………292

台南泰安宫向台南地震灾区捐款 ……………………………………………………292

基隆庆安宫向台南地震灾区捐款 ……………………………………………………292

台中市万春宫用普度物资资助弱势人员 ……………………………………………292

彰化县员林市福宁宫为贫困学生发放奖助学金 ……………………………………292

台湾丰原慈济宫向山海屯生命线协会捐赠多元公务车 ……………………………292

北京妈祖仁爱慈善基金会专项基金"D基金"在京成立 …………………………293

妈祖诞辰日虎尾持法妈祖宫联合有关机构宣示捍卫保护儿童 ……………………293

潮阳区贵屿天后古庙慰问困难群众 …………………………………………………293

台湾鹿港天后宫向鹿港高中捐赠清寒学生营养午餐费 ……………………………293

北港朝天宫资助海外志工团到泰国服务 ……………………………………………293

嘉义涂家接骨整复所接骨技术员到莆田文峰天后宫义诊 …………………………294

莆田文峰天后宫给环节工作者发放防暑物品 ………………………………………294

上海永宏投资有限公司董事长刘亚勇向湄洲妈祖祖庙敬赠三百五十克重的
　纯金虬龙耳彝炉 …………………………………………………………………294

南投县埔里镇恒吉宫妈祖庙定期为信众提供免费平安粥 …………………………294

彰化南瑶宫颁发2015学年度第一学期奖学金 ……………………………………294

广东深圳龙岗天后古庙理事会开展扶贫助残送温暖活动 …………………………294

湄洲妈祖祖庙颁发2016年奖教奖学助学金 ………………………………………295

雪隆海南会馆（天后官）颁发2016年度会员子女奖励金·······················295

屏东县内埔六堆天后官发放白米济贫·····································295

彰化县鹿港天后官向鹿港镇洋厝小区发展协会捐助十二万元新台币··········295

莆田文峰天后官开展"金秋助学"活动···································295

台中乐成宫第二届旱溪妈祖奖助学金颁发·································295

涵江区妈祖文化交流协会发放2016年奖教金·····························296

新港奉天宫百年圆醮 普度物质捐弱势···································296

台中县丰原慈济妈祖社会福利慈善事业基金会清寒优秀学生助学金

申请办法··296

妈祖文化
年鉴
（2016）

第一部分
学术与研究

专著

● 《蚕沙口——妈祖佑护的村庄》：朱长波、冯连满等著，团结出版社 2016 年版，287 页。本书分为：蚕沙口概述、盛德天妃、天妃官庙、大义神龟、蚕沙古楼、沂河元码头、水族往事、风物传说、奇闻逸事等共九章。

● 《妈祖文化导论》：任清华著，厦门大学出版社 2016 年版，149 页。本书共七章，分别从妈祖文化概述、妈祖故事汇、妈祖文化产生的地域考察、妈祖文化的作用、妈祖文艺作品、妈祖文化与海上丝绸之路、妈祖文化在湄洲湾职业技术学院的传承与发展等方面对妈祖文化作了较为全面的介绍。

● 《大爱妈祖》：黄明安著，《闽文化丛书》之一，海峡文艺出版社 2016 年版，243 页。本书立足福建莆田的历史状况以及地理地貌、风土人情、民间习性和世代传承，主要介绍妈祖和妈祖文化。

● 《妈祖文化教育概论》：谢金森、张国栋、柯力等编著，厦门大学出版社 2016 年版，199 页。全书分：妈祖与妈祖文化、妈祖文化与中国海洋文化、妈祖文化与传播、妈祖文化与中国传统文化、妈祖文化与社会主义核心价值观、妈祖文化与大学生思想道德教育、妈祖文化与构建和谐社会、妈祖文化与台海两岸和平发展、妈祖文化与海上丝绸之路等九章。

● 《妈祖研究书目》：张珣、杨玉君主编，台湾嘉义民雄中正大学妈祖文化研究中心 2016 年版，157 页。本书总共收录 18 种研究分类，如妈祖的历史、事迹与传说、仪式、观光与文化、建筑、艺术、社会经济等，其中专书 203 笔、期刊论文654笔、会议论文403笔、硕博士论文182笔，总计1442笔研究资料。提供作者、研究主题、出版日期及出版单位等信息。

●《妈祖缘·岁月情》：蔡辅雄述，许诗敏编，[莆]新出内书2016019号印本，2016年，300页。为台湾蔡辅雄先生从事两岸妈祖文化交流30年之回忆录。

●《妈祖与海洋文化》：黄少强主编，中国文史出版社2016年版，301页。本书分11章，主要论述妈祖文化与海洋文化的关系及其发展历程。通过妈祖与宋、元、明、清的经济、政治、文化的关系研究，梳理出妈祖信俗如何传播、发展的规律。

●《妈祖文化读本（初级版）》：李丽娟、黄瑞国、周翔华编著，鹭江出版社2016年版，165页。本书为《妈祖文化读本》小学版，主要分为"妈祖文化发展史""妈祖文化的文化背景""妈祖文化与社会教化（社会主义核心价值观）""妈祖文化的传播"等九章。通过妈祖故事和传说，阐述妈祖的和平大爱和勇敢坚毅等高尚品德，有助于加强学生的德育思想工作。

●《妈祖民俗体育实证研究》：刘青健著，中国文史出版社2016年版，238页，为国家社会科学基金项目阶段成果。全书分为九章。

●《妈祖祭典》：周金琰、朱合浦撰，湄洲妈祖祖庙董事会编，[莆]新出内书2016003号印本，2016年，80页，普及性读物，为《妈祖文化系列丛书》之一。

●《湄洲天上圣母真经》：刘福铸编修注释，林金榜总监制，湄洲妈祖祖庙董事会2016年印制，册页装，双面印制，共56页。

●《妈祖文化社区读本》：陈仁川主编，福建广播电视大学莆田分校、莆田市社区大学合编，[莆]新出内书2016015号，2016年，192页。内容分为：概述、家世生平、信仰传播、传说故事、民间习俗、文化要义及延伸阅读、附录等。

●《妈祖文化与当代社会》：张国栋、柯力等编著，厦门大学出版社2016年版，378页。全书分：妈祖信仰与妈祖文化、妈祖信俗、妈祖文化遗产、妈祖文化保护、妈祖文化传播、妈祖文化与当代经济发展、妈祖文化与两岸交流、妈祖文化与当代文化建设、妈祖文化与和谐社会等九章。

● 《民间庙会稳态性研究——以天津皇会为例》：蒲娇著，中国文史出版社 2016 年版，286 页。本书为《历史文化文库》丛书之一。

● 《嬉戏台湾传奇——妈祖林默娘》：郑宗弦著，曹泰容绘图，为《苹果文库》之一，台湾晨星出版社 2016 年版，75 页。

● 《谢宗兴写生创作专辑》：谢宗兴著，台湾台中谢氏 2016 年自印本。内容包括妈祖文化、人物油画素描、静物、风景、写生小品等。

● 《邮说妈祖》：程元郎编著，中国文史出版社 2016 年版，126 页。本书共集纳有关妈祖文化类的邮票 300 余张，内容主要分为两大类：一是介绍妈祖民俗的起源和发展、民俗的特征和开展情况，二是展示莆田妈祖民俗活动和元宵、吉庆活动等纪念型的邮票。

● 《妈祖的足迹：海峡两岸特色妈祖宫庙掠影》：金文亨、林仙久著，鹭江出版社 2016 年版，124 页。介绍海峡两岸四座妈祖宫庙情况。

● 《妈祖版画史稿》（上下册）：罗春荣编著，学苑出版社 2016 年版，上册为 1—352 页，分为五章，介绍妈祖版画的发生、发展和转折几个时期及其代表作。下册为 353—732 页，内容为影印道光二十二年重刻的《天后圣母圣迹图志全集》。

● 《泉州天后宫志》：许晓晖主编，泉州天后宫文物保护管理处编，香港闽南文化出版社 2016 年版，280 页，插图 58 页。分上下卷，上卷内容为大事记和七章宫志，下卷收录署名学术论文 19 篇。

● 《灵界进行曲——妈祖的灵媒（上）》：万莉莹、曾智郎编著，台湾和万文化事业有限公司 2016 年版，139 页。

● 《灵界进行曲——妈祖的灵媒（下）》：万莉莹、曾智郎编著，台湾和万文化事业有限公司 2016 年版，145 页。

● 《〈天妃显圣录〉与妈祖信仰》：蔡相辉著，台湾秀威信息科技股份有限公司 2016 年版，386 页。本书较系统探讨《天妃显圣录》的起源与流变，针对该书之编辑过程、编撰者、刊行者、撰序者、版本等皆有考证。

文集

● 《妈祖文化研究论丛·四》：福建省妈祖文化传承与发展协同创新中心、莆田市湄洲妈祖祖庙董事会编，人民出版社 2016 年版，388 页。本书分妈祖文化史实考论、区域妈祖文化研究、妈祖文化传播与产业探讨三部分，收录有《论元代的湄洲庙与妈祖信仰》《广东妈祖信仰及其流变初探》《当前福建"妈祖热"的生态学研究》等文章。

● 《妈祖文化年鉴·2013》：黄瑞国、詹素娟主编，莆田学院妈祖文化研究院、莆田市湄洲妈祖祖庙董事会编，人民出版社 2016 年版，340 页。

● 《一叶湄洲》：郭志诚主编，湄洲岛国家旅游度假区党工委宣传部 2016 年编印，116 页。为摄影画册，内容分：南国圣境、祖庙春秋、海蚀意象、沙岸诗韵、湄屿风情五个栏目。

● 《中华妈祖圣像大观》：林国良主编，海风出版社 2016 年版，280 页。本书为摄影画册，选录海峡两岸及香港、澳门地区各类妈祖圣像近三百尊，以照片形式展示了不同时期、不同地域信众对妈祖形象的理解和表现艺术。

● 《闽台妈祖诗文集》：杨文健主编，香港文学报社出版公司 2016 年版，382 页。收录有关妈祖诗文 206 篇，作者主要为连江县妈祖文化研究会和连江妈祖诗文艺术交流学会成员。

● 《普华寺·天后宫》：吴晓东、王丹、李皓男著，本书为《大连古建筑测绘十书》丛书之一，江苏科学技术出版社 2016 年版，88 页。本书是一套古建筑测绘画册，是作者将 7 年的测绘成果加以整理、遴选、完善的一份珍贵资料集，展示了普化寺·天后宫整体与局部的结构、造型与细部，尽可能多地保存了普化寺·天后宫的测绘的原始数据。

● 《妈祖信仰与文化传承》：刘信吾主编，台湾新北市财团法人新人类文明文教基金会 2016 年版，344 页。本书为 2016 年 7 月在该会与松山慈祐宫共同主办的"妈祖文化论坛"活动的论文汇编。分为：信仰篇、传承篇、宫庙篇及其他四个部分。

● 《妈祖故里特辑——湄洲是妈祖出生地史料汇编》：刘福铸、朱合浦编，《妈祖故里》杂志社 2016 年编印，112 页。分六编及一个附录。

● 《妈祖学刊（总第六期）》：林明太主编，中国文史出版社 2016 年版，218 页。分"妈祖信俗史料宫庙与文物研究""妈祖文化与传播研究""妈祖文化产业研究"三个栏目。

● 《川渝妈祖庙寻踪》：林圃主编，香港世界文化出版有限公司 2016 年版，269 页。全书分"川渝妈祖庙寻踪""林氏族谱礼赞妈祖"以及"百代英华秀于林"共三篇。第一篇为本书主题，收 13 篇有关四川、重庆天后宫的妈祖讨论文章。

● 《闽台妈祖宫庙大观》：杨文健主编，香港中国姓氏文化出版社 2016 年版，正文 560 页，题词、目录等 43 页。全书收录闽台 500 多座妈祖宫庙资料。

● 《施琅与妈祖学术研讨会论文集》：金文亨、孟建煌主编，鹭江出版社 2016 年版，404 页。收录《神的力量——妈祖与施琅统一台湾》《施琅在清廷统一台湾中的历史功绩》《试述妈祖与康熙、施琅的关系》《论施琅对妈祖文化传播的贡献》等文章。

● 《台中妈祖国际学术研讨会论文集》：林茂贤、许世融、程俊源主编，本书为 2016 年台中妈祖国际观光文化节之妈祖国际学术研讨会论文集，台中市文化部门 2016 年印行，487 页。

● 《2016 年国际妈祖文化学术研讨会论文汇编（上下册）》：莆田学院妈祖文化研究院等单位 2016 年编印，920 页。

● 《"中国梦·'海丝情'"——湄洲妈祖书画院作品集》：徐庆平题，中国文史出版社 2016 年版，为"莆阳文献典籍，妈祖书画丛书"之第二十四种。

● 《苍南妈祖宫庙概览》：苍南县妈祖文化交流协会 2016 年编印，252 页。全书收录苍南 110 座妈祖宫庙的照片和宫庙沿革介绍及文物等资料。

●《妈祖文化》（英文版），黄婷婷编，2016年，132页。该书是莆田市第一本有关妈祖文化的英文教辅。全书分为6个单元，主题分别为"妈祖生平""妈祖文化内涵""妈祖庆典""妈祖祭典""妈祖民俗""妈祖影响与传扬"。

●《可能小学的历史大冒险：跟着妈祖游明朝》：王文华著，安徽少年儿童出版社2016年版，117页。本书为儿童读物。

妈祖民俗体育文化资源开发的问题与对策

林剑峰　朱家新

《厦门理工学院学报》2016 年第 6 期

妈祖民俗体育文化资源具有的类别多样、分布广阔、禀赋独特、价值高等优势，为资源开发创造了良好条件；但其在开发过程中，存在缺乏科学的资源整合与整体规划、资源传承与保护不到位、相关理论研究缺乏、人才队伍梯队培养体系不完善、市场培育不足、产业化乏力等问题。为促进妈祖民俗体育文化资源的合理开发与有效利用，应加强政府引导、全民参与，构建保护与传承体系，深化人才队伍建设，加快产业化进程，构建闽台妈祖民俗体育文化圈。

闽商在海南的贸易及闽文化的传播

孟建煌

《闽商文化研究》2016 年第 2 期

闽文化通过商人以商贸活动的方式与当地文化发生交流与整合，最终使妈祖崇拜风俗以及重商风气得以在海南传播、发展，为海南与福建省经济文化交流作出了重要贡献。

营销3.0时代妈祖体育文化传播探究

刘华煊　刘青健

《莆田学院学报》2016年第6期

以科特勒教授的营销3.0相关理论为支撑，采用文献资料分析法，对比分析"传播"与"营销"两大概念的联系，并经过论证指出，文化创意产业是文化的载体，做好传统体育文化创意产业的营销将是推动传统体育文化传播的一条新路。在此基础上，根据妈祖体育文化传播与文化产业发展现状，从定位、品牌、差异化三个方面对妈祖体育文化创意产业营销提出建议。

妈祖文化在海上丝绸之路的历史和现实作用

王成良

《莆田学院学报》2016年第6期

分析妈祖文化在古代海上丝绸之路发展过程中的作用，认为妈祖精神为海上丝绸之路的繁荣发展提供精神支柱。当前，要打造妈祖文化品牌，加强与海上丝绸之路沿线国家和地区的文化交流；挖掘妈祖文化资源，大力发展妈祖文化产业；发挥妈祖文化纽带作用，促进亚太地区经贸合作交流。并对当前妈祖文化为建设21世纪的海上丝绸之路服务提出一些建议。

闽北建阳市马岚天后宫考察

石奕龙

《莆田学院学报》2016年第6期

考察闽北建阳市回龙乡马岚村天后宫的建筑现状，根据传说故事调查以及遗留下来的宫庙建筑形式，认为该天后宫是在清代康熙二十三年后创建的。因马岚村地处南浦溪航运的码头地带，所以天后宫是由南浦溪上的船工和当地码头、街市的商贾及村民共同修建的。而今天，马岚天后宫的妈祖信仰圈也与时俱进地发生了一些变化。

妈祖信仰散文种类及艺术特色
——以《妈祖文献史料汇编·散文卷》为例

黄　玮

《莆田学院学报》2016 年第 6 期

指出妈祖信仰散文是妈祖文献的重要组成部分，以《妈祖文献史料汇编·散文卷》为例，概述妈祖信仰散文宋、元、明、清四个朝代的发展脉络，分析妈祖信仰散文的内容种类主要有祭祀祝文、神迹灵异、庙宇记述三类，探讨妈祖信仰散文具有浪漫主义的艺术手法、生动鲜明的人物形象、典雅朴实的叙事风格等艺术特色。

福建省参与"一带一路"倡议的优势与建议

刘琳玲

《开封教育学院学报》2016 年第 12 期

在"一带一路"倡议的背景下，福建省作为"21 世纪海上丝绸之路的核心区"，承担着重要的历史使命。本文在分析福建省参与"一带一路"倡议优势的基础上，提出了深化文化内涵，重视人文交流；拓宽产业合作领域，完善政府引导作用；利用政策优势，推动经济的全面发展；加强基础设施互联互通建设，打造设施联通的重要枢纽；强化人才支撑等福建省参与"一带一路"倡议的发展策略。

琉球王国妈祖祭祀活动之研究

李宏伟　阳　阳

《海交史研究》2016 年第 2 期

　　14 世纪下半叶，在中国海洋贸易兴盛、东亚华夷秩序发展的历史背景下，妈祖信仰传入琉球并得到广泛传播。琉球的地理位置以及越海册封的独特方式为妈祖信仰在琉球传播提供了官方支持，并于 14 世纪下半叶至 19 世纪下半叶形成了由册封使团祭祀、朝（接）贡使团祭祀、其他官方祭祀组成的琉球王国妈祖祭祀活动，体现了妈祖信仰在官方支持下对琉球传播的两个重要特点，即系统性和本土化，其对琉球妈祖信仰的保存和恢复产生重要影响，为中国文化的传播带来了新的启发和思考。

关于烟台庙岛显应宫妈祖文化传承和发展的

几点思考

田茂泉

《山东经济战略研究》2016 年第 12 期

　　妈祖文化是中国民俗文化的集成形态之一，具有鲜明的民俗性、社会性、普适性特质，是中华优秀传统文化的重要组成部分。烟台庙岛的显应宫是我国北方沿海地区妈祖信仰和妈祖文化的传播中心，其影响不仅遍及黄渤海沿岸地区，而且远播朝鲜、日本等国家。本文分为两个部分，一是提出了庙岛显应宫妈祖文化遗产传承存在的问题，二是对庙岛显应宫妈祖文化遗产传承提出对策建议。

新常态下莆商文化的传承与发展

许国珍

《经营管理者》2016 年第 34 期

莆商是推动莆田科学发展跨越发展的重要力量。强化文化支撑，光大莆商品牌，让莆商在新常态下持续作出新贡献，显得十分重要而紧迫。新常态背景下，莆商进一步做大做强做优，要注重"工""商"并进，诠释跨越转型理念；注重"精""诚"结合，诠释诚信守义文化；注重"传统""创新"融合，诠释敢为人先精神；注重"人情""法治"统一，诠释科学管理理念；注重"协作""竞争"结缘，诠释团结互携新义；注重"经商""行善"互动，诠释妈祖大爱精神。

封阳赛龙舟的文化传承
——以信都赛龙舟为例

白燕萍

《教育观察（下半月）》2016 年第 11 期

封阳，即封水之阳。在具有两千多年历史的封阳，赛龙舟活动包括龙舟出龛、扎建青门、结龙船亲、祭拜妈祖、龙舟竞渡等。研究和弘扬封阳文化，通过不忘初心、与时俱进等形式让赛龙舟文化继承和发展，是贯彻"一带一路"倡议的重要方式，意义重大。

闽台民间信仰交流发展刍议

何小花

《福建艺术》2016 年第 6 期

闽台民间信仰同根共源，一脉相承。自古以来，闽台民间信仰特别发达，林立的宫庙、成百上千的神灵、频繁的宗教活动、众多的信众构成闽台民间信仰的基本内容。闽台民间信仰的产生和发展，在深受中华文化传统影响的同时，与闽台地区的自然、社会、历史等密切相关。

福建民间信仰的道德教育意义

范正义

《海峡教育研究》2016 年第 4 期

当前，福建民间信仰通过以下几个渠道，对民众起到道德教育作用：神明生前死后经历的楷模作用；民间信仰仪式附带的伦理教化意义；宫庙对联、壁画传递的止恶扬善的因果报应观；戏剧演出表达的正统历史观与价值观等。

开发宗教文化资源，推动旅游产业发展

卢建炳

《低碳世界》2016 年第 31 期

本文分析莆田市宗教文化旅游开发的优势，宗教文化旅游存在的主要问题，最后提出了发展莆田宗教文化旅游相关建议。

信仰认同及其"认同半径"的建构

——基于津、闽、粤三地妈祖信仰的比较研究

张晓艺　李向平

《东南学术》2016年第6期

灵验性、地方文化传统、信仰建构方式、民间信仰精英是民间信仰的主要认同要素，灵验性与地方文化传统一般可被不同的信仰行动者所共享。信仰认同具有多元特征的层级分别，是经由信仰关系与信仰行动者所处的层级位置二者共同形塑的动态过程。以灵验性为核心，中国人信仰认同的实践逻辑具有叠合认同特征。研究聚焦于津、闽、粤三地妈祖信仰的信仰实践，同时提出"信仰认同半径"的概念工具，用以呈现信仰认同的逻辑机制，特别是信仰认同及其认同要素的内在关联。

宋元明清肖像式妈祖图像的综合考察

肖海明

《世界宗教研究》2016年第5期

本文对历代肖像式妈祖图像进行了全面系统的梳理，探索了历代妈祖图像的特点及变迁轨迹，同时聚焦于两个学界比较有争议的问题，提出了自己的观点。如针对"青圭蔽朱旒"问题的争议指出：南宋封妃之后出现的"青圭蔽朱旒"的妈祖图像，在历代妈祖图像的发展中一直延续下来，成为肖像式妈祖图像发展的主线。又如针对清代以来世界各地妈祖庙宇十分流行的凤冠冕板式妈祖图像指出：凤冠冕板式妈祖图像是"后"与"帝"的完美结合，使妈祖既保留了女性最高神的特性，又具有帝王的身份，与男性的封"帝"神祇取得同等的地位。妈祖在清代头戴冕旒的形象，实际上是妈祖具有"帝"的身份的隐喻。

企业家与民间信仰的"标准化"

——以闽南地区为例

范正义

《世界宗教研究》2016 年第 5 期

在闽南地区，企业家进入民间宫庙管理的现象日渐普遍。企业家管理的宫庙，在转型中出现了趋同现象，即出现了传统文化化、社会公益化与区域化、国际化等发展趋势。企业家的"士绅"化以及当前国家政治生态，导致了华琛（James L.Watson）笔下的"神明标准化"现象重又上演。这是当前闽南民间信仰在转型中逐渐趋同的重要原因。

郑和宗教参与多样性及其对海上丝绸之路各国的友好影响浅析

张俭松　叶　蕾

《世界宗教研究》2016 年第 5 期

本文通过对郑和下西洋中宗教活动的梳理，发现郑和的宗教信仰虽然表象上呈现出多样性，但究其真正信奉的宗教，乃是伊斯兰教，至于佛教和妈祖等，只不过是郑和从政治需要和实用主义考虑，更多地表现出一种参与性，而非真正的信奉。正是这种宗教参与的多样性，为郑和的外交活动打开了一扇扇方便之门，客观上也推动了当时的中国和海上丝绸之路各国之间的友好往来。

妈祖文化主题酒店的开发探析

吴小霞

《武夷学院学报》2016 年第 10 期

主题酒店是凭借其主题体现的文化魅力，使客人在接受服务与消费同时有所体验。通过对国内妈祖文化类主题酒店进行分析发现其存在文化延伸缺乏创新、建筑设计偏离妈祖文化风格、经营管理上缺少对妈祖文化氛围的营造以及妈祖文化主题酒店营销力度不足等问题，因此必须要深挖妈祖文化内涵并进行创新延伸，在建筑设计上要注重与妈祖文化相融合，在经营管理上注重妈祖文化氛围的营造，同时要加强妈祖文化主题酒店产品营销，从而提高酒店的竞争力。

天津市民文化的传统与未来走向研究

信国芳　陈雪飞　宋　娜

《科技展望》2016 年第 28 期

天津市民文化传统形成受多种因素，主要是漕运文化、军旅文化和妈祖文化的影响。由于这三种文化的影响，天津市民文化传统展现出许多特点，通过研究总结其特点，并分析天津市民文化所存在的问题，最后总结天津市民文化的未来走向。

浅谈妈祖档案的文化价值

翁劲松

《档案时空》2016 年第 10 期

2009 年 9 月 30 日，"妈祖信俗"成功列入联合国教科文组织的《人类非物质文化遗产代表作名录》，标志着我国首个信俗类世界遗产已成为全人类共同的文化遗产。妈祖文化是中华文化的瑰宝，蕴含着中华民族特有的精神价值、思维方式、想象特征，是中华优秀传统文化不可或缺的重要组成部分。

妈祖信仰在东亚传播的特点
——以新加坡天福宫和长崎福济寺为个案的研究

陈衍德

《东南亚研究》2016 年第 5 期

新加坡天福宫和日本长崎福济寺是东亚海域的两所华人妈祖庙，本文从历史缘起与地缘关系、社会背景与建制格局、信众构成、社会文化功能等几个方面对二者进行论述和比较，从中探索东亚海洋文化的历史源流以及华人移民在传播中华传统文化中的作用。

打好文化牌 拓展南海"朋友圈"

许利平

《人民论坛》2016 年第 27 期

南海是连接中国与南海周边国家的文明纽带，也是华夏文明与南海周边国家文明相互碰撞、交流的重要平台，并形成了不同的文化圈。这些文化圈构成了今天中国与南海周边国家人文交流的重要基础与依托，是南海成为和平之海、友谊之海和合作之海的精神家园。需要加强中国与南海周边国家的人文交流，激发南海文化圈的凝聚力和活力。

赤湾妈祖庙与海上丝绸之路探析

毛军吉　陈文广

《特区实践与理论》2016 年第 5 期

在"一带一路"倡议的背景下，文章基于历史和文化的视角，从深圳赤湾天后宫的地理位置、宫殿地位等级和独特的妈祖信俗文化等三个方面，对深圳赤湾妈祖庙与海上丝绸之路的历史渊源和文化传承进行了考证。由此，结合深圳实践，提出深圳切实保护文化遗产、发挥文化遗产的特色，孕育深圳海洋文化，传承丝绸之路精神，实现深圳腾飞等建设性建议，对探讨和深化深圳在国家海上丝绸之路构建中的地位和作用，具有现实重要意义。

潮汕民间信仰的历史、现状与管理探略

贺璋瑢

《山东社会科学》2016 年第 9 期

广东潮汕地区的民间信仰以其神秘的色彩、独特的形式、深广的影响力和跨越时空的历史穿透力，成为一种丰厚的传统文化而不断发展，且与潮汕人的世俗生活相互交织，沿袭至今。之所以探讨潮汕的民间信仰，是因为我们需要对民间信仰在当代社会中的位置有一种"接地气"式的理解并明白对民间信仰的"管理"（或"治理"）如何有所为和有所不为，此研究关系到"宗教治理"的新理念和新模式及当代社会新型多元文化与和谐社会的建构，意义重大。

功能目的论视角下的妈祖文化宣传资料翻译

徐 颖 李丽娟

《莆田学院学报》2016 年第 4 期

阐述湄洲妈祖文化宣传资料的翻译现状，指出目前的翻译质量不尽如人意。通过对湄洲妈祖文化宣传资料英译中出现的问题及其产生原因进行分析，提出修改意见，同时从功能目的理论的视角出发，探讨妈祖文化宣传资料的翻译策略。

论妈祖音乐的海洋性特征

陈美静

《莆田学院学报》2016 年第 4 期

指出妈祖音乐是海洋人文音乐的一部分；无论是内容方面还是形式方面，妈祖音乐都明显折射出一种海洋性特征；立足"海丝"视野，放眼世界，着重提出妈祖音乐应该进一步凸显海洋性特征的一些建议。

妈祖文化认同量表的构建与分析

王梦茵 陈金华

《莆田学院学报》2016 年第 4 期

通过文献摘录、开放式访谈等方法构建妈祖文化测量题库，然后经专家评鉴分析筛选题项，并采用问卷调查法进行初步测评，最终编制完成了妈祖文化认同量表。该表分为文化认知、信仰知觉、自豪情感、意愿行为等四个维度，共30个题项。对妈祖文化发源地的福建省居民进行初步测评，得出结论：（1）妈祖文化认同量表的构建科学可行；（2）当地对妈祖文化认同度较高，尤其是自豪认知度情况较好。

元代海上漕运与妈祖信仰的发展

王海冬

《莆田学院学报》2016 年第 4 期

概述元代海上漕运情况以及妈祖信仰在漕运中所起的精神支持作用。以刘家港地区、山东沿海地区、天津地区的天妃宫为例，说明海运漕粮的成功与妈祖信仰的传播是互为促进的。最后提出元朝能推进妈祖信仰，其文化原因有蒙古族萨满教也信奉女神以及元朝统治者对多元宗教采取兼容并蓄政策的观点。

闽北对台旅游的文化优势

杨瑞荣

《统一论坛》2016 年第 4 期

闽北对台湾开展"海峡旅游"，不止有山水奇景的吸引力，更有闽北神奇文化的吸引力。"闽北文化"之于"台湾文化"，有着远超"闽南文化、客家文化、妈祖文化"之上的"共同文化内涵"。

首届妈祖文化高峰论坛
——2015 年国际妈祖文化学术研讨会综述

黄瑞国

《中国史研究动态》2016 年第 4 期

2015 年 10 月 31 日—11 月 2 日，由中国社会科学院历史研究所、莆田学院联合主办的"首届妈祖文化高峰论坛——2015 年国际妈祖文化学术研讨会"在福建省莆田市举行，来自海内外 100 余位学者围绕妈祖文化与海上丝绸之路、妈祖文化传播与妈祖文化产业、妈祖文化的地域特色、妈祖文化与社会教化及国家治理等议题展开了研讨。

大数据中的中国非物质文化遗产：
300年国际知名度分析

孙　艳　黄荣贵　洪岩璧

《学术论坛》2016年第6期

文章利用谷歌图书的百万书籍大数据，以中国世界非物质文化遗产近300年来英语书籍中出现的词频来展示和分析其国际知名度的变迁及其特征。研究发现，妈祖、京剧、书法、针灸、端午节、皮影戏、粤剧、雕版印刷、格萨尔和昆曲依次为近300年来中国世界文化遗产国际知名度前10名。从300年知名度变迁形态上看，非物质文化遗产和物质文化遗产的国际知名度紧密相连，并受到跨国交流、现代化进程以及民族文化自觉意识的影响。

吴越地区海神信仰域外传播概述

毕旭玲

《中原文化研究》2016年第4期

东海龙王、南海观音与妈祖是吴越地区三大主要海神，其信仰辐射范围均覆盖吴越全境，并向东亚的朝鲜半岛和日本列岛传播。吴越海神信仰对外传播的主要通道是起于吴越的东海丝绸之路。唐代以前，东海丝绸之路走北线居多。唐代以后，随着造船和航海技术的进步，航程短而不受朝鲜半岛政治气候变动影响的南线逐渐受到重视。以明州为代表的吴越港口随即兴起。吴越地区海神信仰向东亚的传播大致可以分为三个时期。先秦至魏晋时期是吴越海神信仰的早期传播阶段，其结果是日本列岛与朝鲜半岛都产生了与吴越海神形体相似的龙蛇形海神；

南北朝至隋唐时期是吴越地区海神信仰传播的成熟阶段，以东海龙王和南海观音为代表的吴越海神信仰传入朝鲜半岛与日本列岛，并得到了当地民众的崇信，由此正式构建起中国吴越地区—朝鲜半岛—日本列岛的海神信仰文化圈；宋元明清时期是吴越海神信仰传播的高潮期，三大海神均有了数量不少的海外祠庙，且拥有了稳定的信众群体，东亚海神信仰文化圈由此得到了巩固。

妈祖文化数字化保护与创新性传承的应用研究

杨帆静

《齐齐哈尔大学学报（哲学社会科学版）》2016 年第 8 期

妈祖文化最初作为一种沿海文化，随着时代的发展，其影响逐渐向内陆和海外发展，现在已经成为中国传统文化的重要名片之一，现阶段我国大力发扬传统文化，提倡"文化走出去"，这就需要不断开拓新的形式，以发展求保护。保护妈祖文化有着重要的现实意义，其本身是维系中华民族的重要纽带，新时期面对信息化的冲击，只有积极地探究其保护现状，顺应时代发展，充分地利用数字化保护、建立网络数据库资源存储和实现网络信息传播等，才能完成妈祖文化数字化保护与创新性传承。

天后北传与漕运贸易
——一个文化资本的视角

张小军

《南京大学学报（哲学·人文科学·社会科学）》2016 年第 4 期

本文通过贡粮漕运贸易伴随的天后信仰大规模北传的研究，简要探讨了元代以降漕运贸易中天后信仰及其民教伦理的作用，尝试从"文化资本"的视角，理解这样一种"共主体经济"的内在文化逻辑。第一，天后信仰以及相关的祭祀和仪式表征通过国家化形成文化资本。天后信仰不仅是贡粮经济的重要组成部分，还进入国家的祀典，成为国家管理漕运的文化表征。它从仪式上强化了漕运的国家权威，使国家权力和神威融为一体，国与商、官与民紧密结合，民间组织得以建立认同。第二，天后信仰的文化资本表现为与天后信仰相关的文化认同、价值观念、伦理道德、民风习俗等。第三，文化资本再生产主要表现为海神等地方神标准化为天后的文化创造过程。第四，文化资本转变为经济资本：天后信仰及其民教伦理作为文化安排，强化了地缘等文化认同并以此信任伦理建立了信仰圈，维护了漕运经济秩序。第五，文化资本转变为社会资本：促进了会馆体系和贸易网络的社会资本成长，进而促进经济资本的运行。这些直接推动了长达数百年的沿海经济带之形成，间接促使中国成为亚洲地域经济圈的中坚。

妈祖音乐研究的现状与思考

陈美静

《集美大学学报（哲社版）》2016 年第 3 期

当前的妈祖音乐研究多为微观视野，或对某一区域的妈祖音乐进行研究，或对某种音乐表现形式进行研究，缺乏体系与深度。从不同视野、角度对妈祖音乐的本体特征、妈祖音乐与民俗文化的联系、海上丝绸之路背景下妈祖音乐的发展等方面进行深入的、多维度的研究，是妈祖音乐研究的未来之路。

明清时期处州地区妈祖信仰的传播及其演变考

莫莹萍

《丽水学院学报》2016 年第 4 期

妈祖信仰作为一种海神信仰，明清时期在位于浙西南山区的处州地区广泛传播。福建籍移民和福建籍处州地方官对妈祖信仰在处州地区的产生和传播产生了重要影响。妈祖信仰在传入处州地区后又进行了"本土化"演变,从单一的海神信仰,逐渐演变成为具有多种功能的综合信仰。

大陆妈祖研究文献回顾与展望
——基于 CiteSpace 文献计量分析

罗　丹　杨永忠　林鸿熙

《中国海洋大学学报(社会科学版)》2016 年第 4 期

以中国学术期刊网络出版总库为数据来源,对妈祖研究领域的 894 篇文献,采用 CiteSpace Ⅲ 进行文献产出作者及机构合作网络分析、关键词共现等分析。妈祖研究文献持续增加,研究力量主要集中于福建省,以莆田学院、福建师范大学为主要代表。目前妈祖研究热点有妈祖信仰、妈祖文化、妈祖信俗等,研究沿着从对文献资料的初期整理到分析妈祖信仰的功能、特点及传播,再到从微观层面探讨对妈祖资源的开发利用的轨迹发展,研究越来越深入,成果愈加丰富。结合目前研究中的不足,提出未来的研究要以开阔的视野、多元的方法以及更加丰富的研究思路进行。

妈祖信仰传入琉球研究

李宏伟　阳　阳

《八桂侨刊》2016 年第 2 期

妈祖信仰是 14—19 世纪东亚国际秩序中最重要的精神推力。其始于 10 世纪,随着 14 世纪下半期中国—琉球正式交往的开始和不断兴盛,妈祖信仰得以传入琉球并与本土宗教信仰发生深度融合,广为流传。一方面,中国海洋贸易的兴盛、越海册封琉球的方式等深刻的历史背景为妈祖信仰传播提供了官方支持;而另一方面,琉球本土的祝女体系则迎合了妈祖的女性身份及功能,为其在琉球传播奠定了深厚的文化基础。妈祖信仰传入琉球可分为官方、民间两个层次，主要通过中国册封使团、琉球朝贡使团、闽人侨居琉球、飘风难民在琉球避难等四种途径。这一认定不仅是对中国史籍研究的结果，也得到日本文献史料的印证。妈祖信仰见证了中琉交往的历史，也成为今天搭建中日友好交往之桥的重要推动力。

妈祖信仰在亚洲海域的传播与流布

——以"海洋论"为视域的考察

王小蕾

《南海学刊》2016 年第 2 期

"海洋论"采用超视角，将亚洲海域视为互动紧密的网络。其中，既有政治、经济的往来，更存在着文化交流。妈祖信仰便自中国向亚洲海域不断扩展，成为了不同国家和地区间互联、互通的纽带。笔者拟以"海洋论"为视域，围绕妈祖信仰的性质、扩展路径和社会功能展开分析，揭示其如何推动上述国家和地区的交往，从而实现价值提升，成为世界性的信仰文化。

浙江坎门花龙装饰艺术研究

林 霜

《莆田学院学报》2016 年第 3 期

坎门舞花龙是坎门渔乡节庆活动，也是国家级非物质文化遗产。花龙的色彩装饰和纹样装饰极具地方特色。巫术文化、海洋文化、闽南文化和妈祖文化长期影响着当地民众的生活美学观，形成了坎门民间独特的集体美学审美观念。色彩装饰中的华丽、明快、夸张、质朴、粗犷的色彩搭配，几何纹样、植物纹样、吉祥纹样的装饰都彰显出多种文化的融合。

妈祖文化的外向型特征及其在美国的播迁

刘婷玉

《莆田学院学报》2016 年第 3 期

妈祖信仰及文化的研究，是 20 世纪以来宗教学、历史学和人类学研究的重要议题。从对美国地区妈祖文化的传播的研究入手，介绍美国现有妈祖文化的产生与播迁，从一个侧面揭示妈祖外向型神格及其文化传播与 19 世纪以来美国华人移民命运之间的密切关系。

“海丝”核心区妈祖文化产业发展对策探析
——以长乐显应宫为例

许元振

《莆田学院学报》2016 年第 3 期

在福建被定位为“21 世纪海上丝绸之路核心区”的背景下，以长乐显应宫为例，展开海洋视野中的产业文化资源开发研究具有重大的历史价值与现实意义。显应宫的产业文化资源的开发利用包括显应宫妈祖文化产业的总体战略和实施策略两个层面，通过把显应宫深厚的海洋人文底蕴与长乐市丰富的海洋自然资源结合起来，将打造出一个绿色的可持续发展的文化产业链。

动态语境观下妈祖文化与基督文化对比研究

叶蔚萍　王闽汕

《莆田学院学报》2016 年第 3 期

基于语境理论，在动态语境观下，对比研究妈祖文化与基督文化的异同点，分析两种文化的精神内涵、传播形态及交际风格，阐明两种文化发展观在动态语境中的意义，以期构建和谐语境与交流模式，促进不同信仰、不同文化背景中人们之间的相互合作与交流。

传统文化符号在海峡两岸的"同构"
——以"妈祖文化"为例

何　璇

《西部学刊（新闻与传播）》2016 年第 6 期

符号既有直接层面的意指，又有含蓄层面的意指，当符号的能指与含蓄层面的所指自然而然、不可分割地"胶合"，即可形成符号的"同构"。在相近的传播语境及文化体系中，符号的"同构"可以统一社会价值，增强文化认同，增进文化交流。

海洋文化视阈下的福建妈祖诗咏特色

刘福铸

《闽台文化研究》2016 年第 2 期

妈祖诗咏是妈祖文化载体之一。福建地区尤其莆田湄洲的妈祖诗咏比其他地方显得更为丰富多姿，海洋文化特色明显。内容方面有赞颂和祈求妈祖海上护航救险神功、吟咏妈祖参与的海事活动、咏赞妈祖宫庙景观及描绘海上壮景等特色，写作方面有多使用海洋文化典故的特色。

视觉文化·妈祖信仰·社会性别
——以中国传统木版年画为中心

侯 杰 王 凤

《宗教学研究》2016 年第 2 期

中国传统木版年画是民间信仰的重要载体，它以独特的艺术形式表达着人们的宗教情怀和人生愿望。妈祖作为被"神化了的人物"为世人所敬仰、崇拜，成为辐射范围最广、影响力最强的女神之一。作为载体，中国传统木版年画不仅再现了妈祖的女神形象，更传递了她勇于牺牲与奉献的精神。妈祖信仰传入天津后，与本地文化相结合，杨柳青年画不仅记录了天津皇会及民俗活动中的宏大场面，还在一定程度上巩固并加强了妈祖信仰在天津传播的社会影响力。因此，在充分肯定年画传承文化传统的作用与价值之同时，对于其所运用的传播方法及其媒介作用也应当给予足够的重视与解析。

传统民间"非遗"文化的电视传播研究
——以央视《乡土》栏目为例

吴灏鑫 谭 雁

《文化与传播》2016 年第 3 期

我国有着五千多年的悠久历史，蕴藏着丰富的非物质文化遗产资源。随着社会经济的发展，人们生活方式的改变，生存环境发生了变化，导致越来越多的非物质文化逐渐消失，而且还被人们忽略。因此，当下迫切需要发挥电视媒介传播优势，加大对散落在民间的非物质文化遗产的宣传力度，提高人们的认知水平和传承保护意识，使文化遗产知识和价值观尽快深入人心，努力建立起文化自信和文化自觉。

浙东士人妈祖书写的人文精神

潘承玉

《绍兴文理学院学报（哲学社会科学）》2016 年第 3 期

妈祖信仰是一种赢得封建统治阶层长期尊崇的民间文化，是中国从内陆农耕文明走向海洋文明的海洋文化和贸易文化，也是一种融少女崇拜、母亲崇拜为一体的尚女文化。作为毗邻妈祖文化发祥地的浙江特别是浙东地区，其妈祖信仰也源远流长，成为福建之外妈祖文化积淀较为丰厚的地区之一。面对这一久远的民间信仰趋势，浙东精英士大夫群体或顺应妈祖信仰推动各方与民间社会的仰重期待，或自居这一趋势的疏离自外者甚至反对者，展开多方面的妈祖书写；不论以宗教信仰还是以历史理性为本位，均体现出一定的人文精神。

关于妈祖题材舞蹈作品的分析及比较研究
——以舞剧《妈祖》和《醮》为例

杨湘豫

《戏剧之家》2016 年第 10 期

本文以两部较有影响力和具有独特艺术张力的舞剧作品《妈祖》和《醮》作为主要分析对象，探究妈祖题材舞剧创作上的规律，并结合妈祖文化进行分析比较。主要从妈祖文化的两个方面进行对比，一是舞剧在题材方面的探究；二是大陆和台湾舞蹈的比较。

深圳赤湾天后宫重建中的几个问题

邓 璐

《文化遗产》2016 年第 3 期

深圳赤湾天后宫的重建历程反映了改革开放后深圳妈祖信仰的复苏。地方政府与民间两股力量的共同作用促成了深圳妈祖信仰复苏的重要契机的出现。赤湾妈祖信仰对深圳而言是一个兼具正统性、开放性与灵验性的文化符号，虽然赤湾妈祖信仰经历了政治层面和都市化的冲击，但是这个深层次的文化符号其实一直只存在于人们的脑海之中。改革开放后，政府为发展文化旅游事业，通过运作赤湾妈祖文化，构建城市的文化网络，直接推动了赤湾天后庙的重建。而民间积极参与赤湾妈祖信仰的建设与实践，促成了深圳妈祖信仰的复苏。

社会变迁视角下的妈祖庙功能分析
——以涵江霞徐天妃宫为例

苏文菁 韩 朝

《发展研究》2016 年第 5 期

妈祖信仰随着时空的发展，其神职与社会功能不断发生着变化。妈祖庙作为妈祖信仰的空间载体，也经历了相应的变迁，此种变迁是多种社会因素与历史事件作用的结果。本文以涵江霞徐天妃宫为考察对象，通过梳理该庙创立至今的命运谱系，总结出"护海神庙""南神北上""陆上航标""一器多用"和"文化标本、海洋基因"五个时期的社会历史功能，既体现了国家意识与民间需求的分分合合，也反映了人民在这一过程中的主体性建构作用。这些都为当今海洋大开发背景下的本土资源利用提供了适当的思考范例。

杭州妈祖庙兴废考

陈政禹

《浙江档案》2016 年第 4 期

杭州最早的妈祖庙建于南宋绍兴年间，这也是福建省外最早的分灵庙。自宋代以来，每个朝代杭州都有至少三座妈祖庙。但清末以后，随着杭州妈祖信仰群体的减少，杭州的妈祖庙逐渐消失。

文化创意产业格局下闽台妈祖文化产业发展新途径

林雪儿

《现代经济信息》2016 年第 8 期

闽台妈祖文化是闽台两岸经济文化交流的重要渠道。本文通过对闽台妈祖文化产业的发展现状进行研究，找出存在的问题，分别从思想、政治和经济方面提出有针对性的转型对策。

对妈祖体育文化融入南日岛海洋牧场的探讨

陈静青　孔丽涵　刘青健

《莆田学院学报》2016 年第 2 期

为了妈祖体育文化和南日岛海洋牧场更好地融合与发展，采用文献资料、专家访问等方法，对妈祖体育文化和南日岛海洋牧场相关的发展情况进行探讨，结果认为：妈祖体育文化与南日岛海洋牧场具有相辅相成、相互促进的作用，将妈祖体育文化活动融入南日岛海洋牧场建设中，对莆田市更好地传承、弘扬妈祖文化和建设南日岛海洋牧场具有重要的现实意义。

"非遗"福建莆田妈祖服饰语言及其文化内涵研究

孙雪梅

《艺术与设计（理论）》2016年第4期

文章尝试研究福建沿海三大渔女服饰之妈祖服饰，从妈祖服饰的造型、色彩、面料、装饰等服饰语言入手，进而从历史演变、地域环境、民俗特色等三个方面来探讨妈祖服饰的文化内涵以及服饰文化保护和传承的现实意义。

民俗节庆真实性研究
——以中国·湄洲妈祖文化旅游节为例

蔡礼彬

《华侨大学学报（哲学社会科学版）》2016年第2期

民俗节庆的真实性问题一直为学术界所关注。从服务剧场理论出发探讨中国湄洲妈祖文化旅游节在场景、演员、表演、观众四个角度存在的问题，发现节气场景的选择过于空旷使得表演无从体现妈祖的信仰之力，演员在节庆表演中表现出情感进入面较低、观众的参与度不积极、表演效果还有进一步提升的空间等一系列问题。提升中国湄洲妈祖文化旅游节的综合效果可以从场景的潜在环境、设计因素，演员的演绎与参与程度，观众的吸引力、中心性和自我表达，表演的品质和其中产生的情感激荡等方面加以改进，提高游客的真实性体验，以实现民俗节庆对继承和发扬地方文化的文化价值。

妈祖故里湄洲岛"朝圣怀古区"建设的几点思考

王进宝

《新经济》2016 年第 11 期

湄洲岛因妈祖、祖庙闻名于世，湄洲岛国家旅游度假区因妈祖文化信俗而设。发展湄洲岛旅游，确切地说就是传播妈祖文化，弘扬妈祖精神。妈祖文化信俗是湄洲岛旅游的特色和灵魂。建议着眼妈祖文化旅游发展未来，着力妈祖信俗文化和湄洲历史文物保护，建设湄洲岛北部鸽状"朝圣怀古区"。

试论妈祖信仰在中国古代小说中的传播

及其文化史意义

王子成

《明清小说研究》2016 年第 2 期

妈祖信仰成为中国文化的象征之一。而妈祖的信仰及其神格形象，除了作为生活中的民俗习惯被接受以外，亦在文学作品中得到了表现。明代吴还初的《天妃出身济世传》，被学界公认为描写和传播妈祖信仰故事的集大成之作。书中蕴涵的大宇宙关照、大生命关怀、全民族情感，必将在当今的文化建设、文学创作中大放异彩，发挥其应有的借鉴作用。

冼夫人信仰与妈祖信仰传播演变比较研究

罗远玲

《广东石油化工学院学报》2016 年第 2 期

冼夫人信仰和妈祖信仰在发端之初都属于地方性的民间信仰，冼夫人的原始身份远比妈祖要显赫，但在两种信仰的传播演变过程中，妈祖信仰却在传播范围、传播能力上超越了冼夫人信仰。两种信仰主体的生命历程、原初身份及传播历程中官方力量的参与程度、信仰传播的环境等因素，皆为两种信仰传播演变异同之成因。

略谈妈祖宫庙类全国重点文物保护单位

杨文棋

《福建史志》2016 年第 2 期

妈祖宫庙类全国重点文物保护单位（简称"妈祖宫庙类国保"）是指国务院同意（核定）公布的属于或与妈祖宫庙有关的具有重大历史、艺术和科学价值的不可移动文物。本文对其类型与分布进行梳理。

妈祖文化在地方土特产包装中的应用
——以莆田为例

连晓君

《美与时代（上）》2016 年第 4 期

妈祖文化是莆田最具特色的文化资源，莆田土特产包装设计风格应以妈祖文化为基础，从图形、色彩、文字、造型材料等方面提炼出具有地域文化特色的"视觉符号"，再以浓烈的民俗情感为基调，让产品的包装以情动人、以情感人，使现代包装设计的理性思维里融入丰富的妈祖文化内涵和精神内涵，让莆田土特产包装具有一定的文化价值，这不仅能传承妈祖文化，还能促进和推动特产经济的发展，收到事半功倍的效果。

清代妈祖封号附会碧霞元君问题新探

李俊领　甘大明

《世界宗教研究》2016 年第 2 期

清代朝廷从未将妈祖封为碧霞元君，但朝野以妈祖封号附会碧霞元君的现象逐渐增多。其源头可视为汪楫所言的《天妃经》，而该经书与清初道士的关系仍不能确定。在汪楫的传言外，清代混淆妈祖与碧霞元君的其他路径有三：一是普通民众沿袭了明代二者混淆的信仰传统，并且衍生出妈祖与碧霞元君互相侵夺名号的新现象；二是康熙帝和一些朝廷官员未能明确区分妈祖与碧霞元君，客观上为汪楫的传言提供了更大的存续空间；三是地方官员与儒生文士对汪楫的传言信以为真，还编造出乾隆帝与嘉庆帝敕封妈祖为碧霞元君的谬说。需要注意的一个特例是，淮安惠济祠并祀泰山碧霞元君与妈祖的礼俗现象催生了雍正帝敕封妈祖为"天后圣姥碧霞元君"之说，促使妈祖元君化的历史面相更为丰富，也更为复杂。

"闽南"内涵的历史演变

汪维真

《闽台文化研究》2016 年第 1 期

福建地域文化研究发端于 20 世纪二三十年代，从 80 年代后期到 90 年代进入兴盛阶段，福建区域文化的多元性受到高度关注，如"闽南文化""妈祖文化""客家文化"的研究皆有重要进展。

清代妈祖信仰在广西的传播及其观念变迁

宾长初

《中国边疆史地研究》2016年第1期

妈祖信仰盛行于东南沿海一带，明清时期沿西江传入广西后，在广西传播开来，并与本地文化相结合，形成了独特的信仰观念。大量的地方志和碑刻资料显示，清代广西的妈祖已由原来的海神，演变为江河护航神、地方保护神、财神和赐子之神等而受到人们的顶礼膜拜，并通过祭神、游神、娱神等祭拜仪式，拉近了人与人的距离，也舒缓了紧张的压力。

《天妃娘妈传》时空变化的文化内涵
及其与江西地域文化的关系

王子成

《九江学院学报（社会科学版）》2016年第1期

妈祖原本为宋代真实人物，她死后受封为神。妈祖故事在小说中的时空跳跃非常大，自汉至明跨越一千多年。作者故意把宋代的妈祖提前到汉代，而文中的地名、建制又是明代的，这旨在将汉帝视为中华道统的象征，以区别于西番。因为中华道统自古包容万物，在面对侵略时，能止戈为武，在战胜后对待异族的入侵却有着以德服天下的胸怀。从理论层面看，书中还贯穿着儒释道合力教化世人的思想。《天妃娘妈传》的传播也有江西文人的贡献，研究该小说对研究江西的文人、文学乃至于地域文化有着特别的意义。

妈祖祭典乐舞与海洋文化的发展关系

廖朝琼

《九江学院学报（社会科学版）》2016 年第 1 期

妈祖信仰活动在两宋之际开始在沿海各地传播，妈祖祭典乐舞的产生、发展、兴盛与海洋文化的发展息息相关。文章主要论述并分析妈祖祭典乐舞的产生、发展的历史与海洋文化间的渊源关系。海洋既是祭典乐舞的摇篮，也是祭典乐舞赖以发展兴盛的沃土。反过来，祭典乐舞也进一步促进海洋文化的发展，融合沿海妈祖信仰族群的精神，进一步促进海洋文化的和谐发展。

从纪录片《天下妈祖》看地域文化的国际传播

林潘舒

《中国广播电视学刊》2016 年第 3 期

2009 年，妈祖信俗被联合国教科文组织列入《人类非物质文化遗产代表作名录》。这是中国唯一一个信俗类的世界遗产，妈祖也成为首位走向国际的中国神祇。《天下妈祖》是福建海峡卫视倾力打造的一部妈祖文化纪录片，以全球知名妈祖庙及其信众为主角，通过一个个鲜活的人、当下的故事，揭示妈祖与自然、与地域、与传统、与人、与社会的关系，探讨妈祖成为全球华人圈中的普遍信仰的历史成因以及在这一传承千年的民间信仰中那些朴素的情感、具有普世意义的价值观。本文以此片为主要研究对象，分析如何在全球化的传播语境中讲好本土化的故事。

"和平女神"与"战争女神"

——从文化的角度比较妈祖与雅典娜的几点不同

吴晓红

《湖南科技学院学报》2016年第3期

东方的"和平女神"妈祖与西方的"战争女神"雅典娜在形成方式、传播方式和对后人的影响上存在很大的差异,从文化的角度对她们进行比较分析,从而更加了解东西方女神崇拜所蕴含的独特文化传统与民族精神。

清代的东北妈祖信仰与东北亚海上丝绸之路

牟艳旗　牟艳涛

《莆田学院学报》2016年第1期

简介清代东北妈祖信仰传播的天后宫及一些相关民俗。提出日本"虾夷锦"是清代东北亚海上丝绸之路的见证物之一。最后结合满族信俗,分析清代妈祖信仰在东北传播的原因,论述清代的东北妈祖信仰与东北亚海上丝绸之路有重要关系。

韩国的妈祖信仰现况

朴现圭

《莆田学院学报》2016年第1期

根据实地调查,结合文献,介绍韩国首尔居善堂、仁川义善堂、济州岛和古今岛的四处妈祖神坛,还有釜山韩圣宫等妈祖信仰场所现况;对仁川中华会馆天后圣母香炉以及华人街饭店妈祖画像等文物也做了考论。指出在韩半岛人们对妈祖的认知度以及对外宣传还十分不够，妈祖信仰是重要文化遗产，韩国社会应加以容纳和进一步了解。

马来西亚巴生县区的妈祖信仰

刘崇汉

《莆田学院学报》2016 年第 1 期

简述马来西亚雪兰莪巴生县区的妈祖信仰由来和妈祖宫庙分布情况，重点介绍海南会馆天后宫及班达马兰新村妈祖庙以及相关的妈祖民俗活动，说明妈祖信仰对巴生华人精神和社会整合方面所起到的作用。

毛里求斯南顺会馆天后宫考察

陈秋霞　石沧金

《莆田学院学报》2016 年第 1 期

通过实地考察，结合文献资料，阐述毛里求斯路易港南顺会馆天后宫的创建历史，介绍南顺会馆天后宫的设置以及天后宫举行的主要活动，指出毛国华人具有多元民间信仰的特征以及中华文化和妈祖文化在毛里求斯传承的意义。

妈祖文化旅游发展及应注意的问题浅析

王进宝

《中外企业家》2016 年第 6 期

在文化旅游蓬勃发展的今天，笔者以妈祖故里人的视角研究妈祖文化在区域旅游发展中的价值，提出在妈祖文化旅游发展中应注意的几个问题，以助其更快更好地走向世界，补益相关地域旅游业，并期对其他中国传统文化旅游发展起一定的借鉴作用。

妈祖文化与海上丝绸之路

王丽梅

《五邑大学学报（社会科学版）》2016 年第 1 期

妈祖文化与古代海上丝绸之路曾在历史的长河中相伴而行，相助相长。在 21 世纪海上丝绸之路的建设中，历经千年、拥有广泛群众基础的妈祖文化依然可以发挥其独特作用：一是为 21 世纪海上丝绸之路提供文化支撑；二是成为连接海上丝绸之路沿线国家的情感纽带。

跨文化传播视野下的海外华侨妈祖信仰研究

张宁宁

《钦州学院学报》2016 年第 2 期

妈祖信仰的海外传播由从事海上贸易的民众自发形成，经过历代官方推动，从较低社会阶层逐步扩散到较高社会阶层，信众多，影响广泛。海外华侨妈祖信仰具有传播方式的刺激扩散性、宗教信仰的泛神崇拜性、信仰内涵的不断增值性特征。面对异质文化背景，海外华侨妈祖信仰具有独特的心理路径：消解文化焦虑、建构文化认同、寻求文化适应。

宋元时期兴化军文人对妈祖形象的建构

钟 祺

《海峡教育研究》2016 年第 1 期

在推动妈祖信仰发展、传播的进程中，贡献最大者当属文人阶层。其中，对妈祖最早进行"包装""宣传"的是妈祖故里兴化军的文人。本文拟以宋元时期兴化军文人关于妈祖的文学作品为分析样本，对他们所建构的妈祖形象进行论述。

妈祖文化中的生命伦理意蕴

郑金林

《赤峰学院学报（汉文哲学社会科学版）》2016 年第 1 期

妈祖文化是中国传统文化一部分，妈祖信仰涉及诸多领域，蕴含着丰富的生命伦理内涵。本文从海神、捍灾和疗疾、生育神、现代医学模式和信仰的角度五个方面阐释妈祖文化的生命伦理意蕴。

民间信仰的现代性境遇
——以即墨金口妈祖信仰为中心的考察

赵秀丽 王 靖

《山东农业工程学院学报》2016 年第 1 期

民间信仰是民俗文化的根本。作为一种文化的存在，民间信仰在当代社会获得了一定的合法性。然而"文化"的标签却淡化了其"信仰"的本质。丢掉了信仰本身，作为一种文化的信仰就失去了活力。于今，民间信仰的境遇面临着两种尴尬，作为文化遗产，其文化的特点在商业化过程中不断减退；作为"信仰"，其信仰的低俗化使其难登大雅之堂。这恰恰是民间信仰在现代社会发展的境遇写照。

芷江天后宫门坊石雕图像的妈祖文化隐喻

刘树老

《装饰》2016 年第 1 期

坐落于湖南芷江县的天后宫是我国内陆地区规模最大的妈祖庙，乾隆年间修建的石雕门坊装饰精美繁复。其门坊石雕的鱼水图像、神仙图像分别成为妈祖地域特征和功德圣迹的隐喻，既是中国传统图像的文化表达方式，也通过图像阐释实现了多重感官体验。

漳州浦南墟妈祖信仰的兴衰嬗变

黄艺娜

《三峡大学学报（人文社会科学版）》2016 年第 1 期

浦南墟作为九龙江北溪流域商品集散地，在康乾时期成为龙溪县最大的墟市。在北溪航道存在多处险滩急流、滩濑落差大，容易发生意外的情况下，浦南墟纸馆等商人和放排工人为祈求生意顺利、生命安全，在下游江边虔诚修建妈祖宫。随着九龙江流域航运式微，浦南墟衰败，妈祖香火随之衰弱，江对面妈祖亭的妈祖职能发生转变。浦南墟妈祖信仰与九龙江航运、浦南墟的兴衰可说是一荣俱荣，一损俱损，三者之间的联系密不可分。

澄天后宫举办民俗文化交流会，
两岸宫庙人士共同祭拜妈祖弘扬中华文化

曾武光

《台声》2016 年第 24 期

11 月 27 日，位于九龙江畔的古月港龙海海澄天后宫到处张灯结彩，喜气洋洋，两岸民俗文化交流会在这里隆重举行。台湾北港朝天宫常务董事公关蔡铭唐先生率台湾北港朝天宫中和跃进圣母会、芦州合玄道堂、四湖新溪尾候天宫、三峡石仙、北海圣口宫、板桥九天山、无极龙凤宫、虎尾天后宫、中坜仁海宫、大雅永兴宫等 10 家宫庙代表 80 人莅临海澄天后宫进行民俗文化交流。

浓墨添彩国家战略的实践举措
——湄洲日报世界妈祖文化论坛全景报道出彩出色

许晨聪　吴双双

《新闻战线》2016 年第 23 期

世界妈祖文化论坛是莆田市有史以来规格最高、规模最大，影响最广、效应最强的国际会议。《湄洲日报》将论坛作为重中之重的大事，于 10 月 31 日至 11 月 3 日对其进行了浓墨重彩的全景报道，出精出彩出色。

为21世纪海上丝绸之路增姿添彩

——湄洲湾北岸经济开发区跨越式发展之路

黄汉业

《人民论坛》2016年第34期

福建莆田地处东南沿海，得天独厚的港口资源，无可比拟的区位优势，独树一帜的妈祖文化和实力雄厚的民间资本，成为莆田市湄洲湾北岸经济开发区融入21世纪海上丝绸之路的天然优势。未来，莆田市将积极融入福建"21世纪海上丝绸之路核心区"建设，加快推进湄洲湾北岸经济开发区跨越式发展。

你该了解的关于妈祖女神的七件事

佚　名

《海洋世界》2016年第11期

本文讲述了妈祖的身世等知识。

妈祖文化是海洋精神的标志

郑世雄

《海洋世界》2016年第11期

海洋精神是人们在接触海洋、驾驭海洋、征服海洋的实践中发展起来的对于海洋规律性认识的精神成果。作为海上女神的妈祖，千百年来受到广大民众的无限崇敬和虔诚膜拜，成为海洋精神的标志。特别是从事海上捕捞、海上贸易、海上运输的渔民商民船民在妈祖的旗帜下，形成了胸襟广阔、自强不息、坚韧不拔。

妈祖是海洋精神的一面旗帜

周金琰

《海洋世界》2016 年第 11 期

2016 年两会期间，李克强总理讲话包含很多内容，一是妈祖文化在当前对国家"一带一路"、海洋强国发挥重要作用；二是妈祖是海洋精神的一面旗帜；三是闽商群体要发挥妈祖和海洋优势。如今，在"一带一路"倡议和海洋强国战略背景下，妈祖文化将发挥不可估量的作用。

妈祖是实践海洋文明的先驱

黄志霖

《海洋世界》2016 年第 11 期

妈祖文化蕴含着东方海洋文明基因，从妈祖文化的产生、传播、发展的历程中得知，其"立德、行善、大爱"的精神内涵和"平安、和谐、包容"的文化特征，与"和平合作、开放包容、互学互鉴、互利共赢"的中华海洋精神相契合；同"海纳百川、无私奉献、勇敢智慧、永不放弃"的海洋情怀和意志相一致。可以说，妈祖自古以来就是华人信奉的海上和平女神，妈祖文化就是中国海洋文明的旗帜、灵魂和象征。

莆田人的海洋精神文化基因

翁卫平

《海洋世界》2016 年第 11 期

莆田是妈祖故乡，莆田人很早就有海洋精神的文化基因。这种基因的存在，因妈祖文化而生，因妈祖文化而长，两者紧密结合，相依相存，相互促进，交相辉映。妈祖信仰传播，宋代为起源期，元代为拓展期，明代为远播期，清代为鼎盛期，当代为复兴期。中国海洋文化发展轨迹，契合并同步了妈祖文化的发展与传播。

温州天妃宫郑和塑像群的回忆

张嘉壎

《中国远洋航务》2016 年第 11 期

温州天妃宫巷坐落于信河街北端，近瓯江岸，巷南有座 14 平方米左右的小庙，庙内塑有妈祖神像及 10 位以郑和为首的群像，当地人称这庙为"三宝殿"。温州历来是渔港，信奉的神祇很多，有海圣（海神圣母）、观音、关帝、晏公、杨府神、三官（福禄寿）等。妈祖神是其中一位。

弘扬妈祖文化，共叙两岸情缘
——天津天后宫获批海峡两岸交流基地

津台宣

《两岸关系》2016 年第 9 期

天津天后宫是世界三大妈祖宫庙之一，在妈祖信众中享有崇高地位。宫庙始建于公元 1278 年左右，后由泰定皇帝颁旨重新敕建，1985 年再次重建，1986 年对外开放。三十多年来，天津市充分依托天后宫发挥妈祖文化优势和联系海峡两岸的桥梁纽带作用，积极搭建津台交流平台，与台湾妈祖宫庙、文化界、政商界人士交流频繁，天津天后宫在台湾的知名度不断扩大，成为海峡两岸文化交流的重要载体。

湄屿潮音中的仙凡之恋

——饰演莆仙戏《海神妈祖》中大龙一角有感

吴清华

《艺海》2016年第9期

莆仙戏《海神妈祖》在福建省第二十六届戏剧汇演上大获成功。本人饰演大龙一角，为继承和发展莆仙戏传统艺术作出了自己的贡献。

传闻利泽至今在，千里危樯一信风

——饰演莆仙戏《海神妈祖》中默娘一角有感

黄艳艳

《艺海》2016年第9期

福建莆仙戏剧院排演的《海神妈祖》获得了观众的一致好评，本人饰演林默娘，通过扎实的科班基础及用心的角色诠释，获得了演出的成功。

一缕光影穿越时空度千年

——浅谈高甲戏《妈祖》灯光设计

周健行

《当代戏剧》2016年第4期

妈祖，又称天上圣母、天后、天后娘娘、天妃、天妃娘娘、湄洲娘妈等，是以中国东南沿海为中心沿海岸线向外传播的海神信仰。妈祖这一信仰来自民间传说。从传说尔后历史化和神化，最后形成普遍的妈祖信仰。在20世纪90年代末，泉州市高甲戏传承中心便排演了高甲戏《妈祖娘娘》，当时笔者担任灯光设计，时隔二十年，中心重新编排《妈祖》，全团上下热情高涨。于我而言，真可谓是一缕光影穿越时空度千年。

中国北方最早的妈祖庙
——长岛显应宫

佚 名

《走向世界》2016 年第 27 期

世界上有 5000 多座妈祖庙。长岛庙岛显应宫（妈祖庙）始建于北宋宣和四年（1122），是中国北方修建最早、规模最大、影响最广的妈祖庙，也是世界重要的妈祖官庙之一，享"天妃北庭""北海神乡"之誉。妈祖文化与信仰传承千年，有"南有湄洲，北有长岛"之说，长岛妈祖庙（显应宫）与福建湄州岛妈祖庙并称妈祖"南北祖庭"。显应宫亦称海神娘娘庙，位于长岛所辖庙岛东部，占地 90 多亩，因明崇祯皇帝御赐庙额"显应宫"而得名。

沈阳天后宫

佚 名

《兰台世界》2016 年第 8 期

在中国沿海地区，妈祖作为唯一海神享有至高无上的地位，关于妈祖显灵救人于危难的故事更是广为流传，人们建造很多天后宫供奉这位海神娘娘，保佑平安。沈阳是个不临海的城市，没有渔民，也没有商船，为什么会有天后宫呢？这还要从清代说起……

老题材的新角度
——《海神妈祖》创作谈

姚晓群

《福建艺术》2016年第2期

在莆田，妈祖的影响深入人心，她就像我们呼吸的空气一样无处不在。但凡莆田人，都或多或少地听说过关于妈祖已经绵延千年的传说，"妈祖诞降"、"窥井得符"、"伏机救亲"、"帆樯示志"、"羽化升天"、"千里眼"、"顺风耳"……都是耳熟能详，我们亲切地唤她为"娘妈"。

灵妃一女子，瓣香起湄洲
——《海神妈祖》林默娘身上体现的"海丝"精神

叶晓梅

《福建艺术》2016年第2期

莆仙戏《海神妈祖》根据海内外广为流传的妈祖故事编创而成，剧情格调高雅，脉络清晰，以叙事诗般的艺术手法开拓戏曲视野，刻画出妈祖娘娘扶危济困、舍身为民的形象。

妈祖：烟台人的"海神娘娘"

王瑶池　申吉忠

《走向世界》2016年第4期

"海神娘娘"是热播剧《大秧歌》中的"主角"之一，全剧一开场便是虎头湾热火朝天地筹备祭拜"海神娘娘",并要在"海神娘娘"面前"斗秧歌",以争抢全年的出海权。"海神娘娘"成为烟台人的海洋守护者。其实,"海神娘娘"即是南方文化中的妈祖。

戏曲舞台上的神圣
——看莆仙戏《海神妈祖》

王朝明
《福建艺术》2016 年第 1 期

《海神妈祖》近日首演了,走进剧场之前,我很期待但也有点担心,因为我知道这个题材不好写,要把妈祖这位家喻户晓、万众景仰的海上女神,形象、生动地搬上戏曲舞台并不是件容易的事。

博士论文

台湾妈祖碑碣与村庄社会之研究

严文志

（福建师范大学 2016 年，指导老师：陈庆元）

台湾早期的移民者为求平安渡台，常恭怀妈祖灵符、口念妈祖圣号。台湾随着移民的船迹所至，到处立庙崇祀，妈祖信仰的香火，在台湾已经绵延数百载。经过长久的历史传承，妈祖文化从大陆传至台湾，台湾民众崇信妈祖文化的热忱，让台湾妈祖文化信仰达至沸点，这股热潮不但丰厚了台湾当地文化，更把她带上国际舞台，无论在大陆、台湾，甚至在世界五大洲都有妈祖文化的信仰。本文借由台湾妈祖相关碑碣文献之研究，了解台湾妈祖信仰文化之形成与发展，从妈祖碑碣的类型及内容进行分析，以此来观察台湾村庄社会的发展、权力运作情况与教化作用。

文化认同：台湾妈祖文化传播与"两岸"关系互动研究

庞志龙

（苏州大学 2016 年，指导老师：徐国源）

因为时代动荡的关系，造成了两岸从 1949 年以来，在同样文化主轴背景之下，大陆与台湾之间有半个世纪之久，都处于各自发展的一个现象，直至 1987 年借由妈祖文化宗教信仰的传播，才让两岸开始有了突破性的接触，并且进而产生历史性的互动。虽然两岸在政治制度的实施上有所不同，但是经由文化做基石的发展来追溯过去，两岸之间不管是语言、风俗、习惯等，都出自于血脉同源、同文同种关系。

本文主要以台湾妈祖文化传播为例，来探究两岸在传播上的双向沟通与发展，进而借由妈祖文化传播的模式，来创造其他文化也能依此模式循序渐进的发展。

硕士论文

正统化：宋元时期福建文人对妈祖的形象建构

钟　祺

（福建师范大学 2016 年，指导教师：林国平）

神灵信仰"正统化"指的是一地方神灵由于某种或某些力量的推动而上升为全国性信仰的过程。妈祖由一地方性神灵演变成具有全国性影响的海神，是中国古代神灵信仰"正统化"的典型代表，而在这"正统化"过程中以福建文人贡献最大。本文选取宋元时期福建文人中有关妈祖的文献作品为分析样本，紧紧联系宋元时期的社会状况，力图诠释和勾勒出不同时代、不同阶层、不同地域的福建文人在妈祖"正统化"进程中为妈祖所建构的形象特征。认为妈祖的"正统化"是动态的，随着社会背景的变化而变化；妈祖形象建构需适应封建王朝的政治需要与利益诉求，需符合封建王朝的意识形态，并在一定程度上体现了儒家祭祀原则，也体现文人对儒家思想的理解。总的来说，宋元时期福建文人对妈祖的形象建构是成功的，在妈祖"正统化"历程中起到至关重要的作用，使得妈祖由民间地方性神灵而上升为全国性神灵，并且纳入国家祭祀系统之中。

台湾大甲妈祖祭典仪式表演研究

（闽南师范大学 2016 年，指导教师：郑玉玲）

妈祖祭典是妈祖信俗的重要组成部分，而妈祖祭典的重中之重则是妈祖祭典仪式表演。妈祖祭典仪式表演主要作用是向神求福，体现出神人和谐的天人关系与生存追求，它凝聚着人们的精神信仰和心理需求，充分地体现了当时的共同文化心理和表现形式。台湾有所谓的三月疯妈祖的民俗活动，其中声势最浩大的，莫过于大甲妈祖祭典仪式。本文立足田野调查，以文学，历史学，民俗学，艺术学的研究方法，对其文化脉络、艺术特征以及文化内涵进行多角度的探讨，有利于深化妈祖文化研究。从文化脉络入手，对妈祖的历史文化进行了梳理，按宋元和明清两个阶段简要阐述了妈祖信仰的发展过程，并且在此基础上窥探到妈祖祭典表演由初步形成发展为由闽到台的根植，并进一步在台繁荣兴盛。立足于台湾妈祖绕境祭典仪式表演，对其祭典仪式表演仪程进行艺术特征探究，以神轿阵为例，从动作、构图以及文化特点三个方面来进行分析，剖析其蕴含的艺术价值。最后旨在分析台湾妈祖祭典仪式表演的文化内涵，并对其社会文化功能进行探讨。

泰国华人妈祖信仰
——跨族群的交际

马丽娜

（广西民族大学 2016 年，指导教师：庄国土）

远渡重洋的中国移民及后裔，在异国他乡谋求生计、创基立业的过程中，与当地人民和睦相处，以自己的勤劳智慧为居住国的地区经济和发展发挥着自己的作用，逐步形成自己的移民社群并建立起新的生活方式和跨国社会关系网络，以支撑他们在泰国社会的生存与发展。由华人所带去的妈祖信仰，在泰国进行了重塑和新的发展。其中的相互关系，反映了泰国的文化与其他族群文化之间的相互影响和相互融合的情形。妈祖信仰在应对社会文化冲突以及文化适应过程中产生了两大社会功能，一方面是作为构筑族群界限的标志和凝聚族群的族裔符号，妈祖信仰不仅表达了泰国华人的思乡情愫，也展现了他们与泰国社会的差异和磨合过程；另一方面是作为一种特殊的交流媒介，在与泰国文化进行交流融合的过程中形成一系列特殊的文化交流机制，并被认同为泰国华人文化很重要的组成部分。

本文从跨国主义和跨文化交流的角度入手，将泰国华人及其信仰的妈祖作为研究对象，认为妈祖信仰在泰国华人社会场域中是非常重要的表达和调适以及维护社会关系的工具。此外还就妈祖信仰在泰国社会的播迁过程作分析，探究其作为一种特殊的跨文化交流媒介所产生的社会意义。

湄洲岛旅游目的地投射形象与感知形象比较研究

曾祥辉

（福建师范大学 2016 年，指导教师：郑耀星）

非遗旅游目的地作为一种特殊的旅游目的地，其旅游发展过程具有自身的独特性、历史性和文化性，然而现有文献中关于这一特殊旅游目的地形象的研究却非常少，而结合当今互联网络发展大背景，从旅游形象的供给方与需求方视角，对旅游目的地网站和旅游网络中所分别体现的旅游投射形象与旅游感知形象的研究更是少之又少，是今后旅游形象研究的一个重要方向。

本研究以非遗旅游目的地湄洲岛为例，主要采用网络文本内容分析法，分别对 2014 年 1 月 1 日至 2015 年 10 月 15 日内，其旅游官方网站旅游形象宣传信息和各大旅游网站湄洲岛游记与旅游点评内容进行深入分析，测量出其中所蕴含的形象主题特征与情感倾向，最终得出：

湄洲岛的旅游投射形象为：湄洲岛是以妈祖文化为核心吸引要素，以海峡两岸妈祖文化交流为重点特色，融碧海、蓝天、金沙、海岩、奇石等优美海岛风光于一体的朝圣岛、生态岛和度假岛；旅游感知形象为：湄洲岛是以妈祖为核心吸引力，以妈祖祖庙为核心旅游景点，以黄金沙滩、鹅尾神石园等海岛自然风光类景点为主要特色，在交通、住宿、餐饮等旅游基础设施管理与服务及门票等费用问题方面有待进一步提升的旅游目的地。

进一步对比分析发现，湄洲岛旅游投射形象与感知形象在形象主题特征上具有一定的一致性，尤其表现在体现妈祖文化和海岛优美风光的主题特征词汇上，但在台湾元素、旅游景区（点）及其门票等费用、旅游基础设施服务的推荐与感知上还存在差异。在情感倾向方面两者总体上都是在传递着积极向上情感，但旅游感知形象中也存在消极情绪，应加以重视。

最后，对两者形象差异的原因进行深入分析，构建出湄洲岛旅游目的地形象差距模型，并从资源整合开发、旅游环境改善和社区合作共赢三个方面提出形象差距弥合与提升措施，以期更好地促进湄洲岛的旅游开发及形象提升。

妈祖民俗体育在中小学传承研究

卢敏英

（福建师范大学 2016 年，指导教师：方千华）

妈祖民俗体育是传承和弘扬妈祖文化、妈祖精神、妈祖品德的重要形式之一。妈祖民俗体育的可持续发展立足于中国特殊的乡土社会，拓展于培育人才摇篮的校园场域。本文运用文献资料法、实地调查法、问卷调查法、访谈法、数理统计法等研究方法，以妈祖民俗体育为研究样本，基于学校体育教学的视角，对妈祖民俗体育在中小学的传承进行研究。研究结果认为：

其一，妈祖民俗体育在莆田市中小学的开展情况体现为：在教学内容方面，所试点的学校开设的妈祖民俗体育课程内容各不相同；对学生的调查结果显示，学生对学校开展妈祖民俗体育保持了一定的认可度。

其二，根据实地考察和问卷调查的结果，运用帕累托分析法对影响妈祖民俗体育在中小学的传承进行分析得知，校本课程匮乏、校内文化氛围不浓、经费来源渠道有限、校外环境差等是影响目前妈祖民俗体育在中小学传承的主要原因。

其三，完善妈祖民俗体育中小学传承路径，从加强政府扶持力度、开发校本课程、营造校园文化氛围、创造良好的校外环境等方面有针对性地提出优化妈祖民俗体育在中小学的传承对策，为研究我国民俗体育传承提供理论和实践参考。

南京天妃宫庙会信仰文化研究

高 凡

（南京师范大学 2016 年，指导教师：白莉）

妈祖信仰发源于东南沿海地区福建省莆田市，经宋、元、明、清及民国发展至今，已成为全国重要的民间信仰。2009 年妈祖信俗被联合国教科文组织列为《世界人类非物质文化遗产代表名录》，成为中国第一个信俗类非物质文化遗产。如今，妈祖已拥有两亿左右信众。

南京天妃宫建于明永乐五年（1407），抗战时期被破坏，2005 年恢复重建。天妃宫在城市中存在，其举办的庙会不同于传统的乡村庙会。作为南京市首批非物质文化遗产代表名录推荐项目的妈祖庙会，自恢复以来发生了众多变化，对庙会的神灵信仰、信仰群体、仪式活动变迁现象及其背后隐藏的文化内涵等内容的考察研究，可使更多人关注南京天妃宫的庙会文化和传统民俗。

本文分为六个部分阐述南京天妃宫庙会所依托的自然环境、人文环境、南京天妃宫庙会的基本情况（包括天妃宫庙会的神灵信仰、天妃宫庙会的历史沿革以及天妃宫庙会的组织管理等）、庙会的信仰主体和庙会信众的构成及其特点、庙会当天的仪式活动及其背后的"人与人""人与神"及"神与神"之间的互动关系及象征意义、南京天妃宫庙会信仰与社会生活的关系等。南京天妃宫庙会作为官祭庙会，有着自身的独特性，与社会生活的互动联系一一呈现，同时，文化内涵也体现在其对社会生活的影响和意义中；最后结语通过对天妃宫庙会基本情况的探析与总结，指出其恢复以来信仰文化特点的转变。

对南京天妃宫庙会信仰文化的探讨研究，为新时代城市庙会的宣传与发展提供新的途径，是对中国传统民俗文化新的传承与学习，有利于传统文化在新社会的创新发展。因此，南京天妃宫庙会具有重要的研究价值，需进一步思考探究。

经济民俗学视角下的南京天妃宫

陈　盼

（南京师范大学 2016 年，指导教师：白　莉）

本文主要以经济民俗学视角对南京天妃宫进行分析研究，并主要运用功能主义理论进行阐释，大致分成六个部分。第一部分是绪论，主要是对本文的选题理由与意义、研究方法与理论、相关文献综述等方面的阐述说明；第二部分是对南京天妃宫历史的追溯与现状的介绍，以文献还原了永乐五年（1407）敕建的"龙江天妃宫"的图景，同时介绍了 2005 年复建完工后南京天妃宫的基本情况，包括格局、管理、庙会等方面；第三部分主要是对复建南京天妃宫的政治、经济、文化背景的分析；第四部分是探讨南京天妃宫对下关经济的影响，首先对下关的行政区划、经济特点进行梳理，然后从下关的闽商入手，分析闽商与下关经济的关系，最后，探讨南京天妃宫在闽商与下关经济之间发挥的纽带作用；第五部分是对南京天妃宫当代经济功能的论述，主要从促进功能、维系功能、规范功能三方面来综合看待南京天妃宫；第六部分是围绕国家"一带一路"倡议展开，对南京天妃宫与海上丝绸之路的渊源回顾，借鉴其他区域妈祖宫庙发展经验，加强南京天妃宫的内部完善，扩大对外交流，以 21 世纪海上丝绸之路为依托，实现文化与经济的全方位交流。

图书期刊

期刊

● 《中华妈祖》CN-35（Q）第 0071 号　　2016 年第 1 期 总第 64 期

中华妈祖文化交流协会主办

栏目：

新闻视点

妈祖信俗保护立法调研座谈会在研究院召开（苏丽彬）

湄洲妈祖祖庙红木妈祖像开光（刘成腾）

天显五彩云，地藏五色土（东　南）

妈祖薪火传万代（老　周）

美国妈祖基金会一行参访中华妈祖文化研究院（黄晓烨）

妈祖之声

特别报道

妈祖大爱惠苍生（金　琰）

妈娘半年复古庙（李家卫）

专题笔会

妈祖情结，日久弥深（元　平）

妈祖信俗，力促复兴（林洪国）

妈祖文物，全力抢救（黄黎强）

妈祖论坛，搭建平台（王朝明）

妈祖文学，创新面世（伍　凌）

妈祖研究，新葩初绽（陈建平）

史料宝库

妈祖信仰在泰国（潘真进）

妈祖信仰在新加坡（修　懿）

大爱情缘

佛海无涯诚为岸（连载二）（罗金沐）

为了"飞虎英雄"的归乡梦和妈祖情（晓　温）

口述档案再现妈祖文化记忆（朱秀兰）

艺苑揽胜

平海天后宫探秘（章　武）

云水深处是原乡（牧　云）

湄洲岛听雨（詹宝全）

暖（风萧萧）

妈祖薪火传万代（词／庄小杰　曲／曾宪元）

篆刻作品选登（童晏方）

书法作品选登（申万胜）

信俗大观

海南省海口天后祀奉（何　索）

地区巡礼

体现传统特色（范正义）

热心慈善事业（霞霖宫董事会）

神奇历史传说（刘守政）

特色漫画文创（蔡永辉）

悠久历史传承（川　里）

致力文化交流（霞霖宫董事会）

湄屿心语

国粹——"廉"（周丽妃）

朱熹家训

圣迹寻踪

降服二神（仕　雄）

妈祖传说（感大十赐丸得孕）封面

妈祖文物（妈祖神像·近代）封底

● 《中华妈祖》CN-35（Q）第0071号　2016年第2期 总第65期

中华妈祖文化交流协会主办

栏目：

新闻视点

妈祖是海上丝绸之路的守护神（田　普）

站位新高度，谋求新作为（苏丽彬）

台湾佛光山参访团莅临研究院参访交流（李　燕）

新加坡道教总会赴莆开展妈祖文化交流（黄晓桦）

全国百名社长总编聚焦妈祖故乡开展大型采风活动（朱金山　黄国清）

莆田文峰宫举办妈祖元宵尾暝灯祈福活动（林洪国）

贵屿天后古庙举行翡翠妈祖分灵安座庆典（林　芳）

妈祖之声

特别报道

世锦赛上感受妈祖文化魅力（林仙久　晓　吾）

妈祖文化闪耀"海丝"（吴伟锋）

联谊联心联天下（周丽妃）

专题笔会

妈祖文化是海洋精神的标志（闲　鹤）

妈祖是海洋精神的一面旗帜（周金琰）

妈祖是实践海洋文明的楷模（黄志霖）

妈祖文化契合海洋文明精神内涵（何　索）

妈祖文化对"海丝"建设的作用（筱　舟）

莆仙人的海洋精神文化基因（伍　凌）

略谈海洋意识的认知与觉醒（晓　澄）

大爱情缘

佛海无涯诚为岸（连载完）（罗金沐）

"国级非遗"正字戏《妈祖》精品剧诞生记（林保虔）

The Story of National Intangible Cultural Feritage

沙家沃故里演绎妈祖情（晓　闵）

台湾八旬医师三赴湄洲义诊（林群华　唐立群）

艺苑揽胜

话说泉港灵慈宫（吴建华）

土楼妈祖（魏鸿志）

林默娘（萧　然）

螺港帆影，逐梦海丝（作品选登）

《妈祖》首演成功有感（彭薏菁）

湄峰圣像（黄金明）

篆刻作品选登（唐存才）

书法作品选登（苏士澍）

史料宝库

妈祖信仰在西方（潘真进）

妈祖信仰在印尼（修　懿）

信俗大观

澳门妈祖信俗（定　伯）

文论纵横

妈祖文化与信仰文化（郑世雄）

论海丝之路与妈祖文化的传播发展（江智猛）

上海崇明岛的妈祖宫庙遗迹（刘福铸）

浅谈妈祖文化对南海建设发展的影响（陈亚娟）

地区巡礼

闽西妈祖概况（张开龙）

祭祀民俗剪影（仁 达）

建筑风格聚焦（龙 言）

木石构建探微（敏 西）

壁画瓷雕精华（阿 龙）

匾额楹联特色（张柱任）

湄屿心福

国粹——"耻"（周丽妃）

圣迹寻踪

龙王来朝（仕 雄）

妈祖传说（诞天妃瑞霭凝香）封面

妈祖文物（妈祖神像·清代）封底

● **《中华妈祖》CN-35（Q）第 0071 号　2016 年第 3 期 总第 66 期**

中华妈祖文化交流协会主办

栏目：

新闻视点

纪念妈祖诞辰 1056 周年活动亮点纷呈（林 芳）

莆田贤良港天后祖祠妈祖绕境巡安布福（王龙风 吴炳端）

海峡论坛·妈祖文化活动周内容丰富（郑已东 伟 锋）

第二届中国（莆田）妈祖文化用品博览会成果丰硕（许晓玲 刘成腾）

妈祖之声

特别报道

同谒妈祖，共享平安（苏丽彬）

增进相互了解，增厚同胞亲情（潘真进）

地区巡礼

湄洲岛·风采篇

魅力妈祖圣地，美丽度假天堂（良　宽）

描绘新蓝图，开启新华章（重　磊）

湄洲岛·文化篇

中央电视台与湄洲岛（筱　舟）

构建学术研究活动平台（伍　凌）

美丽的遇见（牧　云）

海阔水蓝一帆悬（肖　笑）

湄洲岛·史料篇

湄洲妈祖祖庙历史沿革（朱合浦）

湄洲妈祖祖庙古诗选释（刘福铸）

湄洲妈祖祖庙楹联选录（文　寿）

湄洲岛——妈祖像博物馆（吴伟锋）

湄洲岛·习俗篇

湄洲岛岛内妈祖巡安（丽　妃）

湄洲民间生活习俗举隅（马　顿）

湄洲妈祖祭典（王　炎）

湄洲岛·交流篇

分灵进香积淀深（林群华）

两岸妈祖古渊源（蔡国耀）

添绿增彩显生态（蔡　雄）

科学规划展宏图（胡哲浩）

交通路网互通联（何　索）

艺苑揽胜

妈祖岛（哈　雷）

海上的妈祖，岸上的母亲（罗　西）

妈祖颂（陈章汉）

湄洲妈祖祖庙赋（林洪国）

文论纵横

在"海上丝路"建设中把湄洲岛推向更高层次新境界（李　杰）

宫庙探微

龙岗巡安泛古风（李家卫）

艺术盛宴祭妈祖（庄美叶）

龙岗祭典皇家范（陈永腾）

天后古庙史话（黄庆雄）

圣迹寻踪

灵符回生（仕　雄）

妈祖传说（窥古井喜得灵符）封面

妈祖文物（妈祖神像·近代）封底

● **《中华妈祖》CN-35（Q）第 0071 号　2016 年第 4 期 总第 67 期**

中华妈祖文化交流协会主办

栏目：

新闻视点

台湾大甲镇澜宫董事长一行造访妈祖文化研究院（黄晓晔）

鹿港天后宫主委一行赴莆田开展妈祖文化交流（李　燕）

台湾圣母三妈文化交流协会成立（晓　婳）

赵柳成获"莆田市荣誉市民"称号（湄　文）

海内外学子来妈祖故乡调研参观（秋　野）

叶国珍捐献金丝玉身南宋官窑妈祖圣像（郑已东）

妈祖之声

特别报道

营造崇德向善社会氛围（良　宽）

构筑两岸文化交流平台（公　羽）

整合资源深化学术研究（周丽妃）

专题笔会

打响妈祖文化品牌（林洪国）

体现包容和谐作用（周金琰）

拓展丰富海洋精神（晓　澄）

弘扬提升社会正气（伍　凌）

彰显"海丝"人文交流（马　顿）

推进两岸和平发展（黄志霖）

助力"一带一路"倡议（筱　舟）

大爱情缘

我所认识的台湾蔡辅雄先生（清　风）

大医至诚，大爱至简（肖　笑　苏丽彬）

俄罗斯 Andrey 再访问妈祖（林保虔）

史料宝库

妈祖信仰在日本（修　懿）

妈祖信仰在菲律宾（潘真进）

艺苑揽胜

致面朝大海的女子（郑朝阳）

镜里海月，飘浮的触须（潘黎明）

在湄洲湾朝圣（张生祥）

好一盆茉莉花（牧　云）

且将心香寄湄洲（黄建勋）

徜徉在蓬莱阁上（郑银华）

书法作品选登（李　琪）

螺港帆影，海丝筑梦

信俗大观

南京下关区妈祖庙会（定　伯）

文论纵横

妈祖神话传说的解读（郑世雄）

湖北监利的天妃圣母和天妃庙（刘福铸）

妈祖文化的四大特征（叶金魁）

传承妈祖文化，弘扬海丝精神（陈尔全）

妈祖文化数字化保护及其实施的研究（杨帆静）

地区巡礼

历史名城妈祖宫（榕　文）

闽都演绎妈祖情（杨晓翔）

茶帮祭拜敬妈祖（晓　闽）

水上茶路话今昔（查　璐）

海丝信俗绵延长（杨　延）

宫庙探微

台湾嘉义新港六兴宫（施义修）

涵江天妃宫（涵　文）

圣迹寻踪

湄屿飞升（仕　雄）

妈祖传说（正织机神游沧海）封面

妈祖文物（妈祖神像·清代）封底

● **《中华妈祖》CN-35（Q）第 0071 号　2016 年第 5 期 总第 68 期**

中华妈祖文化交流协会主办

栏目：

特别报道

拓展全球视野，服务"海丝"建设（郑已东）

凝心聚力谋新篇，扬帆起航正当时（良　宽）

协会在我心中

新闻视点

林兆枢会见马来西亚雪隆海南会馆会长丁才荣博士（林　芳）

大型纪录片《天下妈祖》两岸首映（苏丽彬）

湄洲岛举行海祭大典纪念妈祖羽化升天 1029 周年（秋　野）

莆田贤良港举行海祭大典（柳　烨）

《中华妈祖》与《海南之声》实现资讯互通（李卫国）

第八届中国·天津妈祖文化旅游节开幕（晓　闻）

昆山摆开 3000 供桌欢迎返台"探亲"妈祖回銮（黄　莹）

妈祖之声

专题笔会

南海诸岛的妈祖信仰遗迹（刘福铸）

妈祖信仰在南海（潘真进）

妈祖灵光耀南海（正　偕）

大爱情缘

新编莆仙戏《海神妈祖》展演侧记（吴伟峰）

爱沙尼亚 Victor：陆丰妈祖和芬兰湾女神一样慈祥（林保虔）

艺苑揽胜

那年，三月廿三（魏长希）

爱在水云间（张玉泉）

在人间（麦　芒）

莆禧颂（郑世雄）

书法作品选登（范迪安）

螺岗帆影，海丝逐梦

信俗大观

湄洲谒祖，闽粤巡安（李家卫）

妈祖祭器（王　炎）

苍南妈祖信俗（马　顿）

文论纵横

妈祖文化是实现世界和平与发展的中介（孟建煌）

以妈祖命名的城市——澳门和香港的妈祖文化（朵　拉）

建立丝绸之路中的妈祖文化（陈天寿）

妈祖文化是海上丝绸之路的精神依归和文化品牌（连铁杞）

从大东沟天后宫碑看辽东半岛妈祖文化与湄洲妈祖的渊源（许延光　许敬文）

地区巡礼

盛世"海丝"话朝宗（一　萤）

两岸会亲宝岛行（厦　言）

"恬澜"御匾彰圣迹（晓　林）

妈祖庙会慰乡愁（书　童）

文化盛宴颂妈祖（琳　山）

圣迹寻踪

祷神起碇（仕　雄）

妈祖传说（破惊涛遂救严亲）封面

妈祖文物（妈祖神像·明）封底

● **《中华妈祖》CN-35（Q）第0071号　2016年第6期总第69期**

中华妈祖文化交流协会主办

栏目：

特别报道

中华妈祖文化交流协会第三次会员大会召开（苏丽彬）

凝心聚力、奋发有为，开创妈祖文化繁荣发展新局面（谐　汇）

世界妈祖文化论坛奏响国家战略华彩乐章（黄国清　晓　吾）

扬帆启航向未来，妈祖灵光播远方（吴伟锋）

世界妈祖文化论坛湄洲倡议（世界妈祖文化论坛组委会）

传承妈祖文化，弘扬海洋精神（王　宏）

努力推进妈祖文化的创造性转化和创新性发展（张　江）

发挥妈祖文化作用，共建21世纪海上丝绸之路（洪捷序）

妈祖文化与海上丝绸之路（丁才荣）

加拿大的妈祖文化与海上丝绸之路（玛　丽）

"妈祖文化与海洋精神"国际研讨会在湄洲岛举行（周丽妃）

充分发挥妈祖文化的积极作用，共创开放包容的人文交流新局面（林兆枢）

发扬光大新时代海洋精神，助推传统妈祖文化展现新魅力（石青峰）

进一步弘扬妈祖文化精神，共商振兴海洋文化之策（黄琪玉）

借鉴研究成果和宝贵经验，加快打造世界妈祖文化中心（李建辉）

妈祖文化在"新海丝"建设中大有可为（于　果）

多措并举加大传承保护与研究的力度（筱　熙）

Inherit Conservation and Research in More Measures

妈祖文化是海洋生态文明的一个重要支撑（晓　墨）

新闻视点

张克辉会见《中华妈祖》编委会成员（马　顿）

第十八届中国·湄洲妈祖文化旅游节在湄洲岛开幕（国　清　伟　锋）

张克辉会见南太平洋旅游组织总干事（黄晓烨）

妈祖情缘，民心相融（林　芳）

妈祖之声

大爱情缘

讴歌妈祖文化，彰显家国意识（林星璘）

艺苑揽胜

生在花开的季节（林黄鹂）

大爱妈祖（叶发永）

晚秋清梦（陈建平）

文论纵横

妈祖文化的生命力（刘世锦　卫　庶）

妈祖文化在"海上丝绸之路"上的海洋研究价值（宋嘉健）

地区巡礼

妈祖文化在上海（李　莺）

方塔园内天妃宫（吾　农）

妈祖灵光耀浦江（秋　野）

沪台两地妈祖缘（晓　澄）

国际都市显圣辉（和　和）

圣迹寻踪

枯楂显圣（仕　雄）

2016 年妈祖文化交流大事记（翁劲松）

2016 年度《中华妈祖》总目录

妈祖传说（油成菜资生民食）封面

妈祖文物（妈祖神像·近代）封底

● 《南京妈祖文化》苏出准印：JSE-1002988 号　2016 年第 1 期总第 12 期

南京妈祖文化交流协会主办

栏目：

卷首语

承前启后开新宇，万象更新展壮猷

本刊专稿

南京妈祖文化交流协会换届大会在宁举行

南京妈祖文化交流协会召开换届筹备工作会议

2016 南京妈祖文化旅游节隆重开幕

南京天妃宫举行除夕撞钟祈福法会

南京妈祖新闻

2015 南京妈祖文化交流研讨会在南京天妃宫隆重召开

2015 年南京妈祖文化交流会议祭拜仪式主持人致辞

广开思路，群策群力，继往开来，扬帆奋进（黄金城）

妈祖文化的普世价值（刘仲宇）

在南京妈祖文化交流研讨会总结发言（王隆京）

2015 南京妈祖文化研究研讨会成果概述

美国友人来南京天妃宫参访学习交流

妈祖论文

如何发挥南京妈祖文化优势（孙建国）

交流研究

湄洲妈祖祖庙管理运行模式（湄洲妈祖祖庙）

浅谈上海天妃宫的发展（上海天妃宫）

妈祖文化在促进海峡两岸经济和社会发展中的作用（天津天后宫郭子春）

青岛天后宫经验交流（青岛天后宫）

承前启后开创崭新篇章，集思广益弘扬妈祖精神（太仓浏河天后宫）

宁波天后宫运作与管理的经验与做法（宁波天后宫）

蓬莱阁天后宫妈祖文化的开发利用（蓬莱阁天后宫）

妈祖文化在社会及九江的影响和作用（庐山天后宫）

长河献瑞，蛟龙吐珠——泗阳妈祖文化园散记

"2015 海峡两岸妈祖信众祈福行"功德圆满（李卫国）

妈祖文化在当今社会的影响和作用（南京莆田商会）

妈祖文化随笔

名画欣赏（卢贤铭）

妈祖文化

妈祖楹联

封面图片

南京天妃宫剪影

●《连江妈祖》2016 年

动态消息

长沙举行妈祖宫落成庆典暨连江县妈祖文化研究会 2015 新春团拜会（贺闽海）

在连江县长沙妈祖宫落成庆典上致辞（杨文健）

连江县妈祖文化研究会召开会长办公会议（贺闽海）

我会联合县社团单位在苔菉镇举行义诊活动（陈信皋）

连江县妈祖文化研究会赴柬埔寨旅游考察（贺闽海）

研究会应邀出席晋江 2015 海峡妈祖文化研讨会（贺闽海）

高塘玄帝宫妈祖殿落成庆典（贺闽海）

连江闽台妈祖缘文化论坛筹备会召开（贺闽海）

赴莆田与福建省妈祖文化研究会领导商谈关于合作编辑出版《闽台妈祖宫庙大观》事宜（林知伙）

杨文健出席第四届全球妈祖文化征文摄影大赛（贺闽海）

在高塘玄帝宫妈祖殿重建落成庆典上致辞（杨文健）

连江县妈祖文化研究会 2015 半年工作会议召开（贺闽海）

连江县妈祖文化研究会 2015 年上半年工作报告（杨文健）

赴莆田市秀屿区妈祖文化交流中心开展联谊交流活动（林知伙）

杨文健访美成功圆满回国（贺闽海）

我会出席中华妈祖文化交流协会第二届第五次常务理事会议（林知伙）

福州—马祖首航之旅（杨文健）

开拓新视野开创新局面（贺闽海）

连江县妈祖文化研究会 2015 年工作报告（杨文健）

2016 中国·连江首届妈祖文化交流会隆重举行（贺闽海）

连江县政协委员视察妈祖文化研究会（贺闽海）

参加霞浦竹江妈祖走水活动

我会参加晋江市妈祖大学堂开学仪式（杨文健）

参加泉州蟳埔顺济宫重修落成庆典（杨文健）

连江县妈祖文化研究会 2016 年上半年工作会议召开

连江妈祖文化研究会接待东华大学实践团

宫庙风采

连江县高塘妈祖庙（林知伙）

连江县琯头镇壶江天妃宫（潘伯农）

人物专访

功成名就意丰发 德高望重展宏愿（杨学勤）

宗族和衷开祖业 法书精妙载人生（贺闽海）

孔心志创业 力长报原乡（魏碧贞）

妈祖文苑

黄岐与马祖白沙港首航亲历记（吴用耕）

传承妈祖大爱 践行丝路精神（林风华）

诗文集萃

后财尊王宫妈祖庙楹联（杨文健）

妈祖庙颂（阮道明）

《闽台妈祖宫庙大典》《闽台妈祖诗文集》首发式暨妈祖文化研究会成立 20
周年（魏碧贞）

七律·祖庙山谒妈祖（陈金明）

贺连江县妈祖文化研究会成立二十周年（林风华）

欢歌盛世（杨文健）

乾隆碑赞（林知伙）

赞妈祖（张冠聪）

古诗（刘用功）

宫庙风采

壶江岛天妃宫（潘伯农）

洪塘天后宫（杨文健）

人物专访

杨文健的妈祖缘（苏丽彬）

祖家情重 涛声回报

妈祖文苑

民俗传承 生生不息（林风华）

绵延千年 自具特色（张振英）

学术研究 成果丰硕（吴用耕）

连江马祖 同根同源（阮道明）

两岸交流 方兴未艾（杨信财）

凝聚人心 创新求实（林知伙）

诗文集萃

您总在眺望——献给妈祖（苏　静）

纪念妈祖己丑寿诞（陈贵富）

天后圣母颂（董济炳）

参观永定儒林第土楼（念　荷）

壶江"九龙沐壶"（林长成）

参加马祖列岛重阳节为妈祖升天祭典（陈贵富）

七律二首（林知伙）

壶江天妃宫镇殿之瑰宝二首（林长成）

台马乡亲莅临壶江参加妈祖文化节感赋（陈贵富）

综合类图书

●《"一带一路"公共外交报告（2016）》：孙治国主编，海洋出版社 2016年版，第 199 页周金琰："妈祖对'海上丝绸之路'的影响"。

●《丝绸之路全史》：郑彭年著，天津人民出版社 2016年版，第 160 页"海上丝绸之路与妈神信仰"；第 164 页"妈祖信仰对中国台湾、日本的影响"。

●《浙江海上丝绸之路文化》：伍鹏著，经济科学出版社 2016年版，第 133 页"第五章 妈祖文化：海上丝绸之路的精神家园"。

●《广东文化遗产海上丝绸之路史迹》：广东省文物局编，中山大学出版社 2016年版。本书是《海上丝绸之路研究丛书》之一，第 186 页"第四章海神信仰建筑"。

●《"一带一路"广东要览》：广东省人民政府参事室、广东省人民政府文史研究馆编，王培楠主编，广东经济出版社 2016年版。本书是《海上丝绸之路研究书系》之概要篇，第 129 页"雷州天后庙"。

●《"一带一路"文化遗产国际学术研讨会论文集》：第 94 页王永健："妈祖与瓷都：伴随'海丝'陶瓷贸易而来的信仰移植"。

●《丝路记忆："一带一路"历史人物》：《环球人物》杂志编，吕文利撰，人民出版社 2016年版，第 139 页"妈祖林默：海上丝路的女神"。

●《浙东文化研究 第 2 辑》：张伟主编，浙江大学出版社 2016年版，第 32 页潘承玉："浙东文献所见当地妈祖信仰的两面性"。

●《闽商发展史·澳门卷》：张侃、水海刚著，厦门大学出版社 2016年版，第 116 页"漳泉海商捐资妈祖阁"；第 119 页"闽籍船户重修妈祖阁"；第 276 页"澳门中华妈祖基金会与弘扬妈祖文化"。

●《非物质文化遗保护理论与方法》：乌丙安著，文化艺术出版社 2016年版，第 126 页。

● 《国宝"妈祖祭典"：重大非物质文化遗产的杰出价值评估》：第 136 页 "现代化经济热潮中的天津妈祖祭典遗产保护"。

● 《中国海洋文化·福建卷》：《中国海洋文化》编委会编，海洋出版社 2016 年版，第 267 页 "以妈祖为中心的海神大家族"；第 277 页 "妈祖信仰及其 发展"。

● 《中国海洋文化·香港卷》：《中国海洋文化》编委会编，海洋出版社 2016 年版，第 185 页 "妈祖崇拜和'天后诞'"。

● 《中国海洋文化·天津卷》：《中国海洋文化》编委会编，海洋出版社 2016 年版，第 141 页 "妈祖信仰"。

● 《中国海洋文化·山东卷》：《中国海洋文化》编委会编，海洋出版社 2016 年版，第 96 页 "庙岛显应宫：妈祖信仰北方传播的海上中心"；第 178 页 "'登州海道'上 天妃、田横信仰的东传"；第 316 页 "明朝贡使 沙门岛上咏天 妃"。

● 《中国海洋文化·广东卷》：《中国海洋文化》编委会编，海洋出版社 2016 年版，第 323 页 "妈祖信仰与崇拜"。

● 《中国海洋文化·辽宁卷》：《中国海洋文化》编委会编，海洋出版社 2016 年版，第 216 页 "妈祖信俗"。

● 《中国海洋文化·澳门卷》：《中国海洋文化》编委会编，海洋出版社 2016 年版，第 232 页 "澳门道教与妈祖崇拜"。

● 《中国海洋文化·台湾卷》：《中国海洋文化》编委会编，海洋出版社 2016 年版，第 221 页 "妈祖崇拜"。

● 《闽台历史文化研究》：闽台文缘编委会编著，海峡文艺出版社 2016 年 版，第 63 页唐宏杰、陈惠娥："妈祖生前真实名字新考"。

● 《中国国家地理百科全书 4·上海、江苏、浙江、福建》：张妙弟主编，北京联合出版公司 2016 年版，第 136 页 "客家首府——长汀 / 妈祖文化"。

● 《中国国家地理百科全书 10·新疆、香港、澳门、台湾》：张妙弟主编，北京联合出版公司 2016 年版，第 90 页 "妈祖阁 / 澳门的博彩业"。

●《海大日本研究（第五辑）》：修斌主编，中国海洋大学出版社 2016 年版，第 33 页陈衍德："华人移居日本与妈祖信仰在日本的传播"。

●《世界华文文学研究年鉴 2014》：胡德才策划，武汉大学出版社 2016 年版，第 327 页孟建煌、许元振："'海洋视野中的妈祖文化与华文文学'研讨会在福建莆田市举行"。

●《宋城怀古 史海帆影 续卷》，贾穗南编著，暨南大学出版社 2016 年版，第 193 页"妈祖信仰虔诚朝拜"。

●《中国地理百科·潮汕平原》：中国地理百科丛书编委会编；林起凤、黄佳聪撰，世界图书出版广东有限公司 2016 年版，第 145 页"妈祖信仰"。

●《中国最美古建园林》精装珍藏版：郭成源、马祥梅、邱艳昌主编，中国林业出版社 2016 年版，第 72 页"南京天妃宫"；第 74 页"南京天妃宫"；第 308 页"澳门妈祖阁"；第 312 页"福州马尾船政天后宫"。

●《国家航海（第十七辑）》：上海中国航海博物馆主办，上海古籍出版社 2016 年版，第 9 页蔡洁华、普塔克："元初至明中叶南海区域的妈祖和玛利亚：可能的相遇与其背景"。

●《浙东水利史论——首届浙东（宁绍）水利史学术研讨会论文集》：宁波市水文化研究会、绍兴市鉴湖研究会编，宁波出版社 2016 年版，第 220 页潘承玉："浙东士人妈祖书写的人文精神"。

●《民族民间文化论坛（第五辑）》，田兆元、扎格尔、黄江平主编，上海社会科学院出版社 2016 年版，第 66 页蔡泰山："妈祖文化与产业发展之研究"。

●《浙江海洋文化与经济》：李加林、刘家沂主编，海洋出版社 2016 年版，第 61 页刘义杰："宁波与航海保护神妈祖诞生的前因后果"；第 65 页闵泽平："海神妈祖研究百年回眸——以溯源与流播为核心"。

●《彩图丝绸之路》：朱利荣著，中国科学技术出版社 2016 年版，第 139 页"四海朝妈祖"；第 142 页"妈祖"。

●《全世界孩子最爱问的为什么》（超值全彩白金版）：刘晓菲主编，中国华侨出版社 2016 年版，第 318 页"东南沿海居民为什么要敬奉妈祖？"。

●《彩色图解十万个为什么》：乔楚主编，中国华侨出版社 2016 年版，第

322 页"东南沿海居民为什么要敬奉妈祖？"。

●《多元·诠释与解释：多采多姿的台湾民间宗教》：张家麟著，本书是《台湾宗教研究丛刊》之一。第1页"论台湾妈祖信仰的'扩张性'"。

●《话说青岛》：鲁海著，青岛出版社2016年版。本书是《鲁海说青岛丛书》之一，第141页"天后和天后宫"。

●《顺德庙会》：梁景裕、陈三株、梁晓华编著，广东人民出版社2016年版，第18页"众涌天后古庙七百年"。

●《佛山明清冶铸》：朱培建编著，《佛山历史文化丛书》编委会编，广东人民出版社2016年版。本书是《佛山历史文化丛书》第1辑，第233页陈志杰："从栅下天后庙看佛山铁器贸易"。

●《掇碑撷菁——东莞市袁崇焕纪念园藏东莞碑刻拓片选》：东莞市袁崇焕纪念园编，广东人民出版社2016年版。本书是《袁崇焕纪念园研究丛书》之一，第158页"重修天后古庙 民国二十一年"。

●《寻访福建水文化遗产》：福建省水利厅、人民网福建频道编，海峡文艺出版社2016年版，第146页"汀州天后宫与汀江"；第175页"永定西陂天后宫：全国独一无二的塔式天后宫"。

●《上海春秋》（修订版）：曹聚仁著，生活·读书·新知三联书店2016年版。本书是《克勒门文丛》之一，第253页"天后宫"。

●《中国建筑图解词典》（白金版）：王其钧编著，机械工业出版社2016年版。本书是《图解词典系列丛书》之一，第274页"台湾澎湖天后宫"。

●《中国最美的古城·古城格局、古建保护与营销推广2》：黄滢、马勇主编，华中科技大学出版社2016年版，第150页"天后宫"。

●《中国最美的古城·古城格局、古建保护与营销推广5》：黄滢、马勇主编，华中科技大学出版社2016年版，第316页"天后宫"。

●《中国国家地理百科全书1》：张妙弟主编，北京联合出版公司2016年版，第170页"天后宫/天津广东会馆"。

●《老建筑》：张建编，天津古籍出版社2016年版。本书是《天津城市景观丛书》之一，第15页"天后宫"。

●《沈阳历史建筑印迹》：陈伯超、余泓主编，中国建筑工业出版社2016年版，第202页"闽江会馆天后宫"。

●《仙与道神仙信仰与道家修身》：干春松著，海南出版社2016年版，第225页"天妃娘娘（妈祖）"。

●《中国寺庙通论》：王鹤鸣、王澄、梁红编，上海古籍出版社2016年版，第288页"妈祖庙"。

●《深圳年鉴2016》：黄玲主编，深圳年鉴社2016年版，第268页"赤湾天后宫"。

●《中华典故》（超值精装典藏版）：王建梅主编，万卷出版公司2016年版。本书收录了"妈祖"等典故。

●《中华姓氏彩图馆》：徐梦然编著，中国华侨出版社2016年版，第283页"妈祖的传说"。

●《惠州风物撷胜》：陈训廷主编，广东人民出版社2016年版。本书是《惠州历史文化丛书》之一，第175页"千年妈祖佑平安"。

●《基督教中国化的社会研究》：李向平著，宗教文化出版社2016年版。本书是《基督教中国化研究丛书》之一，第164页"妈祖：被建构的社区文化信仰"。

●《中国阅读大辞典》：王余光、徐雁主编，南京大学出版社2016年版，第928页"妈祖"。

●《潮阳文史（第25辑）》：中国人民政治协商会议汕头市潮阳区委员会《潮阳文史》编委会编，政协广东省潮阳县委员会，2016年。第45页林俊聪、林广宇："古今潮阳妈祖文化概况及其价值"。

●《漳州民间信仰与闽南社会》：林国平、钟建华主编，中国社会出版社2016年版，第606页"妈祖信仰的海外联系"。

●《图解台湾民俗传递台湾最暖人情味》：李文环、林怡君著，陕西人民出版社2016年版，第37页"三月疯妈祖"。

●《三明民俗风情》：三明市地方志编纂委员会编著，海峡文艺出版社2016年版，第484页"山乡敬奉妈祖神"；第485页"妈祖祈福新景观"。

● 《中华文化常识全典》（第 2 版）：谭春虹主编，中国纺织出版社 2016 年版，第 113 页"妈祖：海洋保护神"。

● 《传奇三清山》：陈正永编著，江西人民出版社 2016 年版，第 126 页"巨蟒逞凶殃生灵，妈祖现身镇西海"。

● 《弟子规·千字文》（彩色注音精装版）：余良丽主编，哈尔滨出版社 2016 年版，第 45 页"海神妈祖"。

● 《追逐太阳》：郑国贤著，海峡文艺出版社 2016 年版，第 22 页"妈祖之美"。

● 《秋红柿》：[马来西亚]朵拉著，暨南大学出版社 2016 年版。本书是《旅人焦文丛》之一。第 13 页"妈祖的故乡"。

● 《中国记忆·散文卷》：王剑冰主编，百花洲文艺出版社 2016 年版，第 115 页郭风："妈祖"。

● 《白鹭与黑天鹅》：汪兰著，海峡文艺出版社 2016 年版，第 45 页"在妈祖娘娘的怀抱中"。

● 《风从西边来》：周海滨著，中国青年出版社 2016 年版，第 215 页"妈祖，妈祖"。

● 《中华文化问答录》：孙宜学主编，同济大学出版社 2016 年版，第 174 页"妈祖：'妈祖'文化只中国有吗？"。

● 《杏园诗社选集·载欣集》：姚国荣著，广东人民出版社 2016 年版，第 37 页"莆田瞻仰妈祖塑像感赋"。

● 《果山诗选》：姚嘉潭著，海峡文艺出版社 2016 年版，第 216 页"湄洲妈祖娘"。

● 《一池红影碎》：醉红雨著，中国文史出版社 2016 年版。本书收录了《妈祖娘娘》《海神灵光》等作品。

● 《唠唠叨叨的大神》：李仪婷文，湖南少年儿童出版社 2016 年版。本书通过因为意外事件而性格大变的妈祖，在经历了沉船事件之后，重新发现安静的力量，教导孩子仔细观察身边人、事、物，并从中得到"倾听"的力量。

● 《不尽山河》：郑千里著，漓江出版社 2016 年版。本书收录了《默念妈祖文化祥瑞》等文章。

●《郑怀兴戏剧全集》：郑怀兴著，文化艺术出版社 2016 年版。本套书收录了郑怀兴从事戏曲创作以来的作品包括《妈祖》等。

●《印象沧口》：青岛市李沧区政协编，中国海洋大学出版社 2016 年版。本书是《李沧记忆丛书》之一，第 27 页黄树祥、张贻修、王桂云："沧口天后宫旧闻录"。

●《虚室止止集》：陈支平著，人民出版社 2016 年版，第 66 页 "遗失了的胜迹：闽台商人与宁波天后宫"。

●《香港澳门旅行 Let's Go》：《亲历者》编辑部编，中国铁道出版社 2016 年版，第 209 页 "妈祖文化村"。

●《厦门鼓浪屿好吃好玩真好买》：《好吃好玩》编写组编，中国旅游出版社 2016 年版，第 151 页 "湄洲岛妈祖祖庙"。

●《一本书读懂台湾史》：亢霖著，九州出版社 2016 年版，第 157 页 "妈祖在炸弹纷纷的日子"。

●《全景福建》：全景福建编写组编著，厦门大学出版社 2016 年版，第 121 页 "妈祖文化：有海水处有妈祖"。

●《畅游香港》（第 2 版）：《畅游世界》编辑部编著，化学工业出版社 2016 年版。本书是《畅游世界》丛书之一，第 59 页 "油麻地天后庙"；第 88 页 "茶果岭天后庙"；第 213 页 "林村天后庙"；第 236 页 "西湾天后庙"；第 258 页 "妈祖阁"；第 260 页 "妈祖文化村"。

●《台湾玩全攻略》（2016—2017 全彩升级版）：《玩全攻略》编辑部编，化学工业出版社 2016 年版。本书是《玩全攻略考拉旅行丛书》之一，第 142 页 "大甲镇澜宫妈祖绕境进香"。

●《搭地铁游香港》：《亲历者》编辑部编，中国铁道出版社 2016 年版。本书是《享实惠游世界丛书》之一，第 60 页 "玩：油麻地天后庙"；第 84 页 "玩：筲箕湾天后庙"。

●《畅游日本》：《畅游日本》编辑部编著，华夏出版社 2016 年版。本书是《畅游世界系列》丛书之一，第 145 页 "横滨天后宫"。

●《刘云若社会言情小说经眼录》：侯福志著，上海远东出版社 2016 年版，第 439 页 "刘云若笔下的天后宫"。

●《文化心灯——李乔文化评论选粹》，李乔著，春晖出版社 2016 年版，第 25 页 "妈祖与施琅之问"。

●《谈天说海话仙乡》：朱长波、冯连满、李连君主编，团结出版社 2016 年版，第 8 页 "妈祖除妖"；第 17 页 "妈祖神庙"；第 41 页 "妈祖娘娘护码头"；第 51 页 "天妃济世"。

●《邮票上的神话与传说》：杨波、杨学旺主编，北京时代华文书局 2016 年版。第 19 页 "渔家姑娘变海神——妈祖（天后）"。

●《海上丝绸之路的民间故事》：福建省民间文艺家协会、《故事林》杂志社编，海峡文艺出版社 2016 年版，第 53 页 "妈祖的传说"。

●《中国人应知道的民俗知识》：郑一编，中国纺织出版社 2016 年版，第 290 页 "妈祖是谁，她的传说是怎样的"。

●《三天读懂中华五千年神话传说》：诸葛文著，中国法制出版社 2016 年版，第 201 页 "妈祖传说，海神之恩达四海"。

●《青少年应当知道的 100 个海洋故事》：李夕聪主编，张琦编撰，柳晓曼图片统筹，中国海洋大学出版社 2016 年版，第 8 页 "妈祖的传说"；第 113 页 "'妈祖装'和'帆船头'"；第 128 页 "渔家盛事妈祖节"。

●《青少年应当知道的 100 个海洋人物》：邵成军主编，苏小飞编撰，赵冲图片统筹，中国海洋大学出版社 2016 年版，第 72 页 "中国'海上女神'——妈祖"。

●《中国神话传说》：广州童年美术设计有限公司编著，湖南少年儿童出版社 2016 年版，第 61 页 "海神妈祖"。

●《中国经典民间故事》：《线装经典》编委会编，晨光出版社 2016 年版，第 181 页 "海神妈祖"。

●《南怀瑾禅话》：南怀瑾著，东方出版社 2016 年版，第 106 页 "马祖不是妈祖"。

●《创意管理评论 第 1 卷》：杨永忠主编，经济管理出版社 2016 年版，第

85 页罗丹、潘康康："基于科学知识图谱的国内妈祖研究主题分析"。

●《中国古代神话故事》：房露主编，金盾出版社 2016 年版，第 155 页"海神妈祖娘娘"。

●《中外神话故事》：赵小敏著，武汉出版社 2016 年版。本书收录了《妈祖》等作品。

●《中国民间故事丛书·浙江温州瑞安卷》：罗杨总主编，知识产权出版社 2016 年版。本书是《中国民间故事丛书》之一，第 132 页"天后娘娘的故事"。

●《中国民间故事丛书·上海闸北卷》：罗杨总主编，知识产权出版社 2016 年版。本书是《中国民间故事丛书》之一，第 30 页"天后娘娘"。

●《千村故事·精选卷 3》，浙江省农业和农村工作办公室、浙江农林大学中国农民发展研究中心、浙江省农民发展研究中心、中国名村变迁与农民发展协同创新中心主编，中国社会科学出版社 2016 年版，第 838 页"洞头东沙村：妈祖圣灵保东沙"。

●《中国民间故事丛书——湖北宜昌西陵点军卷》：罗杨总主编，知识产权出版 2016 年版。本书是《中国民间故事丛书》之一，第 56 页"天后宫的由来"。

研究机构

●连江县妈祖文化研究会

连江县妈祖文化研究会于1995年12月成立。2011年10月30日，连江县妈祖文化研究会第三次会员代表大会表决通过《连江县妈祖文化研究会章程》。

●湄洲妈祖文化研究中心

湄洲妈祖文化研究中心成立于1997年，主要从事妈祖文化史料的挖掘、整理、汇编以及研究传播工作。协助筹备妈祖文化旅游节，主办《妈祖故里》，协助出版相关资料，并做好宣传工作。

●晋江市妈祖文化研究会

在晋江市金井镇妈祖东宫倡议下，晋江市妈祖文化研究会于1999年4月21日成立。研究会现由东石天后宫、万安天妃宫、金井东宫、安海朝天宫、福全天后宫、御辇妈祖宫、深沪深林宫、罗裳全安宫、陈厝顺济宫、西锦娘妈宫、后山妈祖宫、田霞灵惠殿、下丙霞里宫、钱头圣母宫、萧下天后宫、后厝妈祖宫、科任天后宫、锡坑妈祖宫、张林妈祖宫、南江天后宫、下伍堡天后宫、菌江天后宫、围头妈祖宫等23座宫庙，以及社会有识之士组成。其活动主要围绕妈祖信众联谊以及妈祖文化研究两方面开展。

●陆丰市妈祖文化研究会

陆丰市妈祖文化研究会是中华妈祖文化交流协会理事成员单位。2002 年 7 月成立。地址位于广东省汕尾市陆丰市城东镇霞湖村天后宫旁左侧。

●宁德妈祖文化研究会

2004 年 3 月，为了充分利用文物、保护文物以及促进经济发展和对台文化交流，蕉城区文化体育局成立了"宁德妈祖文化研究会"，负责对天后宫进行开发、管理和保护。

●莆田学院妈祖文化研究院

2005 年 4 月 30 日，莆田学院妈祖文化研究所挂牌成立。2007 年，莆田学院妈祖文化研究所改名为莆田学院妈祖文化研究中心。2012 年通过整合校内学术力量与资源，组建了莆田学院妈祖文化研究院。

●中华妈祖文化研究院

中华妈祖文化研究院系妈祖文化学术研究机构，建设目的是进一步凝聚海内外专家学者学术研究力量，发掘妈祖文化的深刻内涵，提升学术品位，拓展海峡两岸妈祖文化交流，发挥积极作用。中华妈祖文化研究院是非营利性社会公益文化机构，旨在加强妈祖文化机构、人员联系，收藏、研究、展示妈祖文化活动的见证物，组织妈祖文化研究和学术交流，搜集编译妈祖文化学术专著及相关资料，提供社会服务。

●上海社会科学院妈祖文化研究中心

上海社会科学院妈祖文化研究中心于 2007 年 8 月 9 日成立。该中心旨在对上海地区妈祖文化遗址的田野调查工作，寻找遗址，调查目前渔民家中祭祀妈祖的情况，从而撰写出调查报告，为今后的保护、研究提供一手资料。

● 深圳市南山区妈祖文化研究会

2010 年 3 月 14 日上午，雷州市附城镇南山村挂起了"深圳市南山区妈祖文化研究会"牌子，并通过筹资、集资、抢救文物、保护文物，传承文化遗产，进一步弘扬优秀传统文化，促进农业生产，发展海洋经济，提升历史文化名城的品位，构建和谐家园。

● 安溪善坛妈祖文化研究会

2010 年 9 月 27 日成立，并通过了《安溪县妈祖文化研究会章程》。

● 台湾新港奉天宫妈祖文化研究暨文献中心

台湾新港奉天宫妈祖文化研究暨文献中心由新港奉天宫委托台湾淡南民俗文化研究会自 2009 年开始筹备，2010 年正式成立，已经举办学术研讨会、各项展览，并参访东南亚与大陆的妈祖宫庙与研究机构，建立合作关系，出版《妈祖与民间信仰：研究通讯》。

● 台湾中华妈祖俗信文化研究中心

成立于 2012 年。

● 福建省妈祖文化研究会

2013 年 9 月 6 日下午，福建省妈祖文化研究会成立大会在莆田学院召开。福建省妈祖文化研究会是由有志于妈祖文化学术研究的个人、团体志愿结合而成的全省性组织，非营利性学术团体。该研究会会址设于莆田市城厢区学园中街莆田学院妈祖文化研究院。该研究会成立宗旨在于广泛联络、组织海内外有志于妈祖文化学术研究的专家学者及各界人士参与妈祖文化学术研究活动，根据情况适时举办学术研讨会，并办好会刊。

●三明市妈祖文化研究会

2013 年 11 月 9 日，三明市妈祖文化研究会成立，三明市作家协会副主席高珍华当选为研究会会长，成立当日召开了第一次会员代表大会。三明市妈祖研究会由三明市各界热心妈祖文化的人士发起、组成，旨在集聚更多单位、学者、热心妈祖文化的人士参与妈祖文化研究，更好地为三明市政府在区域文化建设与发展中提供咨询、信息服务等，进一步扩大妈祖文化影响力，服务于三明经济文化发展，促进海峡两岸和平发展。

●福建省妈祖文化传承与发展协同创新中心

福建省妈祖文化传承与发展协同创新中心是由莆田学院牵头，联合中国社会科学院历史研究所、厦门大学、福建师范大学、华侨大学、台湾世界妈祖文化研究暨文献中心等五家核心协同单位，中华妈祖文化交流协会、福建省妈祖文化研究会、台湾中台科技大学、湄洲妈祖祖庙董事会等四家参与协同单位于 2014 年 3 月成立。2015 年 9 月经福建省教育厅认定成为第二批"福建省 2011 协同创新中心"。

●台湾"中正大学"妈祖文化研究中心

台湾"中正大学"文学院为促进妈祖文化研究，并以学术服务反馈社会，依据"台湾中正大学研究中心设置原则"，设置"台湾中正大学文学院妈祖文化研究中心"。"中心"之工作职掌为从事妈祖文化之相关研究工作，并建立与研究机构、学者专家之合作与交流平台、主办学术会议与专题讲座，处理各界研究计划之委托等相关事项。

●崇州市妈祖文化研究会

崇州市怀远林氏家族在四川省林氏宗亲会的支持和鼓励下，于 2015 年 10 月 17 日在怀远镇天后官召开大会，成立了妈祖文化研究会，并举行首届林氏宗亲祭祖仪式，四川省林氏宗亲会及都江堰、金堂、内江、德阳、双流、中江等市县宗亲代表应邀前来参加致贺，福建莆田、湖北武汉、贵阳的宗亲也派代表参加。崇州市文体旅游局，怀远镇党委政府领导和当地文化社团，村社代表也应邀参加。

● 中国北方妈祖文化研究中心

2016年4月26日下午，来自京津冀鲁辽五地的专家学者们齐聚曹妃甸置业大厦，召开了主题为"对接'一带一路'·文化创造价值"的妈祖文化研讨会。会上，五地专家一致同意成立"中国北方妈祖文化研究中心"。

● 白沙湖（上墩）妈祖文化研究会

2016年6月9日，广东省汕尾红海湾田墘白沙湖（上墩）妈祖庙理事会在天后宫前举行妈祖庙会。庙会上还举行"白沙湖（上墩）妈祖申报文物保护单位工作领导小组""白沙湖（上墩）妈祖文化研究会""广东省妈祖文化交流协会理事单位"等揭牌仪式。

● 天津妈祖文化艺术研究中心

天津妈祖文化艺术研究中心于2016年9月10日成立。

研究课题

序号	课题名称	负责人	单位	研究时间	资助金额（万元）	项目来源
1	基于乡村治理的闽台妈祖信俗与乡土文化互动发展研究（16BH133）	宋建晓	莆田学院	2016—2019	18	国家社科艺术学一般项目

续表

序号	课题名称	负责人	单位	研究时间	资助金额（万元）	项目来源
2	妈祖图像的收集整理与研究（16BZJ045）	肖海明	广东省博物馆	2016—2019		国家社科一般项目
3	妈祖信仰世界传播史	孟建煌	莆田学院	2016—2018	5	福建省社科基地重大项目
4	妈祖文化与当代社会道德建构研究	张国栋	莆田学院	2016—2018	5	
5	"新海丝"中妈祖文化跨语境传播的话语构建模式研究：以界面研究为视角	李丽娟	莆田学院	2016—2018	5	
6	妈祖工艺美术景观特征及社会功用研究	黄朝晖	莆田学院	2016—2018	5	
7	妈祖文化与海上丝绸之路系列研究	黄婕	莆田学院	2016—2017	10	莆田市文物局

研讨会信息

● 2016 中国·连江妈祖文化交流大会

3月30日，首届中国·连江妈祖文化交流大会暨连江县妈祖文化研究会成立20周年庆典在连江人民广场举行。来自中华妈祖文化交流协会、福建省妈祖文化研究会、莆田学院妈祖文化研究院、美国妈祖基金会及各地妈祖文化研究会和海峡两岸宫庙代表、专家、学者、妈祖信众共五百多人出席大会。

连江县人民政府吴能森副县长致欢迎辞。福建省妈祖研究会常务副会长、莆田学院妈祖文化研究院院长黄瑞国教授，马祖天后宫主任曾林官，台中乐成宫董事长郭松益，美国妈祖基金会创建董事长黄升发，湄洲妈祖祖庙副董事长吴国春，《中华妈祖》杂志社副社长翁卫平等发表讲话。

黄瑞国说，共同的妈祖信仰文化已经超越了地域范围和族群界限，成为海峡两岸交流合作的一道景观。这些年欣喜地看到，每年总有数十万台湾信众回乡朝拜共同祈祷和平繁荣，这就是"中华妈祖情，两岸一家亲"的真实写照。

连江县妈祖文化研究会会长杨文健在回顾妈祖文化20年研究的历程上说，今天我们举办妈祖文化交流大会、纪念妈祖文化研究会成立20周年以及《闽台妈祖官庙大观》《闽台妈祖诗文集》首发和赠书仪式，与大家分享20年取得的成果。他说，妈祖文化研究从海内到海外，从单一到多元；研究队伍由起初的百多人发展到了1500人；会员单位从十几个增加到了五十几个；从名不见经传到中华妈祖交流协会常务理事单位。在县委、县政府强有力的领导下，举办了三届影响力深远的妈祖文化节，树立了连江文化新品牌；2013 年举办的妈祖文化节被评为"最具国际影响力节庆"；2014 年研究会被评为连江 4A 社会组织，研究成果与各级领导的关心关怀及大家的努力是分不开的。

大会还向近年来致力于妈祖文化传播的组织和个人颁发奖项和荣誉证书。

● 2016 年宁波妈祖文化交流会

4 月 2 日，浙江省宁波市举行 2016 宁波妈祖文化交流会，中华妈祖交流协会以及湄洲妈祖祖庙、上海天妃宫、青岛天后宫、天津天后宫、蓬莱天后宫、南京天妃宫、深圳天后宫等全国各地妈祖宫（庙）的代表出席。

会上，宁波庆安会馆馆长黄浙苏、上海天妃宫代表龚忠辉、蓬莱天后宫代表汤人华、南京天妃宫代表辛维娟等，围绕"如何更好地传承与弘扬妈祖文化"主题，就"宫（庙）运作经验介绍""对外特色文化交流"及"文化产业运营现状"等方面发言讨论。

● "妈祖文化与海上丝绸之路"研讨会

4 月 16 日，"妈祖文化与海上丝绸之路"主题研讨会在北京大学举行。研讨会由国家海洋局宣教中心、中国社会科学院历史研究所、中国文化遗产研究院、北京大学文化产业研究院、中共莆田市委、莆田市人民政府、中华妈祖文化研究院主办，由莆田学院、福建省妈祖文化传承与发展协同创新中心、莆田市文广新局、莆田市海洋与渔业局、湄洲岛管委会、湄洲妈祖祖庙董事会承办。

研讨会上，莆田市委副书记陈立华与来自北京、山东、福建、台湾等海峡两岸的专家、学者一道，围绕妈祖文化与"一带一路"倡议、妈祖文化与海上丝绸之路、妈祖文化与互联网传播及文创产业培育等相关话题进行交流与研讨。

莆田市委副书记陈立华致辞说，妈祖是海上丝绸之路的守护神。作为妈祖的故乡和妈祖文化的发祥地，莆田与海上丝绸之路有着深厚的历史渊源，留存有许多与"海丝"有关的文物古迹及文化，尤其是妈祖文化。妈祖文化在宋代已成为主流文化，到了明代，妈祖信仰更随着郑和下西洋的船队而广为传播。至今在"海丝"沿线国家和地区，仍分布着数量可观的妈祖庙，形成了"凡有华人华侨所到之处，凡江河湖海流经之域，皆有妈祖香火传播"的世界性文化现象。妈祖文化是中国海洋文化的重要标志，其"立德、行善、大爱"的精神内涵和"平安、和谐、包容"的文化特征，与"和平之海、合作之海、和谐之海"的中国海洋观互相契合。妈祖文化的精神理念，与旨在促进不同国家、不同文明、不同族群之间沟通共赢的 21 世纪海上丝绸之路精神有着内在共通的文化逻辑，必将在其中担当起文化使者的重要作用，因而备受高层重视和各方关注。当前，莆田市正紧抓机遇，认真贯彻国家"十三五"规划和中央领导指示精神，做好妈祖文化文章。

文化部文化科技司司长孙若风说，习近平总书记提出的"'一带一路'倡议，契合沿线国家的共同需求，为沿线国家优势互补、开放发展开启了新的机遇之窗。这其中不仅是经贸合作经济发展方面的考量，还有文化交流的需要，我们应当坚持文化先行，通过进一步深化与沿线国家的文化交流与合作，促进区域合作，实现共同发展，让命运共同体意识在沿线国家落地生根。"以妈祖文化代表的东方海洋文明，体现了海洋精神的"和平""和谐""包容"，更能获得广泛的认同和接受。妈祖文化中体现海洋文化的"和平"精神，为海上丝绸之路沿线国家频繁的各种活动往来提供了稳固的文化条件，更扮演了重要的角色。

国家海洋局宣传教育中心副主任王忠说，妈祖文化不仅是中华民族灿烂文化的重要组成部分，作为海峡两岸精神的桥梁和纽带，而且妈祖海洋文化是中国海洋文化的核心组成部分。国家海洋局刚刚出台了《全国海洋文化发展纲要》，里面有专门的章节论述怎样推进海洋文化研究的内容，提出要积极构建海洋文化理论体系。开展海洋文化理论、海上丝绸之路与现代海洋文明以及妈祖海洋文化等方面的研究，弘扬中华海洋价值观，而且对妈祖文化该怎么整理，该怎么建设，怎么推进都有具体的考虑和安排。接下来，希望与莆田市能够进一步对接合作，把妈祖文化这个非常有代表性的海洋文化向全国乃至全世界进一步宣传推广好，让妈祖文化为代表的海洋文化为我们国家发展的过程当中发挥更大的作用。

中国社会科学院历史研究所副所长、学部委员王震中说，"一带一路"倡议，既关系着国家经济发展，也牵动着国际格局变化，其中就包括了文化的建设与传播。习近平总书记和李克强总理先后对妈祖文化的阐述，足以显示妈祖文化所处的重要地位，如今妈祖文化被写入国家"十三五"规划，更说明了妈祖文化已成为我国"一带一路"倡议实施的重要内容。而我们现在所做的妈祖文化工作，正是想国家之所想，急国家之所急。妈祖文化与社会主义核心价值观是一脉相承、契合共振的，因为社会主义核心价值观本身就来源于优秀的中国传统文化，妈祖文化也是传统文化中的重要部分。妈祖文化作为中国海洋文化的象征，它对世界宣扬的是和平共处、交流互进的理念，所展现出的海洋观对建设和经营海上丝绸之路是大有益处的，通过进一步发挥妈祖作为海上和平女神、海上文化使者的作用，将赢得海上丝绸之路沿线国家的欢迎和信任，各国共同建设一个和平之海、合作之海、和谐之海。

中国社会科学院世界宗教研究所副所长、学部委员郑晓筠说，通过研究妈祖文化在国内和海外的传播情况，可以确信它早已不是区域性的文化现象，而是超越莆田、超越福建，已经成为国家层面上的一个海洋文化的象征，妈祖文化更具有一种全球文化的一种象征，那在全球的命运共同体的打造过程当中，妈祖是我们很重要的一个文化使者，所以打造好妈祖文化这个品牌是很重要的，而且要有信心和决心把它打造成"一带一路"上的文化战略支点。打造品牌之后还应该再提升品牌，毕竟要打造一个世界妈祖文化中心并不容易，这就需要建立一种立体的全方位的文化交流机制、合作机制。要让信仰妈祖的全球华人有一个地域的归属感，有一个文化的认同感，必须要让信众觉得湄洲岛就是中心。在当今世界，全球宗教信仰者约占世界总人口的80%。当我们倡议"一带一路"的时候，必须重新考虑我们怎么样和国外几十亿的宗教信众打交道。而我们的海洋文明并不像西方海洋文化要去侵略其他的领域，所以要本着中国传统文化的特点，在对外的时候一定要互惠互利，只有利益均衡了才能够团结全球的人们，妈祖文化就是最合适的文化使者。

国家文物局中国文化遗产研究院副总工程师、研究员沈阳发言说，我们国家有很多民间信仰，比如关公文化，也传播到了海外，但是就影响力而言，最大的还是妈祖文化。妈祖文化之所以有这么大的影响，与它本身是一种平民文化密切相关，这是老百姓对自己祖先的一种崇拜，所以它可以这样深入民心。可以说，妈祖文化体现的是一种文化的认同。"只要有水的地方、有海的地方、有华人的地方都可以找到妈祖。这体现的是妈祖文化的国际影响力，而且它在海丝文化中占据着重要的地位，我们发现妈祖文化传播路线与'海丝'发展轨迹几乎一致，这也印证了妈祖文化是'海丝'的精神支柱。"莆田要继续重视对"海丝"文化及文物的发掘与整理，奠定莆田在"海上丝绸之路"中应有的地位。

北京大学文化产业研究院副院长、教授向勇说，妈祖文化是东方式的海洋文化，区别于西方的海洋文化。特别是妈祖温良、慈善、大爱的东方海神形象与西方的海神形象有非常大的区别。对于妈祖文化的传承创新，应当要与中国人面临现代化建设的生活方式的重建要相融合。因为文化本质上就是一种生活方式，它包括了很多的层面，既有世俗的层面，也有精神信仰的层面，所以传播妈祖文化要把传统文化与现代科技的便捷融合在一起。妈祖文化正好是一种可以把文化阶梯性和地理阶梯性融合非常好的文化，所以要做好妈祖文化价值的一个生态转化，莆田在妈祖文化遗产的保护上已经做了很多工作，但是在艺术创作、媒体传播、创意设计上做得还不够，接下来，妈祖文化与文创产业的开发要紧密结合在一起，要花大力气开发妈祖海洋文化资源产品。同时，要继续强化妈祖的神圣性和湄洲妈祖祖庙的唯一性，湄洲岛需要做好神圣性与世俗性之间空间布局的合理安排。

北京大学艺术学院副院长、副书记唐金楠发言说，当前 IP 概念非常火，而妈祖文化本身就是一个很好的 IP。IP 是 Intellectual Property 的缩写，意为知识产权，优质 IP 可以等同于好的故事和角色。妈祖文化已经具备了优质 IP 的特质，剩下的就是要努力去打造出非常优秀的妈祖文化 IP 产品。不过妈祖文化传播及其产业发展不能走老路，得有新意，可以用众创创新创业的思维方式来推进妈祖文化资源的打造，让全社会都参与进来，不仅要有学术界的研究，还要有年轻人等新兴市场力量，因为年轻人的创造力是无限的，新思维新思路将进一步激活妈祖文化，比如妈祖文化主题乐园也可以发展成"迪士尼"的样式，应当有现代化的观念和生活化的理念。与此同时，还应该有一种协同发展的思维，成立文化联盟、产业联盟、艺术联盟、金融联盟来共同推动妈祖文化平台的建设。

中国海洋大学文学与新闻传播学院教授、海洋文化研究所所长曲金良发言说，妈祖文化是海上丝绸之路的精神动力和文化支撑。但是对于当前妈祖文化的传承与发展方式，与海峡对岸台湾一直以来主要由妈祖信众团体组织主办，"万人空巷"的信众参与的妈祖文化节会不同的是，我们目前所举办的各类"妈祖文化节"大多还是由各地政府主导的"文化搭台、经济唱戏"行为。妈祖文化说到底是老百姓信仰的文化，所以在今后妈祖文化的推广中，要发挥好和重视好老百姓的主体作用。妈祖文化热能不能持续发展，能不能进一步普及传承、深入人心，归根到底，在于民众对妈祖的信仰在民俗层面上能不能升温、"落地"。这是妈祖文化可持续传承发展亟须解决的基本问题。

台湾师范大学管理学院特聘教授、闽江学者讲座教授董泽平说，两岸共同的文化认同就是妈祖文化，在两岸交往过程中，妈祖扮演着一个非常重要的角色。在台湾，从小到大只要妈祖的活动都会吸引全球很多重要的侨领回来，因为妈祖呼唤她的孩子回家。所以大家只要一谈到妈祖，真的都觉得我们就是一家人，这种感觉非常地强烈。实施"一带一路"倡议，文化要先行的话，那么在"海丝"之路上就应该是妈祖先行。未来妈祖文化的发展应当要更加生活化，可以互联网＋妈祖文化、文化创意＋妈祖文化，妈祖文化要与科技等各种新的元素互相融合，韩流就是一个很成功的例子，现在韩流变成韩国文化的一个先驱，只有抓住了年轻人的心，才可以让这个妈祖文化代代相传下去。

国家海洋局办公厅新闻处副处长张海勇说，2016年国家海洋局与教育部、文化部、国家新闻出版广电总局、国家文物局联合印发《提升海洋强国软实力——全民海洋意识宣传教育和文化建设"十三五"规划》，里面有这么一句话，积极传承和弘扬妈祖文化的传统海洋文化，构建21世纪海上丝绸之路的文化纽带。妈祖文化是我国海洋文化的核心内容之一，国家海洋局自然大力支持莆田开展相关的工作，让妈祖文化在"海丝"之路当中发挥他应有的作用。希望莆田能够争取把妈祖文化在"海丝"沿岸国的传承和弘扬的项目纳入发改委重点任务清单里面去，这样工作就有了落地点，开展起来也将更加顺畅。要整合海峡两岸及海外华人地区科研结构的研究力量，设立妈祖海洋文化研究课题举办妈祖海洋文化国际学术研讨交流活动等，鼓励和引导以妈祖文化为主要内容的海洋旅游项目，巩固和提升海峡两岸之间和海外华人之间妈祖文化作为精神桥梁和文化纽带地位的作用。

国家海洋局宣传教育中心文化处副处长、研究员刘家沂发言说，推广妈祖文化需要加强国际交流与合作，立足于国内现有的文化交流平台，结合海洋双边多边的国际活动，利用涉外的海洋论坛研讨会，精心设计一些策划的议题拓展海洋文化交流的内涵和空间。此外，要加强海上丝绸之路与海洋文明的研究，充分发挥我们国内的高校智库和社会研究机构的作用，深入挖掘海上丝绸之路的文化内涵。

北京市社会科学院文化研究中心副主任、教授沈望舒发言说，问题导向、需求导向、目标导向、能力导向、绩效导向这五个导向是我们现在研究妈祖文化很重要的一个抓手。目前在宣传推广妈祖文化过程中还很缺乏讲好故事的能力，所以首先要学会讲故事，拥有讲好故事的能力。妈祖文化虽然底蕴深厚，但我们依然要内容为王，要填充属于哲学传播价值的东西，而不仅仅靠悠久的历史和香火的旺盛。要从祥瑞、祖源、惠海三方面下功夫，传播力一定要有魂，确实可以感召人、可以吸引人、可以凝聚人，能够感动自己的东西，才能感动别人和千山万水。而要做到这一点，就必须要有人才和团队。要把妈祖变成一个供应链，一个价值链，某种程度上的产业链来培育我们共有的精神家园。

中国社会科学院历史研究所科研处副处长、副研究员朱昌荣发言说，妈祖文化的关注点有三，第一个是文献资料的搜集和整理；第二是妈祖文化与"一带一路"倡议的关联；第三是妈祖文化所体现的"海丝精神"内涵。

《光明日报》文化产业研究中心副主任张玉玲说，妈祖文化要有强大的文化产业作为支撑才能更好地弘扬和发展。莆田除了要成立妈祖文化研究学术中心和交流中心，还应该成为妈祖文创产品的研发中心，把莆田的工艺美术产业融合进来，而且要能够和时尚结合，产品设计现代时尚，能够符合现代的审美需求和生活方式。在互联网时代，妈祖文化在传播方式和载体上要更加注重新媒体的事件传播，比如妈祖金身巡游就是一种很好的事件传播，把妈祖文化做成一种文化嘉年华的形式，与老百姓的生活结合起来，吸引年轻人参与进来，年轻人是最有消费能力的，所以传播过程中要凸显精准性和精准化，而且也可以针对儿童市场和妇女市场开发相应的妈祖文化产品，也可以和体育产业结合起来，希望妈祖文化这样一个世界性的文化真的能够做成一个世界级的文化产业。

国家文物局水下文化遗产保护中心研究员姜波说，妈祖信仰的相关遗迹是海上丝绸之路相关遗迹重要的关键的议题，目前确定有 30 多个点列入这个申遗的计划里面，其中有 3 个是跟妈祖有关的。遍及莆田各地的大量文物、遗址提供着有力佐证，可以说从唐宋开始，莆田就与"海丝"有着密切关系。莆田港口群不仅是海上丝绸之路的重要组成部分及出发地，更为重要的是它还孕育了"海丝"最主要的保护神妈祖。到了明代，妈祖信仰更随着郑和下西洋的船队而广为传播。所以，政府要重视，把现存的文物保护好。要原生态保护，投入资金，发挥"海丝"文物的历史作用，其次要成立机构，组织人员整合资源收集资料，助力妈祖文文化的弘扬。

中国社会科学院历史研究所研究员、中国中外关系史研究会常务副会长、中国明史学会副会长万明发言说，妈祖文化的研究如何推进，应该有一个整体互动的概念。

北京工业大学文化创意产业研究所所长、教授王国华发言说，美国人传播文化总是站在全球的角度，站在新的生活方式和新的美学价值观的提升的角度，所以全世界都非常乐于接受。那么，在如今的互联网时代传播妈祖文化，就一定要有互联网的精神，必须要用新的技巧和新的方式，来打动现在的年轻人。

国家文物局中国文化遗产研究院中国世界文化遗产中心工程师朱伟发言说，妈祖文化要去吸引年轻人，完全可以建设一个社交平台网络社区。

●"对接'一带一路' 文化创造价值"中国（曹妃甸）妈祖文化研讨会

4 月 26 日，由河北省民俗文化协会、唐山市曹妃甸区文联主办的"对接'一带一路' 文化创造价值"中国（曹妃甸）妈祖文化研讨会在曹妃甸置业大厦召开。曹妃甸区政府党组副书记、工业区党工委副书记王雪增出席研讨会并讲话。来自京津冀鲁辽的五十多位文化专家参加了研讨会。研讨会就妈祖文化与"一带一路"、妈祖文化传播与妈祖文化产业、妈祖文化的地域特色、妈祖文化与社会教化及国家治理、曹妃甸与京津冀协同发展等议题展开研讨。

会后与会专家到蚕沙口村庙会现场观摩，并参观了大学城——慧钜文化创业产业园，曹妃甸通用码头和置业大厦规划展厅。

●第一届云林北港成年礼学术研讨会

8月9日，由台湾笨港妈祖文化基金会主办，台湾稻乡区域发展研究协会筹备会承办的第一届云林北港成年礼学术研讨会在云林县北辰小学举行。研究会以成年礼为主轴，邀请各专家学者从历史学、民俗学、人类学、民族学、社会学等不同学科面向进行研讨，探讨台湾成年礼的意涵与价值。

●妈祖文化与现代文明研讨会

第八届中国·天津妈祖文化旅游节活动项目之一"妈祖文化与现代文明研讨会"于9月10日下午召开。二十余位专家学者参加了研讨会，与会专家学者就基于"一带一路"倡议视角下的天津旅游业发展研究、传承中华传统文化把握独特战略资源、妈祖信仰与东南亚华人社会等课题进行研讨与交流。与会嘉宾表示，妈祖文化是中华民族的宝贵精神财富和优秀文化遗产，两岸同文同宗，更有共同的信仰，最典型的例子就是两岸民众共同的妈祖信仰。只有深刻领会到中华优秀传统文化的重要性，才能切实担负起保护中华民族文化遗产的职责。

● 2016 世界妈祖文化论坛

10月30日至11月2日，由中国社会科学院、国家海洋局、国家旅游局、国家文物局、福建省人民政府共同主办的世界妈祖文化论坛系列活动在莆田举行。世界妈祖文化论坛旨在为世界各国和地区、各机构和团体提供妈祖文化研讨、交流、合作的环境，加强妈祖信俗保护，促进妈祖精神的弘扬，推动妈祖文化在世界范围内传播和发展。

世界妈祖文化论坛主要活动包括第二届（2016年）国际妈祖文化学术研讨会、中华妈祖文化交流协会2016年会员大会、第十八届中国·湄洲妈祖文化旅游节开幕式、"妈祖文化与海洋精神"国际研讨会、人类非物质文化遗产妈祖信俗——丙申年秋祭妈祖典礼、福建省妈祖文化研究会第一届三次理事会会议、世界妈祖文化论坛主旨演讲等。

来自19个国家和地区89个机构、学术单位和社会组织的三百多名中外代表、专家学者等参加论坛。论坛围绕"妈祖文化 海丝精神 人文交流"这一主题进行了交流。会议达成共识，联合发表了《世界妈祖文化论坛湄洲倡议》，倡议各国政府组织和社会团队广泛发动各界人士加强妈祖信俗的保护，各机构和团体践行妈祖精神和弘扬妈祖文化，并在湄洲岛设立"世界海洋和平论坛"永久性会址等。

●第二届国际妈祖文化学术研讨会

10月31日至11月2日，第二届国际妈祖文化学术研讨会在莆田举行。本届研讨会由中国社会科学院历史研究所、莆田学院、福建省妈祖文化传承与发展协同创新中心、福建省湄洲岛国家旅游度假区管理委员会、福建省社会科学研究基地莆田学院妈祖文化研究中心主办，由中华全国台湾同胞联谊会、中华妈祖文化交流协会、福建省妈祖文化研究会、福建省高校人文社科研究优秀基地妈祖文化研究中心、湄洲妈祖祖庙董事会、莆田市文峰天后宫管理委员会协办，由莆田学院妈祖文化研究院承办。

共有来自美国、加拿大、新加坡、韩国、日本、马来西亚、越南、印尼、法国等十个国家和地区的180多位妈祖文化研究者参加了研讨会，提交了113篇论文。研讨会的主题是"妈祖文化与海上丝绸之路"，旨在为当今时代人类社会的和谐进步与建设21世纪海上丝绸之路发掘重要的思想文化资源，推动世界范围内的妈祖文化研究进一步发展。

10月31日，第二届国际妈祖文化学术研讨会开幕式在海源大酒店举行，莆田学院副校长曾文华主持开幕式，莆田学院校长李永苍、中国社会科学院历史所所长卜宪群、马来西亚道教学院主席王琛、福建省社会科学界联合会副主席冯潮华、莆田市委常委宣传部长吴桂芳等分别在开幕式上致辞。

卜宪群在致辞中说，妈祖文化是中华传统文化的重要组成部分。当前推进妈祖文化研究有重要意义。妈祖文化是本民族深受老百姓认同的民间信仰，推进妈祖文化研究有助于推进国家治理。妈祖文化包含海洋精神，符合"一带一路"倡议，是"海丝"人文交流的纽带。通过妈祖文化研究，能让更多人了解我国自古睦邻友好的文化，加强"一带一路"的人文交流。推进妈祖文化研究有助于增强两岸及全球华人民族文化凝聚力，是推动中华文化走出去和增进两岸认同非常重要的纽带。

冯潮华在致辞中说，妈祖信仰及其文化，起源于宋代莆田地区，已经发展成为世界性文化现象。作为一种传承一千多年的优秀传统文化，妈祖文化研究已经成为海内外广大社会科学工作者的热门研究课题。福建省社会科学界联合会积极支持妈祖文化研究，力争出更多社科研究的优秀成果，进一步打造妈祖文化品牌，充分发挥妈祖文化在推动两岸文化认同和21世纪海上丝绸之路建设中的积极作用。

吴桂芳在致辞中代表莆田市委、市政府向出席开幕式的来宾表示欢迎。他说，莆田是妈祖的故乡、妈祖文化的发源地。莆田市十分重视妈祖文化传承与发展，希望通过此次研讨会，进一步拓展妈祖文化研究国际视野，深化妈祖文化学术研究和交流，帮助莆田进一步探讨构建世界妈祖文化中心的创新举措，努力把妈祖文化打造成为"21世纪海上丝绸之路"的重要文化枢纽。

开幕式后，28位专家学者进行大会发言，就妈祖文化研究的最新成果进行交流。晚上召开福建省妈祖文化传承与发展协同创新中心理事会会议及学术委员会会议。

11月1日上午，与会人员前往湄洲岛参加第十八届中国·湄洲妈祖文化旅游节开幕式和丙申年秋祭妈祖典礼。下午在海源大酒店举行分组发言，根据主题分为"妈祖文化与海洋文化""妈祖文化当地化""妈祖文化传播与文化产业""妈祖艺术与体育文化""妈祖信仰发展史、妈祖文献资料发掘与考辨"五个组别进行讨论交流。

11月2日上午，举行第二届国际妈祖文化学术研讨会闭幕式和福建省妈祖文化研究会理事会一届三次会议。闭幕式对研讨会的情况进行了总结，由莆田学院妈祖文化研究院院长黄瑞国教授作综述报告，同时对评出的优秀论文进行表彰。下午与会人员前往湄洲岛参加世界妈祖文化论坛主旨演讲。

● 2016年国际妈祖文化学术研讨会论文

一、妈祖文化与海洋文化

1. 让妈祖文化的三大功能服务于我国当前发展战略（王震中）

2. 琉球时代天后信仰史迹踏查录——兼及冲绳的石敢当习俗（叶　涛）

3. 海神信仰与海上丝绸之路——以妈祖信仰为中心（林国平）

4. 妈祖信仰与海上丝绸之路（连心豪）

5. 论21世纪海上丝绸之路建设与妈祖文化（夏立平）

6. "一带一路"倡议视野下的"海上丝绸之路：妈祖史迹"保护和申遗的思考（何振良）

7. 妈祖文化是海洋文化的重要组成部分（古远清）

8. 妈祖文化与中国海洋文化关系的研究（黄少强）

9. 论妈祖文化与海洋经济发展——以辽宁省为例（于　涛　刘广东）

10. 妈祖文化的形成与海上丝绸之路的传播（蔡天新）

11. 妈祖文化是推进海上丝绸之路的软实力（柯　文）

12. 妈祖信仰在"一带一路"中扮演的文化沟通角色探析（［马来西亚］林德顺　潘碧华）

13. 元代以来妈祖信仰版图的形成与演变——从历史的丝路香火到多元的本土祭祀（［马来西亚］王琛发）

14. 妈祖信仰与东西方海神崇拜异同（黄浙苏）

15. 推动妈祖文化交流与传播 进一步提升妈祖文化品牌在21世纪海上丝绸之路建设中的影响力（连铁杞）

16. 妈祖信俗国际性形成的历史原因（王宏刚　牟艳冰）

17. 民间信仰与海外华人的脐带关系（［新加坡］李　龙）

18. 新加坡与丹绒槟榔：潮人的跨境妈祖信仰（［新加坡］蔡桂芳　林纬毅）

19. 会馆天后宫与妈祖文化——以马来西亚两座天后宫为例（［马来西亚］刘崇汉）

20. 天后信仰在越南湄公河流域的传播及其特点（［越南］阮玉诗）

21. 繁华、没落与再续发展：论越南北部天后宫社会功能的变迁——以兴安河天后宫为例（［越南］阮黄燕）

22. 朝鲜半岛上妈祖形象神格化的演变过程（李　东　王晓平）

23. 韩国西海岸女神信仰与妈祖信仰（［韩国］李钟周　咸翰姬）

24. 中国妈祖信仰的韩国式变化与海洋文化（［韩国］李定勋　唐　田）

25. 日本における媽祖信仰と神仏習合文化の融合——唐船祈祷文の検討（［日本］石垣明貴杞）

26. 历史与现代：清代华商的航海与妈祖信仰——在长崎旅日华侨社会中的传承与现状（［日本］松尾恒一）

27. Transpacific Ritual Migration and New Racialized Subjectivities Among Taiwanese American Mazu and Devotees（［美国］李顺化）

28. 毛里求斯南顺会馆天后宫考察（石沧金）

29. 从妈祖看中西海神信仰的价值取向和社会功能（张开城　张国玲）

30. "一带一路"上的瓷器贸易与世界文明再生产（方李莉）

31. 论妈祖文化包含海洋精神（孟建煌　张　峭）

32. 浅析21世纪海上丝绸之路建设中的妈祖文化（陈天寿）

33. 妈祖文化与海上丝绸之路研究（郑长征）

二、妈祖文化在地化研究

34. 泉港头北妈祖信仰与台北启天宫的田野调查（陈支平）

35. 福建省建阳市回龙乡马岚天后宫的形成与发展（石奕龙）

36. 妈祖信仰与社区文化的融合——以北港朝天宫为例（蔡相辉）

37. 妈祖信仰的在地化研究——以新加坡为例（［新加坡］林纬毅　曾　伟）

38. 妈祖文化在地化：马来西亚一个个案研究（［马来西亚］吴明珠）

39. 台湾地区妈祖庙现况调查与分析（张桓忠　林益德）

40. 山中传奇：台湾六龟中兴天后宫（蒋忠益　杨淑雅）

41. 天妃庙（天妃阁、天后宫）碑记与妈祖信仰在山东的流播特点——以山东志书记载为例（濮文起）

42. 从地方官庙看妈祖信仰的发展（黄晖菲）

43. 仙游贝龙宫妈祖湄洲进香调查（林祖良　郑　工　吴丽琼）

44. 妈祖与闽南本土女神信仰交互模式探析（庄小芳）

45. 福建闽西客家人与妈祖（洪少恩）

46. 妈祖信仰在闽北的传播（陈祖芬）

47. 辉煌的妈祖文化及其在内陆三明的影响（高珍华）

48. 妈祖信仰在舟山群岛传播的时间、路径和特点（倪浓水）

49. 江西省妈祖信仰的分布、传播、演变及影响（林明太 连金焰）

50. 妈祖与瓷都：伴随陶瓷贸易的信仰移植（王永健 秦 佩）

51. 妈祖信俗的地方性知识：惠东巽寮天后宫在地化研究（余 彬 雷吉来）

52. 女性在妈祖金身巡安仪式中的角色扮演（王玉冰）

53. 溹水流域妈祖文化历史发展及现状的思考（田均权 吴和平 谢志贤）

54. 妈祖信仰与四川、重庆水系保护（戴 晓 朱 兰）

55. 妈祖崇拜与天津古城发展（莫振良）

56. 天津妈祖信仰民俗化的探究（方广岭）

57. 东北地区与东北少数民族的妈祖崇拜及其历史原因（曹 萌 张次第）

58. 清代沈阳天后宫的历史使命与文化影响（王 申）

59. 妈祖文化在桓仁的形成与发展（王俊辉）

60. 以妈祖命名的城市——澳门和香港的妈祖文化（朵 拉）

61. 香港地区天后宫及其信仰的观察与思考（李栋材）

62. 台湾妈祖信仰的母体意识与祖国情节（刘台平 杨宇霞）

63. 新港奉天宫 2015 年"百年大醮"的观察与书写（黄进恭）

64. 2016 年金门妈祖信仰活动与发展（王水彰）

65. 台湾妈祖徒步进香活动的恢复与发展（林伯奇）

66. 清代台湾妈祖庙与地方社会关系——以地方社会现实问题为视角（赵庆华）

67. 妈祖信仰的标准化与在地化之探析（周丽妃 柯 力）

68. 社会关系、地域与非遗语境中的社区本质解析——以妈祖信俗为例（任 洪昌 邱怡慧 闫三曼）

三、妈祖文化传播与妈祖文化产业

69. 宗教朝圣地的文化遗产保护和经济开发——福建妈祖文化区和若干世界 宗教圣地的比较研究（[加拿大]玛 丽 李 强）

70. 在上海建妈祖文化园的历史基础与未来前景（王海冬）

71. 翻译适应选择论视角下的妈祖文化宣传资料译本分析（林伟清 徐 颖）

72. 海峡两岸妈祖宫庙英文网站之翻译比较研究——以广东、台湾的四座妈祖宫庙英文网站为例（刘雅丽）

73. 妈祖文化跨语境传播中话语建构的研究思路（刘慧钦 李丽娟）

74. 妈祖文化传播符号的发展演变（张宁宁）

75. 社会认知视角下妈祖孝女身份建构的话语分析（陈丽婉 陈昉）

76. 妈祖文化与临水夫人文化的传播方式比较分析（崔柳）

77. 台湾妈祖文化传播之研究（严文志）

78. 妈祖文化在台湾的传播与影响研究——文献资料与田野调查的视角（廖中武 吴似真）

79. 妈祖文化中的道家元素与信俗传播的社会功能（谢清果）

80. 妈祖文化与乡土教育（黄后杰 吴巍巍）

81. 民俗与区域文化之融合在妈祖文化产业中重要性研究（何建伟 韩立娟）

82. 21世纪海上丝绸之路背景下妈祖文化产业发展的意义、机遇及路径（帅志强 徐荣崇 曾伟）

83. 价值共创视角下的妈祖文化创意产品开发研究（罗丹）

84. 虚实一体化、交互式妈祖文化体验信息服务系统的设计与开发（范占领 林明太 黄洪宇 方东）

四、妈祖艺术与体育文化

85. 妈祖灵威与海上丝路的共生永存（樊洁兮）

86. 清代《天后圣母圣迹图志》版画研究（肖海明）

87. 华彩流章——妈祖题材绘画的风格解析（王佳）

88. 论油画《妈祖》的创作（赖东民 龚金玲）

89. 浅论妈祖文化及其美术传承（王金平）

90. 论仙游枫塘宫《天后显圣故事图轴》（柯立红）

91. 关于妈祖音乐研究的几点思考（陈美静）

92. 从现代舞《海祭》中的妈祖意象到海洋祭祀舞蹈（程扬）

93. 妈祖体育文化的结构与功能分析（王清生 刘青健 林立新）

94. 妈祖民俗体育文化传承基础及特征研究（林立新 王清生 刘青健）

95. 妈祖民俗体育传承体系的构建（刘华煊　刘青健）

96. 自组织理论框架下妈祖民俗体育传承（刘青健　刘华煊）

97. 高校体育中隐性教学效应对妈祖文化的推广——以莆田学院特色体育为例（吴进新）

98. 妈祖体育文化与全民健身战略研究（武　炜）

五、妈祖信仰发展史

99. 论佛教与妈祖信仰研究交互的可能性与方法（［日本］张　凯）

100. 元代妈祖信仰与蒙古族萨满教女神崇拜的历史性互动（张安巡　谢启明）

101. 妈祖信仰与福建水师——以王得禄为例（潘是辉）

102. 妈祖文化的形塑及其当代性意识（王巨川）

103. 从渔女到女神——妈祖的民间想象及其文化意义（戴冠青）

104. 从"人"到"神"的递嬗——说"关公"与"妈祖"（［新加坡］骆　明）

105. 从台中万和宫的老二妈论神明的标准化（谢贵文）

106. 海神的阶梯——妈祖海神地位确立前传（方　芳）

107. 妈祖信仰传播的主要动因浅探（许更生）

108. 元代京杭大运河的精神之魂——妈祖信俗（于国华）

六、妈祖文献资料发掘与考辨

109. 妈祖文化研究的历史、传承与发展（黄瑞国　黄　婕）

110. 《西洋记》中的天妃形象（时　平）

111. 朝鲜汉文诗文集中的妈祖史料（刘福铸）

112. 妈祖经书编撰的价值与功能（杨淑雅）

113. 明末妈祖传记《湄州海神传》考论（林东杰）

● 妈祖文化与海洋精神国际研讨会

11月1日至2日，由国家海洋局、莆田市人民政府、福建省海洋与渔业厅、中华妈祖文化交流协会联合举办的首届"妈祖文化与海洋精神"国际研讨会在湄洲岛举行。

11月1日下午，举行"妈祖文化与海洋精神"国际研讨会主论坛及开幕式。

中国侨联原主席、中华妈祖文化交流协会第二届副会长林兆枢，福建省人民政府副省长黄琪玉，国家海洋局副局长石青峰，福建省海洋与渔业厅厅长吴南翔，莆田市领导林宝金、李建辉、程强、吴桂芳、傅冬阳、沈伯麟、吴健明、俞建忠等领导出席研讨会。来自加拿大、日本、韩国、马来西亚、新加坡，中国港澳台地区以及中国社会科学院、北京大学、清华大学、中国海洋大学、厦门大学等高校的专家学者、世界各地妈祖文化机构代表等参加研讨会。吴南翔主持研讨会主论坛开幕式。石青峰、黄琪玉、李建辉、林兆枢在主论坛分别致辞。

石青峰在致辞中说，我国是海陆兼备的国家，中华民族的先民们很早就进入海洋，并在长期开发利用海洋的进程中创造了灿烂的海洋文化，妈祖文化就是其中的优秀代表。随着古代海上丝绸之路的延伸，妈祖文化也随之传播到世界各地，并逐渐成为中国人联系世界的文化纽带。近年来，妈祖文化得到政府部门、专家学者和社会公众的广泛关注与支持。作为海洋行政主管部门，国家海洋局同样肩负着弘扬妈祖文化、凝练海洋精神的使命。通过此次国际研讨会，相互分享"妈祖文化与海洋精神"的最新研究成果，让思想的火花迸发交汇，将有助于传统妈祖文化在新的历史时期展现出新的魅力，绽放出新的光彩。

围绕此次研讨会的主题，石青峰提出三点建议：一是共同研究传统妈祖文化与现代海洋精神的内在联系，为妈祖文化发展不断注入新的内涵，深度发掘妈祖文化的海洋特质，丰富海洋文化内容、创新海洋文化形式，促进中国特色海洋文化的发展与繁荣；二是共同推动妈祖文化成为国际海洋合作的新领域，着力促进妈祖文化在沿线国家和地区的传播与交流，充分发挥妈祖文化在促进民心沟通、情感相通上的独特优势；为营造和平稳定的海洋合作关系贡献力量；三是共同开展妈祖文化的宣传推广活动，联合相关部门，动员社会团体、专家学者包括海内外华人，携手开展弘扬妈祖文化系列活动。

黄琪玉在致辞中说，福建地处中国东南沿海，海洋文化源远流长。福建人民创造的海洋文化成为中国乃至世界海洋文明的重要组成部分，妈祖文化影响尤为深远。妈祖文化起于宋、成于元、兴于明、盛于清、繁荣于近现代，随着海上丝绸之路的延伸，妈祖"慈爱济世、护国佑民"的精神形象通达世界各地，妈祖信仰广泛分布于全球，成为海上丝绸之路沿线国家和地区民众共同的精神家园。同时，妈祖文化也是连接两岸同胞感情的重要纽带。此次研讨会对进一步弘扬中华海洋文明，培育民族海洋意识，提升中华海洋文明在国际上的话语权，为海洋事业发展进步提供前瞻性的理论支撑、知识支撑，都具有重要的现实意义。福建将紧紧抓住此次研讨会契机，认真吸收成果，认真吸收中外海洋文明的精华，进一步弘扬妈祖文化精神，全面加强与"海丝"沿线国家和地区在海洋产业、海洋科技、生态保护、防灾减灾、海洋管理及海上互联互通等方面的合作，加快建设"21世纪海上丝绸之路核心区"，构建全方位开放格局，促进共同繁荣，为促进世界各地产业商贸、文化交流合作作出新的更大贡献。

主论坛上，韩国顺天乡大学朴现圭教授、台湾美和科技大学吴炀和教授、中国海洋大学曲金良教授、马来西亚王子学院丁才荣教授分别作《古今岛关王庙妈祖神坛的分析》《妈祖与海洋精神》《妈祖文化在我国海洋发展历史上的功能与现代作用》《妈祖文化与海上丝绸之路》的主旨报告。

11月2日，召开"妈祖文化与海上丝绸之路""妈祖文化与海洋民俗遗产""妈祖文化与海洋生态文明"三个分论坛交流讨论。

● 世界妈祖文化论坛主旨演讲

11月2日下午，由中国社会科学院、国家海洋局、国家旅游局、国家文物局、福建省政府等共同主办的世界妈祖文化论坛主旨演讲在莆田湄洲岛举办，来自联合国教科文组织、"海丝"沿线国家的专家学者共300多人参加，第十届全国政协副主席、中华妈祖文化交流协会会长张克辉，中国侨联原主席、中华妈祖文化交流协会第二届副会长林兆枢，国家海洋局局长王宏，中国社会科学院副院长张江，福建省副省长洪捷序，福建省政协副主席杨根生等出席论坛。

论坛上，中国社会科学院副院长张江、马来西亚王子国际学院教授丁才荣、新加坡国立大学林纬毅、加拿大渥太华跨文化研究中心教授玛丽、上海海事大学海洋文化研究所所长时平、南太平洋旅游组织总干事科克、台湾美和科技大学博士吴炀和、湄洲妈祖祖庙董事长林金榜、国家海洋局第三海洋研究所所长余兴光作为特邀嘉宾围绕"传承妈祖文化、弘扬海洋精神""妈祖文化与海上丝绸之路"等议题进行了主旨演讲。

研讨会综述

●第二届妈祖文化高峰论坛——2016年国际妈祖文化学术研讨会综述

2016年10月30日—11月3日，由中国社会科学院历史研究所、莆田学院联合主办的"第二届妈祖文化高峰论坛——2016年国际妈祖文化学术研讨会"在妈祖故里莆田市举行。共有来自美国、加拿大、新加坡、韩国、日本、马来西亚、越南、印尼、法国等国家和地区的180多位学者提交了113篇论文，围绕"妈祖文化与海上丝绸之路"这一主题，就"妈祖文化与海洋文化""妈祖文化当地化""妈祖文化传播与文化产业""妈祖艺术与体育文化""妈祖信仰发展史""妈祖文献资料发掘与考辨"等议题展开研讨。

一、妈祖文化：馨香天下，根扎民间

新加坡学者蔡桂芳、林纬毅以新加坡和印尼的两间潮人天后宫探讨潮州人的跨境妈祖信仰。马来西亚王琛发提出妈祖信仰不论是在作为古代国朝祭祀的年代，或者在当前深入各国民间，都是跨民族而超国界的，流露着"缘起莆田、分香四海"的国际信仰特征。马来西亚的马来亚大学林德顺探讨妈祖信仰在"一带一路"中扮演的文化沟通角色。马来西亚学者刘崇汉以马来西亚马六甲兴安会馆天后宫及雪隆海南会馆天后宫为例，论述会馆天后宫之历史与组织、领导层角色及推展妈祖信仰文化方面之努力。越南胡志明国家大学阮玉诗探讨天后信仰在越南湄公河流域的传播及其特点。美国旧金山州立大学李顺化考察了妈祖在美国巡游的历史过程，认为妈祖是流动的跨国女神。韩国全北大学咸翰姬考察韩国西南海岸居民所崇拜的女神们的性格特征，将其与妈祖进行比较，同时以中国妈祖信仰的多种角色和功能为中心，将其与韩国的文化（文学）进行比较。日本学者石垣明贵杞通过对《唐船祈祷》的内容进行考证，来考察妈祖文化与日本神佛文化的关系与调和。日本国立历史民俗博物馆松尾恒一论述清朝长崎的华商在海上航

行时船内的妈祖祭祀以及旅居长崎期间与妈祖相关的信仰和祭祀行为，并对在现代通过将这一历史事实用于旅游开发，并在经济方面获取巨大成功的长崎华侨的活动进行考察。马来西亚拉曼大学的吴明珠分析了马来西亚半岛的适耕庄的水尾圣娘庙的历史发展状况，归纳出华人既要缅怀家乡的习俗，又要面对实际生活的现实境况，所以信仰习俗的调整是必然的，妈祖与其他神明共祀即是一个例子。台湾中台科技大学张桓忠等对台湾地区妈祖庙现况进行详细的调查与分析。中国社会科学院叶涛考察琉球王国时期天后信仰史迹，探讨天后信仰传入原因及价值。暨南大学的石沧金考察毛里求斯路易港南顺会馆天后宫的创建历史，介绍南顺会馆天后宫的设置以及天后宫举行的主要活动。中国艺术研究院的王永健从景德镇的天后宫分析了信仰移植是伴随着移民、贸易等，都会产生民间信仰从一地移植到另一地的情况，探讨了妈祖信仰与陶瓷贸易的关系等。莆田学院陈祖芬、林明太以及天津社会科学院濮文起、浙江海洋大学倪浓水等众多学者对妈祖文化在大陆各地的传播也进行了深入的分析。

二、妈祖精神：光耀人间，服务当代

与会作者对妈祖文化的精神及对当代社会经济等的意义与作用，做了深入的探讨。中国社会科学院历史所所长卜宪群指出：加强妈祖文化研究有利于推进国家治理，有利于"一带一路"倡议，有利于增强两岸民众的情感的纽带。王震中学部委员认为，妈祖文化有三大功能，其一是传承中华优秀传统文化，与社会主义核心价值观相承接；其二是海峡两岸"文化认同"与"民族认同"；其三是担当海上丝绸之路的和平文化使者，传播中国"新海洋文明观"，认为21世纪海上丝绸之路的建设与我国"新海洋文明观"的宣传应该同步进行。林永匡指出：弘扬妈祖精神是建设强国的不可或缺的精神动力源之一。广东海洋大学张开城认为，妈祖文化本质上是一种和平文化、友善文化、慈爱文化、利他文化，是建构新道德体系的重要文化资源，有助于构建一种既符合时代精神又能合理继承传统美德精华的道德体系，从而有助于社会主义和谐社会建设目标的实现。厦门海洋学院的陈天寿认为，要将妈祖具有的博爱、扶贫济弱、勇敢无畏、不屈不挠的精神和承欢尽孝的传统发扬光大。台湾空中大学的蔡相辉认为妈祖信仰具有信仰功能、社区整合功能、经济发展功能、社会教化功能。厦门大学谢清果认为妈祖文化是增强中华文化软实力的路径，是彰显中国文化软实力的名片，可以凝聚两岸同胞与全球华人的民族认同感，文化认同感。

妈祖文化与海上丝绸之路的关系也引起国外学者的高度重视。马来亚大学的林德顺认为妈祖信仰作为提倡慈悲救世和普及关怀的精神价值主体，在"一带一路"的倡议中，可以扮演与在地文化的精神价值对话的角色，可为"海丝"所需要的"民心相通"带来正面的贡献。广东惠州学院结合惠东天后宫的在地化研究，认为妈祖文化是21世纪海上丝绸之路的文化内核。吉林省艺术研究院于国华从妈祖是元代京杭大运河的精神之魂的历史史迹中认为，在倡议"一带一路"时不要忽视妈祖文化的特殊作用。福建师大林国平分析海神与海上丝绸之路的共生关系，认为没有妈祖信仰就没有海上丝绸之路的延续与繁荣。同济大学的夏立平认为妈祖文化是中华民族海洋文化的精华，是两岸命运共同体的桥梁之一，是构建东亚海洋共同体的重要精神纽带，可以推动21世纪海上丝绸之路形成区域共同价值观，将在推进21世纪海上丝绸之路建设中发挥重要作用。

三、多彩妈祖：艺体争艳，绚丽缤纷

一些学者从艺术角度对妈祖文化进行研究。广东博物馆肖海明对清代《天后圣母圣迹图志》三个版系版画的传承、内容、艺术水平、刊刻目的等问题进行探讨。台湾舞蹈家樊洁兮创作并领衔演绎《妈祖林默娘舞剧》，以舞蹈的语言演绎了妈祖与海上丝绸之路的关系。北京华夏神家书画院的王金平就如何利用美术的独特功用来传承与传播妈祖优秀传统文化提出有益的建议。莆田学院陈美静对当前的妈祖音乐研究进行反思，并对"海丝"背景下的妈祖音乐发展提出了建议，王清生对妈祖体育文化的结构与功能进行研究，考查妈祖民俗体育传承基础及文化特征。

四、妈祖史料：文化宝藏，亟待开发

莆田学院刘福铸考证高丽——朝鲜朝汉文诗文集中妈祖史料的作者及载籍，对诗文集中的妈祖史料体裁进行分类，探讨朝鲜汉文诗文集中妈祖史料的价值。上海海事大学时平考察《西洋记》小说，认为该作品表现了明末民间社会在三教圆融格局下的天妃形象。台湾高雄海洋科技大学杨淑雅以四本妈祖经书作为基本材料，分析妈祖经书编撰的特色、了解编撰者撰写的目的，探讨唱诵经文的功能与影响力。厦门大学林东杰比较明代池显方所著妈祖传记《湄州海神传》与其他文献记载的异同。

五、薪火相传：多管齐下，手段新颖

与会学者针对妈祖文化传播展开讨论。厦门大学谢清果提出大力促进妈祖文化传播是增强文化话语权、文化软实力的有效路径。莆田学院刘慧钦等建议结合"海丝"之路沿线国家的文化特征和人民思维习惯，建构妈祖文化跨语境话语体系，从而实现妈祖文化在海外的有效传播。福建省委党校廖中武对妈祖文化在台湾的传播路径与效应进行研究。

一些学者探讨如何将现代网络技术与妈祖文化相结合。范占领、林明太基于妈祖文化特别是妈祖宫庙数字化结果，对妈祖文化虚实一体化、交互式的文化体验信息服务系统进行设计并完成开发工作。

莆田学院程元郎则用邮品诠释了妈祖的传说与故事；帅志强针对 21 世纪海上丝绸之路背景下妈祖文化产业发展的意义、机遇及路径进行探；罗丹从价值共创的角度分析妈祖文化创意产品的开发。加拿大华裔画家赖东民创作了《妈祖》油画，用美术理论与实践创造具有时代感的妈祖艺术形象。

六、发展愿景：活态文化，多维发展

妈祖文化历久弥新，在当今时代，如何客观、深入地认识妈祖文化的当代价值，推动实现多维的创造性发展这些问题引起了与会学者的深度思考。

中国艺术研究院王巨川认为，妈祖文化在形成及发展历史中作为一种民间与官方共同构建而成的文化形态，如何发挥当代性价值，以什么样的姿态参与当代文化中，都是当前妈祖文化研究的重点问题。莆田学院黄瑞国认为，妈祖文化源于莆田，属于中国，源于"海丝"，属于世界。妈祖学当属世界，因之为全面传承与弘扬妈祖文化，应从科学化、理论化、学科化、时代化、国际化五个方面努力。

感悟传统，启迪未来。妈祖文化所展现的内涵与精神可以成为当今构造人类共同价值观提供理论与实践的文化支撑，可以造福于人类社会，可成为中华文化走出国门的最好借鉴，也必将成为助推 21 世纪海上丝绸之路发展的巨大正能量。这是与会中外学者的广泛共识。

（执笔：黄瑞国）

会议工作报告

●杨文健会长在连江县妈祖文化研究会 2015 年年会上作的年会报告

2016 年 1 月 14 日，连江县妈祖文化研究会在仙塔大酒店召开 2015 年年会。出席年会的有连江县委统战部副部长欧阳雪莲、县委宣传部副部长林为耿、县文联主席郑兴顺，连江县各宫庙负责人、妈祖文化研究会、妈祖诗文艺术专业委员会等 130 多人。杨文健会长在会上作了主旨为"弘扬妈祖精神构建共同精神家园"的年会报告。会议由连江县妈祖文化研究会副秘书长陈信皋主持。

杨文健在报告中说，过去的一年对我们的国家和人民来说是不平凡的一年，在以习近平同志为核心的党中央正确领导下，团结全国各国人民战胜困难和挑战，为实现中华民族伟大复兴的中国梦付出了巨大的努力。

2015 年我们妈祖文化研究会，在省市县各级领导的关怀和中共连江县委台办的直接领导下，认真贯彻落实党的十八届以来的全会精神，遵照习近平关于"既是乡土文化之一，也是重要旅游资源的妈祖文化，是凝聚两岸同胞的一条纽带，要充分发挥其在促进两岸交流合作中的重要作用"的重要指示，紧紧围绕"用妈祖文化弘扬妈祖精神，用妈祖精神传播妈祖文化"这个宗旨，按照《章程》积极组织引导各妈祖宫庙、信众，有效地传播妈祖文化、开展妈祖宫庙间联谊交流以扩大影响。为了深入研究妈祖信俗、妈祖文化做了大量的卓有成效的工作。

一是组织人员深入省内外妈祖宫庙实地采集图文信息；

二是编发《连江妈祖》会刊；

三是编辑《闽台妈祖宫庙大观》《闽台妈祖诗文集》；

四是被评上了 4A 级社团；

五是 2015 年 10 月 7 日至 11 月 10 日访问美国并于美国妈祖基金会结盟实现了妈祖文化国际大交流。在世界杨氏联谊总会会长、美中贸易科技促进会主席杨功德设的欢迎晚宴上，与联合国参赞、美国香港大律师以及美国中国书法家协会主席李兆银、国际海峡文化交流总会主席杨银官，美国妈祖基金会董事长朱荣斌、美国中国连江妈祖协会主席曾文兰等畅叙乡谊，畅谈妈祖立德行善大爱。

六是于 2015 年 12 月 23 日组团（39 人）乘安麒 2 号客轮于黄岐首航马祖岛。黄岐—马祖首航开创了连江与马祖乃至海峡两岸关系新的里程碑！

新的一年里，我们将一如既往、团结一心、坚定信念，坚持"用妈祖文化弘扬妈祖精神，用妈祖精神传播妈祖文化"，发挥区位优势用好用足妈祖官庙这一平台，开创妈祖文化研究新局面！

●连江县领导在 2016 中国·连江妈祖文化交流大会致辞

尊敬的各位领导、各位来宾，各位妈祖信众：

大家好！今天，我们欢聚在美丽的连江，隆重举行妈祖文化交流大会暨连江妈祖文化研究会成立二十周年华诞纪念。在此，我谨代表连江县委、县政府，向举办妈祖文化交流大会的县妈祖文化研究会表示热烈的祝贺！向来自海峡两岸的来宾、信众，致以真诚的问候和欢迎！

"妈祖信俗"是我国第一个信俗类世界遗产，国家"十三五"规划纲要纳入了"发挥妈祖文化等民间文化的积极作用"的内容，妈祖文化交流大会的举办、研究会二十周年成立纪念、《闽台妈祖官庙大观》《闽台妈祖诗文集》的首发，都将促进海外和两岸的交流合作，有利于推进我县妈祖文化研究再上新台阶。妈祖信仰的传播离不开海洋文明，而妈祖是实现海洋文明的先驱，正如李克强总理所说"妈祖文化包括海洋文明"，是中华民族优秀传统文化的重要组成部分，是真的体现、善的化身、美的象征、和的愿景，是中华民族传统文化中的瑰宝。妈祖文化已经成为联络海峡两岸同胞感情的重要纽带，是两岸超越意识形态、超越时空界限的本源；是维系两岸同胞深情厚谊的精神纽带；是两地经贸文化交流合作的重要推动因素。共同的妈祖信仰文化已经超越了地域范围和族群界限，成为海峡两岸交流合作的一道靓丽风景线。这些年来，我们欣喜地看到，每年总有数十万台湾信众回乡朝拜，共同祈福两岸和平繁荣。我想，这就是"中华妈祖情，两岸一家亲"的真实写照。

二十年来，连江县妈祖文化研究会充分发挥地域优势和政策优势，勇于实践，扎实工作，不断在研究妈祖文化、促进两岸经济文化交流等方面取得新的成果，为促进两岸妈祖文化的繁荣发展做了多方面的工作，充分发挥着极为重要的桥梁纽带作用。本次庆典活动，以弘扬妈祖精神，现"非遗"风貌，推进两岸交流为福祉，为两岸文化机构和妈祖信众提供了深化交流、加强沟通的平台，增强了两岸同胞传承和弘扬中华民族优秀传统文化的责任感和使命感，表达了两岸同胞交流合作、和平发展的心声和愿望，突显了两岸共同的人文优势和美好追求。

世界妈祖同一人，天下信众共一家。"有海水的地方就有华人，有华人的地方就有妈祖。"自古以来，我们连江县与台湾隔海相望，一衣带水，两地有着地缘相近、血缘相亲、文缘相承、商缘相连、法缘相循的"五缘"关系。我们相信，通过妈祖文化的传承，妈祖精神的传播，海峡两岸同胞之间的乡情、亲情和友情的凝聚，一定能够充分发挥妈祖文化连接海内外炎黄子孙感情的纽带作用。我们真诚地希望通过此次妈祖文化交流活动，展现妈祖文化风采，进一步深化闽台交流扩大合作，两岸同胞同唱妈祖之歌、共叙妈祖情缘，共话和平愿景，共祈海峡平安。

最后，我衷心祝愿此次妈祖文化交流活动圆满成功！祝愿连江县妈祖文化研究会继续更好地为发展妈祖文化交流事业添光加彩！祝愿中华大地风调雨顺、国泰民安！祝愿各位嘉宾、信众，平安健康、吉祥如意！谢谢！

●关金花会长在澳门妈祖文化交流协会成立三周年庆祝晚会上的致辞

尊敬的各位领导、各位朋友同仁们：

大家好！

今日，是我们妈祖文化交流协会成立三周年恭拜妈祖仪式，以及在这里举行庆祝协会成立三周年晚会，我代表本会对到场的各位领导朋友同仁们表示衷心的感谢。

现在我来总结一下，我们神州妈祖文化交流协会这三年来所做的活动。

2013 年 8 月 27 日，神州妈祖文化交流协会在万豪轩酒楼举办理监事就职典礼。

2013 年农历九月初九，本会参加恭拜妈祖升天活动（400 人）。

2013 年 10 月 29 日，我会主办胡宗元诗书画作品展。

2013 年 12 月 10 日，参加澳门公益金百万行活动。

2013 年 12 月 20 日，参加民众建澳联盟庆祝澳门回归祖国十四周年活动。

2014 年 3 月 8 日，参加澳门妇女联合总会活动。

2014 年农历 3 月 23 日，参加妈阁庙恭拜妈祖宝诞活动。

2014 年 4 月 5 日，参加台湾大甲镇澜宫绕境恭拜妈祖活动。

2014 年 8 月 27 日，在澳门美居大酒楼举办庆祝中华人民共和国成立六十四周年及本会成立一周年晚会。

2014 年 8 月 30 日，参加大连世界奇绝文化博览会。

2014 年 9 月 6 日，参加世界闽南文化节活动。

2014 年 9 月 27 日，参加北京首届"两岸情宝岛台湾民俗文化灯会"。

2014 年 10 月 2 日，参加恭拜妈祖升天活动。

2014 年 12 月 14 日，参加澳门公益金百万行活动。

2014 年 12 月 20 日，参加民众建澳联盟庆祝澳门回归 15 周年和中国梦全国名家书法艺术大展活动。

2015 年 3 月 8 日，参加澳门妇女联合总会活动。

2015 年 4 月 11 日（农历三月十三），参加妈阁庙恭拜妈祖宝诞活动。

2015 年 6 月 8 日，台湾新港奉天宫何董事长带领人员来澳门拜访本会，在美居大酒楼共进晚宴。

2015 年 8 月 3 日，参加西安世界奇绝文化博览会。

2015 年 8 月 27 日，在澳门美居大酒楼庆祝中华人民共和国成立六十五周年和本会成立两周年。

2015 年 10 月 2 日（九月初九），参加恭拜妈祖升天活动（400 人）。

2015 年 12 月 10 日，参加澳门公益金百万行活动。

2015 年 12 月 27 日，参加台湾新港奉天宫百年大醮恭拜妈祖活动。

2016 年 3 月 16 日，莆田湄洲妈祖祖庙林金榜董事长带领人员拜访本会。

2016 年 4 月 29 日（九月初九），参加莆田湄洲妈祖祖庙恭拜妈祖活动。

2016 年 4 月 29 日，参加妈阁庙恭拜妈祖宝诞活动晚宴。

2016 年 7 月 5 日，参加上海非物质文化遗产交流博览会活动。

2016 年 8 月 27 日，在澳门美居大酒楼庆祝本会成立三周年活动。

这三年来，我们的所作所为得到了社会的认同，我们所取得的成绩得到社会的认可。

最后：我衷心地感谢各位热爱妈祖协会，谢谢大家的付出和支持，在此说声大家辛苦啦！为进一步地弘扬妈祖精神传承妈祖文化而继续努力吧！加油！

祈求妈祖娘娘保佑全天下黎民百姓风调雨顺，国泰民安，身体健康，财源广进，事事如意！我们深信妈祖文化一定会更加发扬光大。

谢谢大家！

●长岛县妈祖文化交流协会召开 2016 年年会

9 月 24 日下午，长岛县妈祖文化交流协会在怡景轩会议大厅召开 2016 年年会暨第一届理事会第四次会议，大会审议通过增补理事、副会长、副会长单位名单，听取了赵琳琳所作的监事会报告，袁旭所作的年会工作报告。

自 2015 年年底以来，由协会主导的对台交流 4 次，其中赴台交流 1 次，接待 3 批次近 60 人台湾宫庙来岛参访团，与北港朝天宫、桃园慈护宫、新北市板桥镇圣宫、新北市板桥圣昭妈祖会、北港圣天宫、基隆庆安宫、台北景福宫、木栅关帝庙等台湾宫庙加强了联谊交流，达成了互访、分灵、安座等文化交流共识。先后参加了中华妈祖文化交流协会常务理事会议、第八届天津妈祖文化节，接待中华妈祖文化交流协会、《中华妈祖》杂志社、澳门神州妈祖文化交流协会等来岛参访团，朋友圈不断扩大。

通过恢复显应宫中断六百多年的割火、会香活动，参与和组织举办显应宫元宵庙会、妈祖春祭典礼，盂兰盆节显应宫平安祈福法会、秋祭大典、各乡镇宫庙妈祖绕境祈福活动等系列节庆活动，展示了长岛独特的妈祖文化积淀。

充分发挥协会学术与人才优势，通过参与妈祖文化与旅游融合发展专题调研、参与编撰《长岛文化通览》、整理出版《耕耘与收获》妈祖图册集、创作《妈祖颂》吕剧音乐组曲、编写《妈祖故事》等形式，不断拓展妈祖文化研究深度。组织妈祖义工，坚持行善立德，开展了"汇聚爱心 心系山区"为贵州省六盘水市山区孩子捐赠衣物的活动，参与了维护显应宫元宵庙会秩序志愿服务活动，感恩生活，温暖人心，为构建和谐社会发挥积极作用。

今后长岛县妈祖文化交流协会将以"发挥妈祖文化等民间文化的积极作用"纳入国家"十三五"规划纲要为契机，把握妈祖文化发展的黄金期，拓宽新视野，凝聚新思路，找准新起点，团结协作，积极作为，为传承中华美德、促进两岸交流、构建和谐社会发挥更加积极的作用。

● 中华妈祖文化交流协会第三届会员大会

10月31日，中华妈祖文化交流协会第三届会员大会在妈祖故乡湄洲岛湄洲国际大酒店召开。十届全国政协副主席、中华妈祖交流协会会长张克辉，十一届全国政协常委、中国侨联原主席、中华妈祖文化交流协会副会长林兆枢，莆田市人大常委会原主任、中华妈祖文化交流协会常务副会长林国良、中共莆田市委书记林保金、莆田市政协副主席俞建忠及海内外八百多名妈祖文化机构代表出席会议。会议由中华妈祖文化交流协会常务副会长林国良主持，莆田市委书记林宝金在大会上致辞说，"世界妈祖同一人，天下信众一家亲"。中华妈祖文化交流协会作为海内外妈祖文化机构和妈祖信众联谊交流的重要桥梁，多年来，在张克辉会长的带领下，始终坚持妈祖文化的自信与自觉，注重妈祖文化的传承与保护，推动了妈祖信俗的成功申遗，扩大了妈祖文化的联谊交流，促进了妈祖文化在海内外的广泛传播；主动服务两岸和平发展大局，推动两岸民间交往，不断增进两岸本源认同；服务"一带一路"倡议，为莆田联合申报"海丝"世界文化遗产、促进莆田与海丝沿线国家和地区的民心相通发挥了积极作用。这些成绩的取得，离不开在座领导、各位会员的共同努力。对此，他代表市委、市政府，对张克辉会长的亲力亲为、辛勤付出，表示衷心的感谢；对各位副会长的一心为公、各负其责，表示衷心感谢。特别是对林兆枢、林国良两位副会长的兢兢业业、无私奉献，表示衷心的感谢。对各会员单位的信任支持、积极贡献，表示衷心的感谢。莆田市第七次党代会提出了"坚持绿色发展，打造宜居港城、建设美丽莆田，创建美丽中国的示范区"的奋斗目标，站在新的发展起点上，莆田将深入实施"一带一路"倡议，主动融入"21世纪海上丝绸之路核心区"建设，进一步发挥妈祖文化优势，加快建设世界妈祖文化论坛永久会址，为世界妈祖文化和海洋文化交流，促进海洋经济发展和国际合作搭建平台。我们坚信，新一届中华妈祖文化交流协会必将进一步挖掘妈祖文化内涵，弘扬妈祖精神，扩大妈祖文化影响力，也必将为服务祖国统一大业，促进海上丝绸之路沿线深度融合、共同发展作出新的更大的贡献。

湄洲妈祖祖庙董事长、中华妈祖文化交流协会副会长兼秘书长林金榜宣读《中华妈祖文化交流协会章程》修改说明。第三届会员大会全体与会会员一致举手赞成通过。

受张克辉会长委托，林兆枢作协会第二届理事会工作报告及协会2017—2021年工作建议。他表示："七年来，协会把联谊交流作为工作重点，牵线搭桥，深化交流，壮大联谊朋友圈，持续打造交流品牌；积极组织、联系海内外妈祖文化专家学者，通过举办学术论坛、开展专题调研、出版学术专著等形式来挖掘内涵，提炼精义，积累学术新成果；致力构筑平面媒介与网络媒体优势互补，拓宽渠道，多措并举，扩大宣传覆盖面；通过开展各种慈善公益活动，培育良善，弘扬大爱，倡导争当妈祖人；规范管理，热诚服务，健全规章制度，民主办会，服务兴会，提升协会影响力。"

张克辉说，完全赞同兆枢同志所作的工作报告。协会第二届工作成绩来之不易，这是全体会员共同努力的结果，非常感谢大家。希望协会今后的工作，要按照"发挥妈祖文化的积极作用，开创人文交流合作新局面"的基本思路，为"一带一路"倡议服务，为两岸关系和平发展服务，为经济社会发展服务。

会议选举产生了协会第三届会长、副会长、秘书长等。第三届中华妈祖文化交流协会会员总数716名，理事299名，常务理事98名。张克辉当选为新一届协会会长。聘请袁锦贵、新加坡金鹰国际集团董事局主席陈江和为协会名誉会长。俞建忠、蔡长奎、赵柳成、林金榜、颜清标、蔡咏锝、张伟东、何达煌、曾吉连、许晓晖当选为副会长。林金榜兼任协会秘书长。

袁锦贵说，中华妈祖文化交流协会自成立以来，在张克辉会长的带领和各位理事会员的共同努力下，深入开展交流联谊、学术研究、遗产保护、慈善救助、信众服务等各项工作，成效明显，成绩突出。特别是充分发挥妈祖文化连结两岸同胞感情的纽带作用，致力推动两岸民间文化深入交流，为促进两岸关系和平发展作出了积极贡献。协会新一届领导机构顺利产生了，相信有德高望重的张克辉会长继续举旗，有莆田市委、市政府的高度重视，有各位理事会员的精诚协作，有社会各界的大力支持，海内外妈祖文化交流必将越来越广阔，中华妈祖文化交流协会必将发挥越来越重要的作用。

●《世界妈祖文化论坛湄洲倡议》

10月31日至11月2日，世界妈祖文化论坛在福建省莆田湄洲岛举行。来自19个国家和地区、89个政府机构和社会组织的代表们经过讨论交流，形成共识，联合发表了《世界妈祖文化论坛湄洲倡议》。全文如下：

2016年10月31日至11月2日，来自19个国家和地区89个政府机构、学术单位和社会组织的300多名中外代表，在福建省莆田市湄洲岛出席由中国社会科学院、国家海洋局、国家旅游局、国家文物局和福建省人民政府共同主办的世界妈祖文化论坛。本次论坛围绕"妈祖文化 海丝精神 人文交流"这一主题进行了广泛深入交流。会议达成广泛共识，取得圆满成功。

我们认为，妈祖文化源于社会生活本身，是人们思想观念、风俗习惯、生活方式、情感样式的集中体现，超越了时间、空间、民族的界限，承载着人类普遍的价值追求和共同的情感纽带，也承载着当今世界发展所需的精神内核。

我们认为，六百年前郑和七下西洋，向海外带去妈祖的信仰之力、文化之源、和平之音。今天，"立德、行善、大爱"的妈祖精神内涵和"平安、和谐、包容"的妈祖文化特征，与"和平之海、合作之海、和谐之海"的中国海洋观相互映照，成为21世纪海上丝绸之路建设民心相通的维系纽带。

我们倡议，为维护世界文化的多样性，按照联合国教科文组织第三十二届会议通过的《保护非物质文化遗产公约》要求，处理好继承和发展的关系，重点做好创造性转化和创新性发展，加大对妈祖文化物质类和非物质类文献资料的收集、整理，促进技艺的传承和继承。做好妈祖文化的学术研究，理清妈祖文化传承的历史脉络。按照时代特点和要求，赋予妈祖文化新的历史内涵和现代表达形式，创立全球妈祖文化传播体系，建设妈祖信俗非遗传承、展示、教育区。在妈祖信俗集中区域，建立国家级妈祖文化生态保护区。

我们倡议，各机构和团体积极践行妈祖精神和弘扬妈祖文化，向社会传达"立德、行善、大爱"的价值理念。不断推进妈祖文化载体和传播方式的创新，实现活动品牌化、形式多样化、交流常态化、内容多元化，搭好不同国家和地区之间人文交流的平台。开展一次全球妈祖文化普查，举办"妈祖下南洋，重走海丝路""天下妈祖回娘家"等活动，推动民心交融，增进彼此信任和文化认同。

我们倡议，在湄洲岛设立"世界妈祖文化论坛"永久会址，每年联合一个海洋国家的有关机构和团体，召开一次主题论坛，以进一步凝聚华侨华人血脉认同、推动中外族群的和平对话、合理开发利用海洋资源、促进海洋经济发展和海洋生态保护，努力把世界妈祖文化论坛办成具有重要影响力的综合性文化论坛。

世界妈祖文化论坛组委会
2016 年 11 月 2 日于中国湄洲岛

● 湄洲妈祖祖庙董事会 2016 年工作总结（节选）

2016 年，湄洲妈祖祖庙全体员工，以立责明责，担责尽责的工作态度，践行妈祖立德、行善、大爱的精神。2016 年是妈祖文化的再提升之年，文明创建的再推进之年，全体员工的再进取之年。"发挥妈祖文化等民间文化的积极作用"，首次写入国家"十三五"规划纲要，妈祖文化作为民间文化的代表，在国家层面得到全新定位；湄洲妈祖祖庙入选中国"海上丝绸之路·中国史迹"申报世界文化遗产首批文物点；"妈祖信俗"入选《世界人类非物质文化遗产代表名录》的首个《履约报告》，经由祖庙董事会主导撰写，顺利通过各级审定，提交联合国教科文组织；11 月 1 日，世界妈祖文化论坛的召开，又为 2016 年的妈祖文化建设画上了圆满的句号。

2016年，祖庙全体员工，努力发扬主人翁精神，不断开拓进取，不断抓好落实，不断推进工作。爱岗敬业，敬庙敬神。致力于建设世界3亿信众的精神家园，确保春祭、秋祭和海祭顺利举行；致力于加强两岸交流，启航"海丝"申遗，推动妈祖分灵，助力文化再创，弘扬妈祖精神；致力于慈善事业，民生公益，奖教助学，帮扶弱势，不断扩大慈善受益面。评选出3个先进集体，65名先进个人和17名文明服务工作者，促进祖庙各项建设事业再上新台阶。

一、妈祖论坛，引领文化助力"海丝"

2016年，是妈祖文化事业全面提升之年。国家文物局海丝"申遗"确定祖庙为莆田市唯一文物点，申遗工作全面启动；11月初召开的世界妈祖文化论坛暨第十八届中国·湄洲妈祖文化旅游节，再次把妈祖文化提升到前所未有的高度。

世界妈祖文化论坛是一次规格高、范围广、影响大的国际性会议，来自19个国家和地区的89个机构和社会组织的三百多名代表汇聚湄洲岛，参加由中国社会科学院、国家海洋局、国家旅游局、国家文物局和福建省人民政府共同举办的世界妈祖文化论坛。论坛围绕"妈祖文化，海丝精神"等主题，全面肯定妈祖文化的历史地位、国家层面的文化定位，全面认定湄洲岛作为妈祖出生地、羽化升天地和文化发祥地的历史事实，再次向海内外传递妈祖的信仰之力，文化之源，交流之愿，包容之情。

本次大会发布了《世界妈祖论坛湄洲倡议》，达成了多项文化共识，提出了"妈祖下南洋，重走海丝路"，按照联合国《保护非物质文化遗产公约》精神，建立国家级妈祖文化生态保护区和建设"世界妈祖文化论坛"永久性会址等重大建议，这对于进一步传播妈祖文化，弘扬妈祖精神，全面提升妈祖文化的品牌品位，具有重大的现实意义和划时代的历史意义。

湄洲妈祖董事会作为大会的协办单位，始终本着服从大局、服务大会、提前介入、主动作为的精神，带领全体员工尽力尽责，任心任劳，全力支持大会工作：一是主动担当，提供组织支持。二是全员上岗，提供人力支持。三是秋祭大典，提供文化支持。四是后勤服务，提供保障支持。

二、倡导文明，推进"双创"传递新风

2016年，庙区认真落实创建全国文明城市工作的各项举措，努力推动创建全国文明城市工作向规范化、常态化方向发展。以做"妈祖故乡文明人"为主题，立责知责，担责尽责，树立庙区新形象；结合创建5A景区，努力克服不足，奋发作为，推动创建全国文明城市、创建文明单位各项举措的落实，不断提升"双创"水平和质量，充分发挥全国文明单位的示范带头作用。

一年来，庙区以全国文明示范单位为标杆，充分发挥妈祖志愿者、环卫工作者、文化专业人才的主力作用，在祖庙员工中组建以"湄洲女"为特色的百名文明服务队，作为建设文明景区、生态景区、人文景区的基础队伍，努力提升创建全国文明城市工作的服务水平和服务能力，积极开展做"妈祖故乡文明人"活动，落实责任，强化培训，提升素质。

三、创意创新，展现传统文化活力

不断优化文化资源配置，推动文化创新创意，是时代赋予传统文化的历史职责。2016年，妈祖文化在现实与历史的互动中，又取得新的成果。4月29日（农历三月廿三），祖庙以纪念妈祖诞辰1056周年活动为契机，以提升文化品位为目标，邀请海内外宫庙代表、各地香客四万多人，以"同谒妈祖，共佑海丝"为主题，让妈祖香火，世代传承，佑护"海丝"，为传统文化增添新元素，注入新活力。岛内外宫庙互动频繁，信众往来日益增多。

2016年，妈祖文化宣传工作不断加强。新闻报道工作取得新成果，由祖庙通讯员采写的新闻报道，在国家、省、市等报刊刊发两百多条，各类照片两百多幅。与《湄洲日报》合作开辟"妈祖专版"，与莆田学院达成合作协议，共同开展妈祖文化研究，编写《妈祖文化研究丛书》《妈祖文化年鉴》。祖庙还以中央电视台、莆田电视台、新浪网、新华网、凤凰网、中华网和移动互联网为宣传平台，开辟妈祖文化专题、专栏，报道祖庙妈祖文化活动，特别是祖庙的新浪微博单条点击率达十万多次。同时组织专家编写出版《湄洲是妈祖诞生地文献史料汇编》。

四、内外交流，持续凝聚文化认同

2016年，以两岸交流为重点，妈祖文化交流始终络绎不绝，从不间断。以交流常态化、便利化为特点的两岸交流通道不断拓展。来自台湾及海外的进香团达1600多个团队，20多万人次。祖庙按照"小分队，多批次，分区域"的对台交流思路，组织本岛信众代表，分五批次前往台北、高雄、台中、台南、屏东等市，拜访 200 多个妈祖宫庙，参与当地的妈祖庆典，巡安等文化活动，进一步促进往来，增进互动，加强联谊，深化"两岸一家亲，两地妈祖情"，使血缘、亲缘、妈祖缘成为民心相通的文化认同。

在两岸妈祖文化交流实行常态化、便利化的同时，岛内外、境内外的文化交流也在紧锣密鼓地进行。2016 年，以沿海省份，沿岸地区为重点的妈祖宫庙交流持续增加，特别是来自广东、浙江、江苏等省市的香客，均以团体形式前往祖庙参访朝拜。为了方便香客，祖庙在顺济殿、山门、观音殿，新增点灯区，为香客提供朝拜祈愿新场所。

海外交流活动进一步活跃，特别是"海丝"沿岸国家的文化交流得到加强。"海丝"沿线国家的团队大幅增加，包括马来西亚、新加坡、越南以及美国、韩国、日本等国家的妈祖信众团队达 100 多个近 3000 人。

随着妈祖文化影响力的不断扩大，尤其是妈祖文化交流活动的深化，宫庙互动明显增多，信众来往持续跟进，宫庙的开光、庆典活动逐年上升。妈祖分灵，作为传播妈祖文化的一个新亮点，得到民间的普遍回应。去年从祖庙分灵海内外的妈祖达 600 余尊，比前年增长 30%，新增苏里南、意大利等国家，使妈祖分灵的国家和地区增至 35 个。

五、拆建并举，景区建设再上台阶

庙区建设按照"拆建并举，改造提升"的建设思路，严格控制投资规模，不断完善管理制度，确保年度基建工作目标有绩有效。实施建设"海丝"申遗环境整治工程、莆田会馆室内装修工程、祈福大酒店整修工程、祖庙景区提升工程等7 个重点工程，总投资 6000 多万元。

祖庙作为"海丝"申遗·中国史迹世界文化遗产首批文物点，正按国家有关部门的要求做好规划实施和环境整治，预计总投入 4000 多万元，2016 年完成投入近 2000 万元，包括思乡山庄 B 幢改建、香客山庄 B 幢改建、慈佑山庄改建、原员工食堂改造、升天亭拆除等 7 个整治项目。

莆田会馆总投入 2000 多万元。会馆划分为妈祖文创产品展销厅、妈祖文化展示厅、妈祖大学堂、妈祖行宫，集会议、接待、联谊交流等八个功能区，装修设计合理，布局优化，简朴大气且颇具古建筑风貌，成为"文化进城，城乡互动"的一大标志性工程。

祖庙景区提升工程，包括观音殿两侧偏殿改造、西轴线山门底层改造、砗磲妈祖像及配套、祈福殿和展览馆台陛板及栏杆改造等4个项目。目前，两个项目正在抓紧施工，力争在2017年6月份前全部完成。天妃安置房工程完成扫尾工作，新宫管理房、大戏台建设等配套工程已交付使用。

4个重点项目，特别是祈福大酒店重修工程，重点突出朝拜主题理念，增设中央空调系统，外立面整体重修上漆，在今年上半年已投入使用。其他基建项目、配套项目，按"海丝"文物保护专家的规划设计要求，在2017年上半年全面完成。

六、慈心施善，立奖兴学关爱弱势

弘扬慈善精神，发展慈善事业，是践行妈祖文化核心价值观的主题内容之一。2016年，祖庙董事会继续本着"量力而行，量入为出，岛内为主，岛外为辅"的原则，继续认真落实各项慈善举措，今年投入慈善专项基金610万元。

慈怀施仁爱，滴水见阳光。这一年，我们以尊师重教，立奖兴学为起点，向一线教师、莘莘学子传递问候，传递爱心。全年颁发奖教助学金260多万元；这一年，我们以慈善惠民，孝敬先辈为重点，分别为岛上70岁以上2380位老龄人，发放春节慰问金211万元多，并为全岛60岁以上计5300位老人，交缴新农合医保金及意外人身保险金90多万元。同时，努力践行守望相助，疾病相扶，善心善行，善事善办的要求，为111户困难家庭春节送温暖，发放款物18万元；关爱未成年71人，发放困难补助56000元；救助病困户、援孤救灾、补助敬老院26万元，共610多万元，进一步推动慈善事业的发展。

●莆田学院妈祖文化研究院2016年工作总结及下一年工作计划

在校领导的关心和支持下，2016年以来，妈祖文化研究院顺利开展了一系列工作，取得了一些成果，现将本年工作情况及下一年工作计划汇报如下：

一、工作成绩

（一）科研创新方面

1. 在人民出版社出版了《妈祖文化年鉴（2013）》。

《妈祖文化年鉴（2013）》的出版，意义非凡，是第一部有关妈祖文化资料的工具书，有助于妈祖文化学者专家系统地了解2013年妈祖文化的发展动态，为把研究院建设成为世界妈祖文化研究高地打下坚实基础。

2. 在中国文史出版社出版了《妈祖学刊》第6期、《妈祖与海洋文化》《妈祖民俗体育实证研究》《邮说妈祖》。

《妈祖学刊》是研究院创办的学术期刊，前5期是内部刊号，第6期于2016年在中国文史出版社出版发行。《妈祖与海洋文化》的出版有助于进一步推动中国海洋文化史研究，促进21世纪海上丝绸之路的建设与发展。《妈祖民俗体育实证研究》是研究院在妈祖民俗体育研究方面取得又一成果。《邮说妈祖》一书采用开放类集邮方式组编妈祖邮集，主题鲜明，图文并茂，很有特色。

3. 在厦门大学出版社出版了《妈祖文化教育概论》。

《妈祖文化教育概论》是大学生学习妈祖文化的普及性教材，其出版是研究院推动妈祖文化进课堂的重要步骤。

4. 继续与厦门大学、福建师大学者共同推进《世界妈祖信仰传播史》协同创新研究工作。

研究院牵头单位莆田学院与协同单位厦门大学、福建师范大学在2015年年初联合开展《世界妈祖信仰传播史》协同创新研究，《世界妈祖信仰传播史》6卷约180万字，由李永苍、陈支平、林国平担任主编，3个单位共14位学者参与研究。现研究院加大支持力度，推动这些学者加快研究进度，争取在2017年7月保质保量完成该项目，并使之成为研究院标志性成果之一。

5. 与福州大学地理空间信息技术国家地方联合工程研究中心合作，共同开展了"妈祖官庙数字化与信息服务平台"建设。

研究院与福州大学地理空间信息技术国家地方联合工程研究中心已于2016年6月开始对福建省妈祖官庙5家国家级文物保护单位和28家省级文物保护单位开展了实地的数据采集和调研，现已基本完成室内数据处理和建模，将来可在网络上对这些官庙建筑、各种构件和历史演变等方面进行浏览和查询。

6. 与中国社会科学院历史研究所继续合作，进一步搜集资料准备出版《妈祖文献资料整理与研究丛刊》第二辑20册。

2015年4月，《妈祖文献资料整理与研究丛刊》第一辑20册正式发行，获得了业内较高评价，研究院在此基础上，与中国社会科学院历史研究所继续合作，进一步搜集资料进行整理与研究，准备于 2016 年年底出版《妈祖文献资料整理与研究丛刊》第二辑 20 册，进一步夯实妈祖文化基础性研究。

7.《妈祖学概论》获福建省社科优秀成果奖。

2016 年 6 月，黄瑞国教授主编的专著《妈祖学概论》获第十一届福建省社科优秀成果奖三等奖。

8. 一项国家社科基金艺术类一般项目获得立项。

2016 年 9 月，研究院宋建晓研究员申报的国家社科基金艺术类一般项目《基于乡村治理的闽台妈祖信俗与乡土文化互动发展研究》（16BH133）获得立项，为研究院科学研究更上一层楼打下坚实基础。

9. 成功申报福建省高校特色新型智库。

2016 年 11 月，研究院成功申报福建省高校特色新型智库，现已公示结束，即将发文。

10.《妈祖文化研究》学术期刊取得出版许可证。

2016 年 11 月，研究院创办《妈祖文化研究》（季刊）通过福建省新闻出版局审核，取得出版许可证〔 CN － 35(Q) 试第 2016001 号〕。该刊为侨刊乡讯，面向海内外发行。

11. 教学成果获校级教学成果特等奖。

2016 年 12 月，研究院与教务处联合申报的"传承创新世界非遗——妈祖文化，打造莆田学院人才培养特色"莆田学院教学成果奖，获校特等奖。

（二）决策咨询方面

12. 研究院特聘教授王震中为中央决策提供咨询服务。

研究院特聘教授、中国社会科学院历史研究所副所长王震中教授在《中国社会科学院专供信息》2016 年第 213 期发表了《提升妈祖文化的三大功能，服务我国当前发展战略》研究报告，为决策提供咨询服务。

（三）社会服务方面

13. 为莆田市参与国家的"海上丝绸之路·中国史迹"世遗申报提供智力支持。

莆田学院妈祖文化研究院黄瑞国教授、林明太教授担任莆田市参与国家的

"海上丝绸之路·中国史迹"世遗申报学术组正副组长，为莆田市参与海丝申遗等事项提供智力支持和学术服务。

2016年9月，研究院林明太教授、黄少强研究员受莆田市文广局委托在莆田市图书馆为全市文化馆工作人员继续教育开设"妈祖文化与海上丝绸之路"和"妈祖与海洋文化"讲座。2016年10月，研究院林明太教授在莆田市博物馆向全体人员开设"妈祖文化在海上丝绸之路沿线国家传播与发展"讲座。2016年10月，研究院林明太教授在莆田市区三清殿向广大群众开设"妈祖文化产业发展及趋势"讲座，普及妈祖文化。

（四）人才培养方面

14."妈祖文化传播人才培养特色班"正式开班。

2016年2月，莆田学院"妈祖文化传播人才培养特色班"正式开班，正式系统培养造就服务妈祖文化传承与发展的高层次应用型专门人才，在全省乃至全国高校中首开妈祖文化本科专门人才培养的先河。来自各学院汉语言文学、广告学、新闻学、英语、商务英语、临床医学、医学影像技术专业的50名学子，成为特色班的首届学员，开始为期一年半的妈祖文化相关理论知识的学习。

15. 成立妈祖文化传播学院。

2016年9月，莆田学院成立妈祖文化传播学院，目的是更好地办好妈祖文化传播人才培养特色班。将围绕福建省建设"21世纪海上丝绸之路核心区"和莆田市建设世界妈祖文化中心的目标，推进人才培养模式改革，打造办学品牌。同时，成立妈祖文化传播学院，有助于学校与莆田市委、市政府有关部门（市委宣传部、市文广局）、湄洲岛国家旅游度假区管委会、莆田湄洲妈祖祖庙开展紧密合作，提升学校妈祖文化服务地方能力；在湄州岛建立妈祖文化传播实习基地，并与湄洲岛国家旅游度假区管委会共建该基地；开展妈祖文化学术研究和交流；建好以汉语言文学、新闻学、广告学、旅游管理、音乐表演等专业组成的妈祖文化传播专业群；积极申报妈祖文化传播专业硕士点。

（五）学术交流方面

16. 举办了"第二届国际妈祖文化学术研讨会"。

2016年10月30日—11月3日，由莆田学院、中国社会科学院历史研究所、福建省妈祖文化传承与发展协同创新中心、福建省社科研究基地妈祖文化研究中心等单位主办，妈祖文化研究院承办的"第二届国际妈祖文化学术研讨会"在福建莆田举行。来自10个国家和地区的180多位学者提交了113篇论文，围绕"妈祖文化与海上丝绸之路"这一主题，就"妈祖文化与海洋文化""妈祖文化当地化""妈祖文化传播与文化产业""妈祖艺术与体育文化""妈祖信仰发展史""妈祖文献资料发掘与考辨"等议题展开研讨，规模空前，影响越来越大。

（六）领导重视方面

17. 中国社会科学院历史研究所所长卜宪群一行莅临研究院指导工作。

2016 年 3 月 11 日，中国社会科学院历史研究所所长卜宪群、科研处负责人朱昌荣、清史研究室副主任鱼宏亮、历史地理研究室副主任孙靖国等领导、专家莅临研究院参观了妈祖文化研究资料室，并与学校领导、中心研究人员、特色班学生进行了座谈，指导中心要结合"台海问题""一带一路"倡议，把妈祖文化作为历史来研究，要与大的文化背景相结合，做到基础研究与应用研究并重。

18. 福建省委宣传部高翔部长一行莅临研究院视察指导工作。

2016 年 8 月 26 日，福建省委宣传部高翔部长、省教育工委书记教育厅长黄红武、省委政策研究室副主任黄誌等领导莅临研究院视察了妈祖文化研究资料室，与莆田市领导、学校领导、中心研究人员进行了座谈，肯定了中心开展的研究工作，指示要进一步加强妈祖文化研究，打造特色，突出特色，为国家、省、市弘扬中华优秀传统文化和建设"海丝"等战略服务。

二、下一年工作计划

（一）科学研究方面

1. 完成《妈祖文化年鉴（2014）》《妈祖文化年鉴（2015）》的编撰工作。

2. 完成《妈祖信仰世界传播史》编撰工作。

3. 推进《妈祖学辞典》编撰工作。

4. 完成《妈祖学概论》（第 2 版）修订出版工作。

5. 争取更多的国家社科基金项目、福建省社科基金项目、横向项目等科研项目立项。

6. 推进相关到期科研项目及时结题。

（二）咨询服务方面

在中国社会科学院《成果要报》、福建省委主办的《调研内参》、福建省社会科学界联合会主办的《成果要报》等刊物上发表更多的妈祖文化服务国家、省、市战略的咨询报告。

（三）社会服务方面

继续为莆田市参与海丝申遗等事项提供智力服务。

（四）人才培养方面

提升妈祖文化传播人才培养特色班人才培养质量。进行《妈祖》舞台剧创作表演，将妈祖文化进一步融入校园文化建设中去。

（五）学术交流方面

继续办好一年一届的国际妈祖文化学术研讨会，办好《妈祖文化研究》学术期刊。与"海丝"沿线国家、地区相关学者加强学术交流。

妈祖文化
年鉴
2016

第二部分
宫庙与祭祀

春秋二祭

● 1月17日，广东省深圳市龙岗天后古庙举行第七届妈祖秋祭大典暨乙未年答谢众神迎春祈福活动。中华妈祖文化交流协会常务理事李家卫、陈永腾与海峡两岸3000多信众参加了活动。凌晨时分举行妈祖祭祀典礼，中华妈祖文化交流协会、台湾南投慈善宫妈祖文化交流协会分别向妈祖敬献花篮。

当晚天后古庙举行传统的祭祀供品展。展出的供品有"山珍海味""飞禽走兽"几十款色，全部由面粉、糯米粉和大米大豆粉等素食品精制而成。

● 2月1日上午，天津天后宫举行一年一度的春祭大典。天津市妈祖文化促进会会长罗远鹏，天津市南开区委宣传部部长、统战部部长朱树江等领导及近千名妈祖信众参加了春祭大典。

● 4月21日，台湾台东县关山镇电光里的居民们在苏家土楼前举办妈祖诞辰祭典，30多位妈祖信众备好牲礼虔诚祭拜。

关山镇电光里虽然没有妈祖庙，但自1947年起，当地客家乡亲固定每年农历三月十五、十六两天都会举办"妈祖戏"，为妈祖祝寿，但随着人口大量外移，参加祭祀的人员越来越少，时间也缩减为一个上午。

● 4月23—24日，广东省深圳市龙岗天后古庙举办纪念妈祖诞辰1056周年暨第八届妈祖信俗文化节，活动内容有，春祭大典祈福盛会典礼、妈祖巡游活动、开幕式、文艺表演等。

● 4月23日，马来西亚雪隆海南会馆（天后宫）在瓜雪举办"2016年妈祖海陆巡幸暨1056千秋宝诞祭祀大典"。

● 4月24日，海南省海口市白沙门中村天后宫举行纪念妈祖诞辰1056周年祭祀典礼和妈祖巡街活动。祭祀典礼由89岁的王祥芬担任主祭人。祭祀仪式后，翡翠妈祖神像起驾，在两百多位信众护送下到琼华天后宫、新海村天妃宫、澄迈老城东水港上港天后宫和比干妈祖纪念园巡安。

● 4 月 24 日上午，海南省妈祖文化交流协会和海南台资企业协会在海南省临高县调楼镇抱才港举行纪念妈祖诞辰 1056 周年海祭仪式，琼台 800 多名妈祖信众参加了活动。

● 4 月 24 日，广东省深圳市南山区赤湾天后宫举行"辞沙"祭妈祖仪典。来自香港、东莞、惠州、广州、中山等地的上千名妈祖信众参与祭典。

● 4 月 24 日，美国妈祖庙举行纪念妈祖诞辰 1056 周年活动，首次在美洲大地举行妈祖巡游活动。

● 4 月 24 日，台湾桃园市中坜仁海宫举办纪念妈祖诞辰 1056 周年活动。

● 4 月 25—26 日，台湾北港朝天宫举行妈祖祈安绕境活动，纪念妈祖诞辰 1056 周年。

● 4 月 26 日，台湾新北市淡水福佑宫在淡水中正路老街举行妈祖绕境活动。25 个阵头车队跟随妈祖神像绕境，上千信众钻轿脚，求平安。

● 4 月 26—27 日，福建莆田贤良港天后祖祠组织 350 名妈祖信众举行妈祖绕境巡安布福，纪念妈祖诞辰 1056 周年活动。本次巡安活动行程 50 多公里，经过 3 个乡镇，驻驾 23 个妈祖宫庙，63 个宫庙组织迎驾活动。

4 月 29 日上午 11 时许，贤良港天后祖祠在天后圣殿前天后广场举行纪念妈祖诞辰 1056 周年祭祀大典。

● 4 月 27 日，广东省湛江市雷州市覃斗镇流沙村举行妈祖民俗文化巡游活动，纪念妈祖诞辰 1056 周年。巡游队伍由飘色队、舞狮队、舞龙队、妈祖銮驾队等组成，共 1000 多人参加了巡游活动。

● 4 月 27 日，广东省普宁市妈祖文化交流协会在洪阳镇水吼村宗祠广场举行纪念妈祖诞辰 1056 周年庆典。中华妈祖文化交流协会常务理事、陆丰市妈祖文化研究会会长林永欣在仪式上向普宁市妈祖文化交流协会赠与"弘扬妈祖文化精神"墨宝，中华潮汕商会会长林乐文在盛典上致辞，多个团体和个人向妈祖敬献了花篮，陆丰市妈祖文化研究会的 200 位祭典艺术团成员献演祭祀舞蹈。

● 4 月 27 日，台湾南投县竹山镇举行妈祖夜巡绕境仪式，于傍晚 5 时开始，晚间 10 时结束。

● 4月27日上午，台中市万和宫举办妈祖祝寿植福活动，近千名"契子女"，依习俗回宫祭拜妈祖，祈求保佑平安。

● 4月28日晚，广东省汕尾市城区凤山祖庙在天后阁举办祭拜妈祖活动，纪念妈祖诞辰1056周年。

● 4月28—29日，广东省深圳龙岗区南澳办事处东渔社区举行第30届"天后诞"祭拜妈祖传统民俗文化节。活动内容有妈祖巡游、祭拜妈祖、粤剧演出、即兴渔歌演唱、划旱船、执"鱼灯"等传统民俗文化活动。

● 4月28—30日，一年一度的万山妈祖贺诞在珠海市万山区大万山岛举行。活动内容包括妈祖金身巡安、醒狮表演、粤曲表演、百围盛宴等。

● 4月28日，第八届广州南沙妈祖文化旅游节开幕，陆丰市的专业祭典团队在南沙天后宫广场举行祭拜妈祖仪式表演。4月29日，南沙天后文化学会带领南沙当地信众到南沙天后宫朝拜祭祀妈祖，中山胜母宫也组织千名台商到南沙天后宫祭拜妈祖。

● 4月28日上午9时整，福建省宁德市点头天后宫举行春祭大典活动，社会各界300余名信众参加祭典仪式，期间还开展了具有地方特色的文艺表演。

● 4月28日晚，台湾嘉义县新港奉天宫在庙前广场举行天上圣母圣诞千秋祝寿活动。祭祀仪式遵照"大清礼仪汇典"进行，重现清康熙年间由皇帝御赐的祀典科仪盛况。

● 4月28日，台湾桃园市大溪区三层福安宫举行"庆赞天上圣母寿诞庆典暨宣扬妈祖救世济人社会教化"活动，郑文灿先生出席并参加活动。

● 4月29日上午，以"馨香传承 情满'海丝'"为主题的妈祖诞辰1056周年纪念大会暨春祭妈祖典礼在湄洲妈祖祖庙天后广场举行。十届全国政协副主席、中华妈祖文化交流协会会长张克辉，中国侨联顾问、中华妈祖文化交流协会副会长林兆枢，福建省人大常委会原副主任袁锦贵，全国台联副会长杨毅周，中共莆田市委书记周联清，市委副书记、市长翁玉耀，福建省政协原副秘书长、办公厅主任陈新华，莆田市人大常委会主任阮军，市政协主席林庆生，市委副书记陈立华，市委常委、市委秘书长郑春洪，市委常委、纪委书记程强，市委常委、军分区政委祁永信，市委常委、宣传部长吴桂芳，市人大常委会副主任王国模，副市长张丽冰、傅冬阳，市政协副主席俞建忠，中华妈祖文化交流协会常务副会长林国良，台湾圣母三妈文化交流协会副会长、高雄慈龙宫主任委员林进元及海内外妈祖宫庙代表、妈祖信众及各界人士一万多人参加了春祭妈祖大典。

莆田市市长翁玉耀主持纪念大会，湄洲妈祖祖庙董事长林金榜、台湾圣母三妈文化交流协会副会长、虎尾慈龙宫宫主林进元、莆田市委书记周联清分别在典礼上致辞，十届全国政协副主席张克辉先生宣布开幕。

上午9时50分，春祭妈祖大典正式开始。祭祀由湄洲妈祖祖庙董事长林金榜担任主祭人，来自全国各地的300余名妈祖信众作为陪祭人。

东南卫视、海峡卫视现场向全球50多个国家和地区并机直播本次祭典，这是春祭妈祖大典史上第一次全球直播。同时，福建网络广播电视台（海博TV）、海博视频手机客户端等也同步进行网络直播。

●4月29日上午，福建省莆田市市直机关老体协在妈祖文化研究院举办文艺演出，纪念妈祖诞辰1056周年。

●4月29日，福建省莆田市城厢区灵川镇青山村高地天后宫举行妈祖巡游活动，纪念妈祖诞辰1056周年。

●4月26日至4月30日，福建省宁德市福鼎前岐天后宫举行越剧演出，纪念妈祖诞辰1056周年。4月29日上午6点，在天后宫正殿广场举行祭祀大典及巡安踩街活动。

●4月28日至5月3日，福建省霞浦松山天后行宫董事会举办庆祝妈祖诞辰1056周年活动，内容有闽剧公演、祭祀大典、妈祖金身绕境巡安、民俗踩街、妈祖千人平安宴、妈祖图片展、文艺晚会等。

●4月29日，福建省平潭县东庠乡东风村举行纪念妈祖诞辰1056周年庆典仪式，海峡两岸的信众800余人参加了庆典仪式。

●4月29日，福建省厦门忠仑神霄宫与何厝顺济宫共同庆祝妈祖诞辰1056周年。其主要活动有祝寿大典，绕境巡安。上午10时，忠仑神霄宫前往何厝顺济宫进香绕境；午时在何厝顺济宫举行祝寿大典，何厝的7间宫庙以及各地妈祖信众参加了祝寿大典；12时30分起在何厝绕境，途中驻驾清峰宫、大成宫、王爷宫、上帝爷宫、水仙宫、庐济殿、宗本堂，下午两点返回忠仑神霄宫。本次活动神霄宫还推出 3D 的卡通妈祖，卡通妈祖 T 恤，卡通妈祖帽子。

● 4 月 29 日，福建省漳州市南靖梅林土楼举行"妈祖过海"巡游仪式，纪念妈祖诞辰 1056 周年。

● 4 月 29 日起，广东省揭阳市月城镇棉洋村举行纪念妈祖诞辰 1056 周年传统文化活动，进行连续 6 天的潮剧演出。

● 4 月 29 日，广东省深圳市龙岗区南澳办事处南渔社区在南澳天后宫举行妈祖祭典活动，纪念妈祖诞辰 1056 周年。

● 4 月 29 日，广东省深圳市龙岗区南澳办事处东涌社区在冲街村天后宫举行妈祖祭典活动，纪念妈祖诞辰 1056 周年。300 多名东涌社区的居民和华侨参加了活动。

● 4 月 29 日，广东省陆丰市妈祖文化研究会在妈祖文化主题园区举行庆祝天后圣母诞辰 1056 周年活动。陆丰市人民政府、政协领导与来自香港特别行政区、福建、浙江、广东等地 2000 多游客参加了活动。活动内容有陆丰市副市长何自强致辞；台湾嘉宾向陆丰市妈祖文化研究会赠送墨宝；陆丰市妈祖文化研究会向福山天后宫赠送条幅和书画；陆丰妈祖祭典艺术团进行祭祀表演；信众向妈祖敬献"心灯"。

● 4 月 29 日，广东省潮州市饶平县黄冈镇大澳村在村文化公园举行妈祖诞辰 1056 周年纪念活动。

● 4 月 29 日，广东省云浮市郁南县建城镇举办"天后（妈祖）庙会"。庙会期间，祭祀天后娘娘、民间艺术队伍巡游、文艺晚会、民间艺术作品展示、系列美食品尝等相关民俗活动相继展开。

● 4 月 29 日，2016 年南京妈祖文化旅游节开幕式暨纪念妈祖诞辰 1056 周年春祭大典在阅江楼风景区天妃宫内举行。来自南京、南安、莆田等地的信众参加了妈祖祭拜仪式。祭拜仪式后还举行了妈祖巡游、妈祖文化创意产品展等活动。

● 4 月 29 日，江苏省连云港海州天后宫举办纪念妈祖诞辰 1056 周年祭祀活动。

● 4 月 29 日，天津市莆田商会与天津市妈祖文化促进会等单位，在天津莆田会馆，联合举行纪念妈祖诞辰 1056 周年庆典活动。

● 4月29日上午，天津天后宫举行妈祖诞辰1056周年纪念活动。活动内容包含祭祀大典、天后出巡散福、踩街表演等。天津市妈祖文化促进会会长罗远鹏，南开区委常委宣传部、统战部部长朱树江及天津市有关方面的领导、天后宫理事等社会各界贤达参加了庆典活动。

● 4月29日，辽宁省东港市妈祖文化交流协会会同大孤山风景名胜区管理局在大孤山天后宫举行妈祖圣诞祭典仪式。东港市妈祖文化交流协会会长陈福利，执行会长于长福，名誉会长、原东港市政协主席宁永亮，名誉会长、大孤山风景名胜区管理局副局长张曙霞，协会顾问于安居、栾光峰，诸位理事及妈祖信众参加了祭典仪式。

● 4月25日至5月1日，福建厦门朝宗宫举办庙会庆贺妈祖1056周年诞辰。活动期间连续7天上演歌仔戏，举行5天的斋醮科仪。4月30日下午，举行海祭普度和妈祖巡安活动。

● 4月29日上午，山东省烟台天后行宫举行妈祖巡游和祭典仪式，纪念妈祖诞辰1056周年。

● 4月29日，山东省长岛县妈祖文化交流协会和长岛显应宫管理委员会联合举办"纪念妈祖诞辰1056周年春祭典礼"。妈祖交流协会成员以及妈祖信众约两千多人参加了典礼。

● 4月29日上午，由青岛妈祖文化联谊会、青岛银海国际游艇俱乐部举办的"纪念妈祖诞辰1056周年暨青岛市妈祖文化基金会捐赠春蕾女童仪式"，在青岛银海国际游艇俱乐部举行。青岛市政协原主席胡延森、青岛市人大常委会原副主任王新春、栾景裘，青岛市人大常委会委员、银海集团董事长辛华龙，青岛市妈祖文化联谊会会长王旭红女士等出席仪式。活动的主要内容有妈祖祭祀、妈祖文化基金会向青岛市十名沿海春蕾女童发放学习用品和现场捐助、海上放生。

● 4月29日上午，浙江省温州市洞头区元觉街道沙角村天后宫和北岙街道东沙村妈祖宫同时举行妈祖祭拜仪式。

● 4月29日，玻利维亚圣克鲁斯侨界在佑海宫举行纪念妈祖诞辰1056周年庆祝活动。驻圣克鲁斯总领事欧箭虹出席活动并致辞。

● 4月29日，海南省三亚蜈支洲岛妈祖庙举行纪念妈祖诞辰1056周年祭典活动，同时还进行舞龙舞狮等文艺表演和妈祖巡游等活动。

● 4月29日，台湾台南市南区盐埕天后宫邀请大光小学与大成初中"官将首""八家将"传统艺阵联队及"国乐团"，盐埕在地子弟创立的古都木偶剧到庙埕表演，向妈祖祝寿。

● 4月29日，台湾板桥市慈惠宫举行妈祖绕境出巡活动。朱立伦先生由慈惠宫主委江清秀等陪同参拜，祈求妈祖保佑平安，并感谢慈惠宫在地方上为社会公益默默的付出及贡献。

● 4月29日，台湾鹿港天后宫举行纪念妈祖诞辰1056周年祭典活动。天后宫主委管理会主任张伟东率领信众依古礼举行祝寿团拜。庙内摆了1400多斤凤梨酥制成的寿龟寿面和各种各样的供品。

● 4月29日，台湾台南市善化庆安宫委托在地的新万香餐厅烹饪加工24道荤素菜各半的妈祖宴祭祀妈祖，纪念妈祖诞辰1056周年。

● 4月30日上午9时30分，福建省莆田文峰天后宫携手莆田学院文化与传播学院妈祖文化特色班联合举办了"纪念妈祖诞辰1056周年春祭典礼。莆田学院文化与传播学院妈祖文化特色班50名学子在继承传统礼制、仪规的基础上，结合歌生、舞生、乐生，新编了更具观赏性的"三献礼"祭典仪式。

● 4月30日，广东省汕尾市马宫街道举行妈祖巡游，祭拜妈祖、抢炮头等活动庆祝妈祖诞辰1056周年。

● 5月2日上午，澄迈县妈祖文化交流协会在澄迈县金江绿地广场举行纪念妈祖诞辰1056周年文化活动。活动内容有祭祀典礼、妈祖巡游等。

● 9月24日上午，山东省长岛县庙岛显应宫举行天后圣母秋祭典礼。参加此次活动的有长岛县妈祖文化交流协会全体会员、台湾桃园慈护宫、桃园福兴宫、中坜朝明宫天上圣母公德会、澳门神州妈祖文化交流协会、长岛县庙岛妈祖文化园旅游投资有限公司、砣矶岛井口村天妃庙、砣矶岛后口村天妃庙、大钦岛东村天后宫、南隍城天后宫、北隍城山前村天后宫、北隍城山后村天后宫等。

● 10月2日，海南省澄迈县福山镇举行2016"福运如山·长寿澄迈"重阳祈福暨纪念妈祖海洋文明文化活动。活动的主要内容有祭祀妈祖（吉礼）大典、传统琼剧演出，广场舞、民族舞，儋州民间调声等表演。琼北地区20多座天后庙（宫）参与了这一活动。海南省汉服文化协会参与组织了祭祀妈祖（吉礼）典礼活动，并按"礼乐"典章程序进行吉礼仪式，从礼服、礼容、礼器、辞令等都进行了规范。

● 10月9日下午3时，湄洲妈祖祖庙在湄洲岛青浦澳海滩举行海祭妈祖大典。今年的海祭妈祖大典在继承传统仪式上，融入了渔民上供、舞生跳八佾舞、渔民放生等民俗文化环节。共有来自海峡两岸、马来西亚等地的妈祖信众共5000余人参加典礼。莆田市人民政府副市长张丽冰及有关部门领导出席。

● 10月9日上午9时，贤良港天后祖祠在贤良港"三炷香"海滨，举行海祭妈祖大典。来自台湾十几个妈祖宫庙的150名信众和莆田本地600多个宫庙的1000多名信众代表参加了活动。湄洲职业技术学院的两百名师生，参加海祭妈祖大典演出。

● 10月9日上午，莆田文峰天后宫举行秋祭典礼纪念妈祖羽化升天1029周年。

● 10月9日，江苏省连云港市盐河巷天后宫举行秋祭典礼，纪念妈祖羽化升天1029周年。祭典活动由连云港莆田商会会长柳国章担任主祭，连云港莆田商会副会长兼秘书长蒋金狮及周边的妈祖信众300余人担任陪祭。

● 10月9日，南京天妃宫举行妈祖祭奠仪式纪念妈祖羽化升天1029周年。

● 10月9日，宁波庆安会馆与宁波市莆田商会联合在庆安会馆举办首届宁波"妈祖颂·海丝情"主题系列活动暨纪念妈祖羽化升天1029周年秋祭大典。

● 10月9日上午，山东省青岛市妈祖文化联谊会在崂山区王哥庄街道港东社区妈祖庙举行妈祖祭典仪式。同时还举行敬老演出等活动。

● 10月9日，天津天后宫举行传统的秋祭大典，纪念妈祖羽化升天1029周年。数百名社会贤达、信众、游客参加了祭祀活动。今年的秋祭大典增加了向妈祖信众及游客发放五谷的环节。

● 10月9日，广东省湛江市硇洲岛津前天后宫举行"建宫510周年暨第二届妈祖文化旅游节"活动。活动内容有妈祖祭祀典礼、舞龙舞狮等民俗表演。

● 10月9日，广东省揭阳市惠来县岐石镇华清村举行妈祖祭典仪式，纪念妈祖羽化升天1029周年。

● 10 月 9 日，广东省陆丰市福山妈祖文化景区举行"纪念妈祖羽化飞升 1029 周年"祭祀舞蹈演出，境内外三千多民众共襄盛举。

● 10 月 9 日，海南省比干文化研究会在海南比干妈祖文化园妈祖庙举行秋祭妈祖庆典。

● 10 月 9 日，上海方塔园在天妃宫前按照传统民俗举办妈祖祭祀表演活动，并向入园游客发放重阳糕 1000 份。

● 10 月 9 日，台湾大甲镇澜宫举行妈祖绕境巡游活动纪念妈祖羽化升天 1029 周年。

● 11 月 5 日，台湾祀典大天后宫举行岁次丙申年祀典大天后宫秋祭释奠礼暨揭匾大典。典礼由台湾地区领导人蔡英文担任正献官，依循古礼，行上香、初献、读祝、亚献、终献、祈福等仪式，祈求台湾风调雨顺、国泰民安；蔡英文致赠大天后宫"被泽蒙庥"匾额，亦与贵宾共同揭匾。

习俗活动

【分灵及开光】

● 1月17日，台湾北港朝天宫护送分灵妈祖神像到泉州市惠安县螺阳宝胜寺。

● 1月22日，湄洲妈祖祖庙举行红木妈祖像开光仪式，全球近千家妈祖宫庙的代表参加了开光仪式。

开光的红木妈祖像用一块长8.1米、直径2.08米、15吨重的非洲巴西花梨原木雕刻而成，由张家港市莆田商会会长高玉明乐捐，由莆田市工艺美术师、非遗代表性传承人林青和他的团队从2015年1月23日开始创作雕刻。雕刻好的红木妈祖像总高4.22米，身高3.23米，底座0.99米，重4吨。

● 2月15日，福建省莆田市秀屿区妈祖文化交流中心举行妈祖石雕圣像落成开光典礼。中华妈祖文化交流协会常务副会长林国良、湄洲妈祖祖庙董事长林金榜、台湾旗津天圣宫主委朱永昌以及捐资妈祖石雕圣像的部分功德主等海峡两岸数千名妈祖信众参加了活动。典礼上，还进行了中华妈祖文化交流协会常务理事单位揭牌仪式。

该妈祖石雕圣像于2014年2月开工建设，2015年2月完工，高10.56米。圣像所用石块大小共96块，寓意妈祖诞生于公元960年。

● 3月11日，泰国呵叻府素银县明光善坛的47名妈祖信众，到湄洲妈祖祖庙谒祖进香并分灵3尊妈祖像。祖庙董事会监事长黄文富及董事林玉美、庄清治接待了远道而来的海外侨胞并互赠纪念物。

呵叻府妈祖庙有两百余年历史，明光善坛妈祖像是三十多年前在泰国雕刻并开光。去年呵叻府素银县明光善坛第一次组团到湄洲妈祖祖庙取香火，并参观了祖庙景区。在祖庙的妈祖石雕像前，明光善坛一行拍照取景并按照石雕像，雕了一尊6.8米高的汉白玉妈祖像。今年农历三月廿三，这尊汉白玉妈祖像将开光。

● 4月12日上午，广东省汕头市潮阳区贵屿天后古庙举行恭迎湄洲妈祖祖庙翡翠妈祖分灵安座仪式。

● 4月12日晚，台湾大甲镇澜宫分灵至福建省泉州市南安市梅山镇鼎诚村古山头妈祖庙的妈祖神像乘机抵达梅山镇。4月13日，梅山镇鼎诚村举行分灵妈祖巡境活动，从梅山镇嘉悦酒店出发，沿鼎诚村进行巡境活动，驻鼎诚村古山头妈祖庙。

● 4月29日，湄洲妈祖祖庙在妈祖文化展览馆举行砗磲妈祖像开光安座典礼。"砗磲"妈祖神像由北京汉晨文化有限公司郑磊捐赠砗磲323块，由莆田工艺美术大师方文桃设计制作。

● 5月1日至3日，浙江省苍南县赤溪镇韭菜园村举行妈祖文化节，活动内容有设醮道场、开水路、送贡、妈祖佛像开光等民俗活动。

● 6月12日上午，福建省霞浦县长春外城圣母宫举行湄洲分灵妈祖神像安座仪式。这尊妈祖神像是今年3月从湄洲妈祖祖庙分灵。

● 6月12日上午，台湾31家宫庙的63位妈祖信众代表，到"湄洲妈祖祖庙"，为拟成立的圣母三妈文化协会上呈疏文，并分灵一尊妈祖圣像至台湾。

● 6月18日，台湾南投县草屯镇公有市场举行苗粟白沙屯拱天宫分灵妈祖神像安座仪式。

● 6月27日，台湾彰化市市长邱建富率领"彰化市北美城市交流暨宗教文化参访团"前往美国、加拿大进行为期12天的参观访问。此行还恭迎南瑶宫一尊妈祖神尊分灵至美国西雅图。

● 7月16日，台湾金门县后湖村为昭应庙举行妈祖石雕像开光仪式，陈福海先生主持了开光仪式。

● 9月16日上午，加拿大莆仙同乡会常务副会长吴珍发携加拿大中华妈祖庙筹备委员会一行26人，到湄洲妈祖祖庙，恭请从祖庙分灵的妈祖圣像。9月18日，分灵妈祖神像启程前往多伦多，暂时安奉在多伦多莆仙同乡会会馆内。这是湄洲妈祖继2006年9月分灵加拿大坎伯兰市后，再次分灵加拿大。

● 9月23日，山东省长岛显应宫举行台湾桃园慈护宫分灵妈祖神像安座典礼。显应宫住持道长为慈护宫妈分灵祖神像开光，随后进行了安座法会。台湾慈护宫一行以及长岛县妈祖文化交流协会有关人员共同参加了此次典礼。

● 10 月 12 日上午 7 时 30 分，湄洲妈祖祖庙举行湄洲妈祖分灵湄洲祖庙莆田会馆妈祖行宫割火分香仪式，在经过"三献礼"等仪式后妈祖圣像起驾前往莆田会馆。此次分灵包括一尊妈祖圣像、千里眼、顺风耳及两尊妈祖侍女。分灵湄洲祖庙莆田会馆的妈祖圣像为缅甸楠木，由青年工艺师林青雕刻，整座妈祖雕像高 0.88 米。分灵的妈祖圣像安座在湄洲祖庙莆田会馆第 10 层湄洲妈祖行宫里。

● 10 月 26 日上午，台湾嘉义县新港奉天宫护送黑面妈祖分灵宝像到南京天妃宫，并在南京天妃宫天妃正殿举行分灵妈祖圣像的安座仪式。南京妈祖交流协会、商会代表和社区居民等信众参加安座仪式。

● 11 月 15 日，意大利福建华商会的代表关丽涵等五人，到湄洲妈祖祖庙，恭请妈祖分灵圣像到意大利那不勒斯市，并接受祖庙颁发分灵证书。

11 月 21 日，湄洲妈祖分灵圣像抵达意大利罗马国际机场。意大利福建华商会总顾问关国荣，执行会长郭建清，会长助理陈国文，常务副会长陈振明，旅意福建华人华侨、同乡总会会长陈天明，执行会长张松锦，常务副会长徐金华，副会长胡少兵到机场恭迎妈祖分灵意大利。

● 11 月 29 日，台湾鹿港天后宫主委张伟东护驾一尊妈祖分灵到广东汕尾市乌坭天后宫。鹿港天后宫出动头哨角、震天鼓、香花灯果等阵头和信众 500 余人，陪同分灵妈祖到汕尾市巡安绕境，汕尾市当地信众数万人参与，共祈妈祖庇佑两岸人民风调雨顺。

● 12 月 3 日，南美洲加勒比苏里南福建商会代表一行 23 人，到湄洲妈祖祖庙，恭请湄洲妈祖分灵苏里南。并接受祖庙颁发的分灵证书和赠授妈祖印。

【鹿港天后宫元旦摆桌拜妈祖】

1 月 1 日，台湾彰化县鹿港镇依循习俗在元旦摆桌拜妈祖，迎接新的一年，祈求新的一年顺利、平安。当天，鹿港镇中山路封街，街上摆满两千两百桌"宴桌"，供品有雕花、冬瓜灯柱、捏面人、米粿雕等传统手工艺品。

【海南省妈祖宫庙到惠安小岞霞霖妈祖宫参访】

1 月 2 日，海南省白沙门天后宫、海南澄迈东水港天后宫信众在参加贤良港天后祖祠天后圣殿开光仪式之后，到泉州市惠安小岞霞霖妈祖宫参访。

【"泉澎祈龟民俗文化活动"】

正月初一至正月十七，福建泉州霞洲妈祖宫和台湾澎湖天后宫联合举行猴年"泉澎祈龟民俗文化活动"。1月24日，两地妈祖宫庙联合制成的猴年"大米龟"正式亮相泉州霞洲妈祖宫。"大米龟"由24000公斤大米制作而成，高1米多、宽4米多、长6米多。"祈龟"活动结束后，其中的3000斤平安米用于慰问困难户。

【天津天后宫举办"舍天后福佑粥"活动】

1月17日，农历腊月初八，天津天后宫举办已经有二十多年历史的"舍天后福佑粥"活动。

【台湾大里区福兴宫入火谢土纪念日举办"天上圣母契子节"】

1月17日是台湾大里区福兴宫的天上圣母契子节，也是该宫入火谢土纪念日。当日福兴宫举办绕境祈安活动，途经16家宫庙，全长24公里，沿途许多信众在住家门口摆设香案迎接妈祖。绕境活动除了出动宫旗、宫灯、龙凤旗队、36执事、将军、哨角队之外，还有圣母会、阿罩雾两广醒狮团、武泽宫及太平区的部分宫庙赞助的各式阵头表演。

【台中大甲镇澜宫举行除夕夜抢头香活动】

台中大甲镇澜宫举行除夕夜抢头香活动，抢得头香一、二、三名的信众分获价值不等的金妈祖一尊。2月7日晚间10点40分庙方进行诵经祈福，11点开庙门让信众抢插头香。另外，镇澜宫还准备了10万个壹元新台币小红包送信众，祝大家能开春"一元复始"好运来。

【泗阳妈祖文化园举办春节庙会】

2月7日至2月13日，江苏省泗阳妈祖文化园在园区举办春节庙会。活动内容有：除夕午夜迎新春庆猴年撞钟祈福活动；正月初一祭祀妈祖；正月初一至初五在莲花广场举行文艺演出活动；正月十五元宵节，在妈祖园十二生肖广场举行有奖猜谜活动。

【善化庆安宫大年初一发放祈福岁钱】

台湾善化庆安宫每年大年初一向信众发放祈福岁钱。今年庙方发放两千份猴年祈福岁钱，装岁钱的福袋设计、图样、颜色以及所发送的份数，都是通过掷笅请示妈祖决定。

【旗山天后宫 2016 青年创业基金掷笅比赛】

2月8日至22日，台湾旗山天后宫在庙埕举行2016青年创业基金掷笅比赛。比赛设一等奖1名，奖金新台币100万元；二等奖1名，奖金新台币30万元；三等奖2名，奖金新台币10万元；五等奖10名，奖金新台币2万元；六等奖30名，奖金新台币1万元。

【湄洲妈祖祖庙举行迎春祈年典礼】

2月10日上午，湄洲妈祖祖庙举行一年一度的祈年典礼。祈年礼俗按进表、建坛、诵经、进贡等传统礼俗进行，今年在植福疏文和祈告文中对2月6日遭受地震灾害的台湾同胞进行了祈福。

【大甲镇澜宫妈祖到宜兰慈惠堂参访】

2月20日，台湾大甲镇澜宫妈祖在大甲镇澜宫董事长颜清标护驾下，到宜兰头城镇净根慈惠堂参访。

【山东长岛县庙岛显应宫元宵庙会】

2月22日，山东省长岛县庙岛显应宫举办元宵庙会。万余名渔民及妈祖信众到显应宫祭拜妈祖祈求平安。在拜妈祖的同时，渔民们还表演了舞龙、舞狮、海岛大秧歌、跑旱船等海岛特色节目。

【新港奉天宫举办元宵绕境活动】

2月22日，台湾嘉义县新港奉天宫举办元宵绕境巡安活动，张花冠先生参与盛会并点燃起马炮。

【台湾屏东市慈凤宫举办乞龟赐福保平安活动】

台湾屏东市慈凤宫在元宵节期间举办乞龟赐福保平安活动，庙方提供纯金打造的平安金龟供信众请回家供奉。若想把75克重的"金龟王"请回家供奉，须掷筊征得妈祖同意，并支付108000元新台币。

【北港朝天宫首度联合北港地区各宫庙举行上元平安绕境】

2月22日，北港朝天宫首度联合北港地区各宫庙举行上元平安绕境。北港朝天宫、武德宫、巡安宫、镇安宫、圣安宫等5大庙所奉祀的妈祖、财神、王爷、临水夫人、虎爷、三官大帝等神像一同参与绕境，一起庆元宵。

【台北市内湖六大角碧奉宫到北港朝天宫进香】

2月26日，台北市内湖区六大角碧奉宫到北港朝天宫进香。

【台湾佳里天后宫到贤良港天后祖祠进香】

2月27日，台湾台南市佳里天后宫进香团一行30余人护送妈祖銮驾到贤良港天后祖祠进香。

【高雄朝后宫徒步到北港朝天宫进香】

3月6日至3月12日，台湾高雄朝后宫妈祖信众徒步到北港朝天宫谒祖进香。3月8日到达北港朝天宫。进香回来全程三百多公里，历时七天六夜，依次驻驾台南总禄境下土地庙、台南市新营区太子宫、北港朝天宫祖庙、台南市盐水区武庙、台南安平开台天后宫、高雄市三民区三凤宫。

【台湾鹅銮鼻保安宫到湄洲岛省亲】

3月7日上午，台湾鹅銮鼻保安宫百名土地公信众在主委叶启东的带领下，恭捧着土地公神尊到福建省湄洲岛省亲取香火。湄洲妈祖祖庙林金赞副董事长携祖庙董监事以十音八乐为阵头到码头迎接。

保安宫福德正神（土地公）是283年前从湄洲妈祖祖庙分灵至台湾鹅銮鼻的。

【莆田文峰天后宫举行元宵"尾晚灯"活动】

农历正月廿九（3月7日），莆田文峰天后宫举行传统的妈祖总元宵活动，俗称"尾晚灯"。其主要活动内容有：上元祈福庆典活动、妈祖贡品展、"烛山祈福"、莆仙戏"大五福"（福禄寿财喜）演出、市区等妈祖宫庙联合踩街祈福。

【"海口天后宫庙会妈祖巡游为民祈福"活动】

3月8日早上，由海南省海口市妈祖文化交流协会、海口市天后宫主办的"海口天后宫庙会妈祖巡游为民祈福"活动在中山路骑楼老街举行。巡游活动开始前进行了舞狮表演和妈祖祭祀大典。海口、澄迈、临高等地的16间庙宇共五百余人的队伍参与了巡游活动。巡游路线起点为中山路骑楼老街，途经长堤路、新华路、东湖路、博爱南路，再回到中山路骑楼老街。

【马来西亚林氏宗亲到妈祖故里进香】

3月9日，马来西亚柔佛州新山市林氏宗亲会一行40人，以十音八乐为阵头，手执庙旗，身着统一服饰，恭捧着分灵妈祖像，先后到贤良港天后祖祠、湄洲妈祖祖庙谒祖进香。

柔佛州新山市林氏宗亲会是40年前开始供奉妈祖的。林氏宗亲会在平时农历初一、十五上香祭拜妈祖，在妈祖诞辰日前后三天都会举行活动。去年农历三月廿三，新山市林氏宗亲会举办了盛大妈祖绕境活动并刻制成碟片赠送给各个宗亲会。

【日本东京妈祖庙到北港朝天宫谒祖进香】

3月12日,日本东京妈祖庙到中国台湾北港朝天宫谒祖进香。

【"妈祖回娘家活动"进香小高峰】

今年"天下妈祖回娘家"活动开始以来,有六百多个进香团二十多万人次到湄洲妈祖祖庙谒祖进香。其中进香团队人数较多的日期有:

● 3月3日,台湾鹿港天后宫、高雄旗山朝安宫、旗山天后宫、旗山紫竹寺、溪洲朝天宫、大寮佛圣宫、大树道慈宫、高雄天圣宫及台北汐止北佑宫等多支台湾妈祖宫庙百人进香团,恭捧该宫分灵妈祖到湄洲妈祖祖庙谒祖进香。

● 4月16日,台湾彰化四圣宫,漳州龙海文苑社龙应殿、漳州榜山林边妈祖宫、西街玄圣坛,龙海土城内天后宫、龙海澄镇永安宫、芗城区下沙齐天宫、诗浦正顺庙永安宫、龙文区桂溪天后宫、龙文区部坑镇妈祖宫、龙文区流岗领亭妈祖宫、龙海白水镇山边村老人协会,厦门海沧东屿妈祖宫、海沧永泰宫,泉州惠安辋川鲤鱼岛灵惠庙、南安石井营前圣母宫,浙江温州苍南灵溪妈祖庙,仙游郊尾西山村法石宫等32支进香团到湄洲妈祖祖庙谒祖。

● 4月22日,来自台湾高雄开基天后宫、高雄发天宫、高雄慈贤宫,苗栗西湖五龙宫,福建莆田市仙游枫亭三妈宫、仙游钟山镇武兴宫,漳州龙海市九湖镇新春妈祖宫、龙海江东武圣庙,泉州市惠安崇武大岞天后宫、惠安净峰山前湖渡头宫、惠安小岞妈祖宫、晋江罗裳妈祖宫等多支谒祖进香团前往湄洲妈祖祖庙谒祖进香。

● 4月23日,台湾南投玄无宫、云林天后宫朝天阁、高雄大寮紫天宫、圣天宫,漳州龙海江东天后宫、龙海西街圣坛五保宫、龙文土白妈祖宫、龙海浮宫大妈庙、江东武圣庙、桥南水月亭,厦门佛教居士林、海沧东孚福慈宫,泉州泉港山腰龙见宫、晋江福全妈祖庙、惠安东岭东堡天后宫等妈祖信众恭抬分灵妈祖到湄洲妈祖祖庙谒祖进香。

● 4月24日,福建泉州晋江金井下丙霞里宫、澳门瀛海霞里宫、惠安辋川西亭妈祖宫、漳州南靖丰田红盘兴隆庙、惠安净峰镇凤山妈祖宫、福安下白石妈祖庙、惠安螺城世纪大道天后宫、漳州五保宫、惠安百崎回族乡白崎妈祖宫、漳州龙海九湖蔡坑妈祖宫、莆田荔城畅林杨家善圣亭、晋江金井陈厝顺济宫、厦门翔安马巷妈祖宫、惠安小岞霞林妈祖宫、惠安辋川埔崎玉门宫、埔崎山美宫、福清沃口天后宫、泉州台商投资区秀土村顶妈祖宫、泉州丰泽庄任妈祖宫、晋江池店钱头村妈祖宫、惠安螺城王孙村灵惠庙、厦门高崎万寿宫、漳州芗城区大路尾妈祖宫、泉州崇武溪底妈祖宫、晋江长福寺陈厝妈祖宫、惠安锦水妈祖宫、莆田仙游枫亭龙腾宫、漳州长泰岩溪龙兴宫、厦门大嶝灵济宫、晋江安海田坑妈祖宫、广东潮阳妈祖庙、惠安梧山承天妈祖宫、惠安东园葛上妈祖宫、泉州泉港后林妈祖庙、漳州平和三福庵、福建闽南比干庙、泉州涂岭妈祖宫、惠安瑞安圣母阁等 38 支进香团到湄洲妈祖祖庙谒祖进香。

【台北松山慈佑宫到彰化县南瑶宫参香】

3 月 12 日，台北松山慈佑宫逾 6000 名妈祖信众护送妈祖神像到彰化县南瑶宫参香。邱建富先生率执事人员与阵头到旭光西路停车场迎接。

【高雄狮甲慈明宫到莆田文峰天后宫进香】

3 月 13 日下午，台湾高雄狮甲慈明宫主委黄土城冒雨率领进香团 46 人护驾 28 尊神像到莆田文峰天后宫进香，28 尊神像有妈祖、财神爷、虎爷、济公、千里眼、顺风耳等，28 尊神像当晚驻跸文峰天后宫旧殿。

【台湾屏东新惠宫到贤良港天后祖祠进香】

3 月 14 日下午，台湾屏东新惠宫主任委员陈武昌带领所属各宫坛执事、信众 232 人，到贤良港天后祖祠进香。这是新惠宫时隔七年再次组团护送妈祖神尊回祖祠进香。

【白沙屯拱天宫往北港徒步进香】

3 月 15 日至 3 月 26 日，台湾苗栗通霄白沙屯拱天宫近两万名妈祖信众护送妈祖神像徒步到北港朝天宫进香。3 月 15 日晚 11 时 30 分举行登轿仪式，16 日凌晨零时 30 分出发，3 月 20 日到达北港朝天宫，3 月 26 日下午回宫安座，历时十一天十夜。

【桃园龙德宫"四妈祖"到麦寮拱范宫谒祖】

3月20日下午，台湾桃园龙德宫"四妈祖"结束八天七夜徒步到麦寮拱范宫谒祖进香活动，返回桃园。八天来由空姐、柜姐、美容师、大学生、粉领族等36位女信众组成的仙女轿班轮流扶轿，从北至南，又返回龙德宫，跨越6县市，全程448公里。

【虎尾福安宫到鹿港天后宫谒祖进香】

3月25日至3月27日，台湾虎尾福安宫两千多妈祖信众护送妈祖神像由南向北跨越浊水溪到鹿港天后宫谒祖进香。整个行程历时三天三夜，徒步约220公里。

【2016彰化南瑶宫笨港进香】

3月27日至4月2日，台湾彰化南瑶宫举行老大妈、老四妈、圣四妈徒步笨港进香活动。3月27日上午，举行起驾典礼，彰化魏明谷先生、南瑶宫管理人邱建富等人参加起驾典礼。

今年的笨港进香活动，为期七天六夜，行经彰化、云林与嘉义3个县市、25个乡镇市，全程来回将近三百公里，约有五万人参与进香活动。进香的主要行程是27日晚驻驾埤头；28日晚驻驾虎尾；29日晚驻驾北港；30日上午在笨港天后宫进行"换龙袍仪式"、当晚7点半在新港奉天宫举行"祝寿大典"；31日上午5点在新港奉天宫举行"会香仪式"、当晚驻驾西螺；4月1日上午在北斗大新国小前枋桥头进行"接贰香与换娘伞"；4月2日回銮彰化市，并在市区绕境。

【印度尼西亚三座妈祖宫庙信众到湄洲妈祖祖庙谒祖进香】

4月1日上午，印度尼西亚旅游部Ir. Lokot Ahmad Endah先生携印度尼西亚苏南省巨港威镇庙、圣江庙及凤山庙的妈祖信众25人，到湄洲妈祖祖庙谒祖进香。湄洲妈祖祖庙监事长黄文富接待了进香团，并与他们一起座谈交流。

座谈会上，双方就妈祖文化活动的交流及传播情况进行了交流。印度尼西亚有很多的华侨信仰妈祖，在爪哇省，妈祖庙分布众多，有五十多家。每年的 12 月份，苏南省都会通过举行妈祖绕境和妈祖海巡等活动，扩大华人间的交流并增进友谊。今年苏南省妈祖绕境定在 12 月 8—12 日。

【雾峰南天宫到彰化南瑶宫谒祖】

4 月 2 日至 3 日，台中市雾峰南天宫首度徒步到彰化南瑶宫谒祖，以纪念 150 年前雾峰林家带着妈祖信众前往彰化南瑶宫成立老五妈会。

【桃园大树林天后宫到妈祖故里进香】

4 月 8 日下午 6 点，台湾桃园大树林天后宫信众 105 人，在游财登董事长的率领下，到湄洲妈祖祖庙省亲会香。36 年前，大树林天后宫妈祖分灵自台湾新港奉天宫。这是大树林天后宫 36 年来首次到祖庙省亲会香。4 月 9 日下午，进香团到到莆田文峰天后宫进香。

【嘉义后潭镇福宫到莆田文峰天后宫进香】

4 月 9 日下午，台湾嘉义后潭镇福宫主委林家村率领进香团 54 人到莆田文峰天后宫进香。

【泰国南瑶妈到彰化谒祖进香】

4 月 11 日，泰国南瑶妈祖宫进香团两百多人到中国台湾彰化市南瑶宫谒祖进香。进香队伍于下午 3 时左右抵达彰化市旭光西路停车场，彰化市南瑶宫供奉的妈祖銮驾、阵头、哨角队以及邱建富先生到场接驾，进香队伍随后绕行市区，5 时 30 分左右，妈祖銮驾进入南瑶宫，在南瑶宫内举行祝寿大典。本次泰国南瑶妈祖宫进香团还到丰原、台中、新竹与桃园等地的庙宫参香。

【嘉义伏龙宫到湄洲妈祖祖庙谒祖进香】

4 月 13 日上午，台湾嘉义伏龙宫一行 46 人，在罗昆龙董事长的率领下，恭抬该宫分灵妈祖，到湄洲妈祖祖庙谒祖进香。祖庙庄美华副董事长携周亚清董事以十音八乐为阵头到码头迎接。这是伏龙宫 26 年来再次回祖庙谒祖进香。

【旗山天后宫 2016 年平安巡境活动】

4 月 19 日至 24 日，台湾旗山天后宫举行四年一度的平安巡境活动。有百余间庙宇阵头参加巡境活动。

【苗栗县田寮永贞宫到北港朝天宫等庙宇进香】

4 月 19 日 6 时，台湾苗栗县头份镇合港田寮永贞宫举行妈祖南下到北港朝天宫等庙宇进香起驾登轿仪式，苗栗县县长徐耀昌及地方人士到场参加。永贞宫妈祖在五百多名妈祖信众的护驾下到彰化南瑶宫、北港朝天宫、新港奉天宫等庙宇进香，第二天下午回銮。

【莆田文峰天后宫到贤良港天后祖祠谒祖进香】

4 月 20 日上午，莆田文峰天后宫董事会遵循古制，携信众一行护送妈祖銮轿到贤良港天后祖祠谒祖进香。下午回銮回城，晚上妈祖神像驻跸丰美集福祖社。21 日，在市区内举行巡安布福活动，下午 4 时多，回到新殿。

【台湾彰化员林代天宫到湄洲妈祖祖庙谒祖进香】

4 月 21 日上午，台湾彰化员林代天宫信众一行 42 人，在该宫负责人张国津的带领下，身着庙服，恭捧分灵妈祖和玄天上帝等神尊，68 年来首次到湄洲妈祖祖庙谒祖进香。待谒祖进香礼成，祖庙董事会董事长林金榜与张国津等人进行座谈交流。

【台湾台中大雅永兴宫等五座宫庙到妈祖故里谒祖进香】

5 月 3 日下午，台湾台中大雅永兴宫、埔里恒吉宫、斗六新兴宫、神冈顺济宫、大雅宝兴宫妈祖信众共同组成的 380 人进香团，在各宫主委带领下，护驾 7 尊妈祖神像，连续三年到湄洲妈祖祖庙谒祖进香。湄洲妈祖祖庙常务董事朱国荣携祖庙董监事以战鼓队为阵头到码头迎接。5 月 4 日上午，进香团到莆田文峰天后宫进香。

【台湾日南慈德宫到莆田文峰天后宫进香】

5月10日下午，台湾日南慈德宫主委陈薰、副主委黄湘榕率领150人进香团护驾10尊神像到莆田文峰天后宫进香，10尊神像当晚驻跸文峰宫。

【台湾新竹香山天后宫妈祖信众到妈祖故里进香】

5月14日，台湾新竹香山天后宫一行171人恭抬着分灵妈祖像，到莆田贤良港天后祖祠及湄洲妈祖祖庙进香。

【台湾云林举行六房妈过炉交接仪式】

5月22日，云林县举行一年一度六房妈过炉盛事。凌晨5时许，由台湾六房妈会理事长吴锦宗率领全体理、监事以及旧任炉主林文三、新任炉主沈志等，共同主持过炉庆典暨交接仪式；六房妈銮轿在清晨7时许，由云林县县长李进勇、立委刘建国、立委张丽善、虎尾镇长林文彬、斗南镇长张胜雄和新任炉主沈志等人发炮后起驾，进行绕境巡安活动。晚上10时举行安座大典，完成2016年的过炉活动盛事。

【大里福兴宫到湄洲妈祖祖庙谒祖进香】

5月23日上午，台湾台中大里福兴宫妈祖信众320人，恭抬着分灵副二妈、中坛元帅、千里眼、顺风耳等九尊神像，三百多年来首次到湄洲妈祖祖庙谒祖进香。祖庙林金赞副董事长携董监事以十音八乐、腰鼓队队为阵头到码头迎接。5月23日下午，进香团到莆田文峰天后宫进香，9尊神像当晚驻跸文峰宫。

【苗栗县铜锣天后宫到莆田文峰天后宫进香】

5月24日下午，台湾苗栗县铜锣天后宫主委张金土率团51人，护驾妈祖神像、顺风耳、千里眼3尊神像，到莆田文峰天后宫进香。3尊神像当晚驻跸文峰宫旧殿。

【新北市八里开台天后宫到莆田文峰天后宫进香】

5月24日下午，台湾新北市八里开台天后宫副主任委员张金贵率团35人护驾妈祖等七尊神像到莆田文峰天后宫进香。

【宜兰县冬山乡鹿安宫到莆田文峰天后宫进香】

5月28日下午，台湾宜兰县冬山乡鹿安宫进香团一行30人护驾3尊神像到莆田文峰天后宫进香。

【台湾苗栗县竹南后厝龙凤宫到湄洲妈祖祖庙谒祖进香】

5月29日中午，台湾苗栗县竹南后厝龙凤宫妈祖信众70人，在该宫总干事陈进源的带领下，恭捧分灵妈祖，连续三年回湄洲妈祖祖庙谒祖进香。祖庙林金赞副董事长携董监事，以腰鼓队为阵头到码头迎接。

【台湾南瑶宫举行端午祈福圆满法会】

6月10日，台湾彰化南瑶宫在成功停车场举办为期三天的"丙申年彰化妈庆端午祈福圆满法会"。此为南瑶宫首度于端午节举办法会。

【新北市泰山紫竹寺到莆田文峰天后宫进香】

6月11日上午，台湾新北市泰山紫竹寺寺主徐金宝、主委林云霖与淡水正兴宫住持吕良旺率团40人护驾3尊神尊（地母、观音、济公各一尊）到莆田文峰天后宫进香。

【隆津赤产天后古庙到妈祖故里谒祖进香】

6月12日下午，广东潮阳隆津赤产古庙姚添好理事长率团530人护驾一尊妈祖神像到莆田文峰天后宫进香，该尊妈祖神像当晚驻跸文峰宫。

6月13日，进香团到湄洲妈祖祖庙谒祖进香。当晚夜宿祖庙并观看《祥瑞湄洲》专场演出，于14日早上启程回广东。

【宜兰县龟山岛拱兰宫到莆田文峰天后宫进香】

6月15日下午，台湾宜兰县头城镇龟山岛拱兰宫妈祖信众72人护驾19尊神尊到莆田文峰天后宫进香。

【彰化县东螺承天宫到莆田文峰天后宫进香】

6月15日下午，台湾彰化县东螺承天宫观音大士庙主持段成懋率团18人护驾7尊神尊到莆田文峰天后宫进香。

【新北市三芝小基隆福成宫到莆田文峰天后宫进香】

6月16日上午，台湾新北市三芝小基隆福成宫叶藤吉主委率团25人护驾一尊神像到莆田文峰天后宫进香。

【白沙屯妈祖驻驾丰原武德宫一个月】

6月18日，台湾苗栗县通霄拱天宫的白沙屯妈祖移驾丰原武德宫，在丰原武德宫内驻驾一个月供信众参拜。这是白沙屯妈祖第一次出巡并在外驻驾。

【宜兰南方澳南天宫到莆田文峰天后宫进香】

6月19日下午，台湾宜兰南方澳南天宫主委陈正信率团25人到莆田文峰天后宫进香。

【新北市树林慈圣天后宫到莆田文峰天后宫谒祖进香】

6月19日下午，台湾新北市树林慈圣天后宫主委张尧智率团60人护驾两尊妈祖神像到莆田文峰天后宫谒祖进香。

【高雄三民天后宫到莆田文峰天后宫进香】

6月21日下午，台湾高雄三民天后宫主委萧凯仁率团32人护驾两尊妈祖神像到莆田文峰天后宫进香。

【苗栗紫玄宫到莆田文峰天后宫进香】

6月24日下午，台湾苗栗紫玄宫妈祖信众18人到莆田文峰天后宫进香。

【台湾莆仙同乡会商务考察团到莆田文峰天后宫进香】

6月24日下午，台湾彰化县莆仙同乡会商务考察团团长林达人、副团长杨岳富、领队林群祐与台湾基隆市莆仙同乡会商务考察团团长王志坚、副团长蔡文礼、领队陈阿兴共率团42人到莆田文峰天后宫进香。

【台南安平开台天后宫首次到妈祖故里谒祖进香】

6月23日至6月27日，台湾台南安平开台天后宫三百多年第一次到妈祖故里进香。6月23日凌晨3时，开台天后宫主委张省吾带领230名妈祖信众，恭抬"安平四妈"、千里眼、顺风耳将军从安平天后宫出轿，经平潭先后到湄洲妈祖祖庙、贤良港天后祖祠、莆田文峰天后宫、泉州天后宫进香。27日从平潭返回台湾。

【基隆市庆安宫举行庆祝漳州妈祖安座纪念三献典礼】

7月24日，台湾基隆市庆安宫举行庆祝漳州妈祖安座纪念三献典礼，基隆市副市长林永发应邀担任主祭官，依循古礼，以初献、亚献及终献等三献礼表达对妈祖的崇敬。

庆安宫内供奉的漳州妈祖是在2005年4月间由主委童永及全体委员率领信众，前往漳州齐天宫进香时恭迎回宫供奉。

【屏东县枋寮乡德静宫到莆田文峰天后宫进香】

7月27日下午，台湾屏东县枋寮乡德静宫主委陈崑论率团32人护驾4尊妈祖神像到莆田文峰天后宫进香，4尊妈祖神像当晚驻跸文峰天后宫。

【泉州市圣德宫到厦门忠仑的霄宫妈祖庙参访】

7月29日下午，福建省泉州市圣德宫妈祖信众20人，在宫主黄寅龙的率领下恭请妈祖、千顺将军、中坛元帅到厦门忠仑神霄宫妈祖庙参访。

【陆炳文在长乐致祭"天妃灵应之记"碑】

8月5日，"中华妈祖俗信文化研究中心"名誉主任陆炳文第六度造访福建长乐市，首次在太平港致祭"天妃灵应之记"碑。"天妃灵应之记"碑是具有六百多年历史的古文物，现藏存于"郑和史迹陈列馆"中，陆炳文通过文物管理部门许可，亲捧妈祖圣像，致祭于"天妃灵应之记"碑前。

【鹿港天后宫到莆田文峰天后宫进香】

8月8日，台湾鹿港天后宫主委张伟东率团19人到莆田文峰天后宫进香参访。

【陆丰乌泥天后宫到莆田文峰天后宫参香】

8月9日上午，广东陆丰乌泥天后宫卓孝普董事长率团7人到莆田文峰天后宫参香。

【梧栖浩天宫妈祖登玉山】

台湾梧栖浩天宫为祈求妈祖庇佑浩天宫扩建顺利及为信众祈福，3月份时决议背大庄妈祖攻顶台湾最高峰玉山，迎接山顶第一道曙光。庙方即向排云山庄提出申请，7月25日接到获许可通知。8月22日，庙方主委及委员一行12人在王经绽带领下前往玉山准备登山，23日住在排云山庄，24日凌晨2点出发攻顶，挑战海拔3952米的玉山。

【西螺广福宫举办"百尊千、顺将军护驾绕巡西螺"活动】

8月31日至9月4日，台湾云林西螺广福宫老大妈到妈祖故里湄洲妈祖祖庙、莆田文峰天后宫等地进香，9月4日中午回銮。为庆祝老大妈到妈祖故里进香圆满成功，庙方特别举办"百尊千、顺将军护驾绕巡西螺"活动。西螺广福宫动员友庙借调百尊的千里眼、顺风耳神将及百支哨角队、数十个阵头齐聚在西螺大桥头迎接妈祖回銮，并进行巡游活动。

【东莞朝安宫妈祖信众到湄洲妈祖祖庙谒祖进香】

9月4日，由东莞台商组成的朝安宫妈祖信众一行四百人，在董事长魏宪章、宫主张文辉、值年炉主高正忠的率领下，恭抬着分灵妈祖，以千里眼、顺风耳、电音三太子、钟馗天师团、醒狮队和诵经团为阵头到湄洲妈祖祖庙谒祖进香。

【苗栗县苑里慈和宫到湄洲妈祖祖庙谒祖进香】

9月7日，台湾苗栗县苑里慈和宫的120名妈祖信众到湄洲妈祖祖庙谒祖进香。

【嘉义县大林湖北朝天宫到莆田文峰天后宫进香】

9月8日下午，台湾嘉义县大林湖北朝天宫刘基旺主委率团41人护驾6尊妈祖神像到莆田文峰天后宫进香朝圣。

【梧栖朝元宫等四间台湾妈祖宫庙联合到湄洲妈祖祖庙进香】

9月9日上午，台湾梧栖朝元宫、基隆新朝宫、乌日玉阙朝仁宫、台中天顺宫的联合进香团一行400人在各自主委带领下，恭捧分灵妈祖，中坛元帅、千里眼、顺风耳等神尊，到湄洲岛妈祖祖庙省亲取香火。湄洲妈祖祖庙林金赞副董事长、庄美华副董事长携祖庙董监事以车鼓队为阵头到码头迎接。

9月10日，进香团到福建晋江金井下丙霞里宫进香并共同举办妈祖巡游活动。

【全台祀典大天后宫到宁德霍童天后宫进香】

9月13日，台湾全台祀典大天后宫一行13人到宁德霍童天后宫进香，宁德市台办主任黄林文、区台办主任黄朱尧陪同祭拜。

【龙岗天后古庙到莆田进香】

9月18日，深圳龙岗天后古庙进香团一行318人在陈永腾先生的带领下到中华妈祖文化研究院进香，进香团在懿明楼进行朝拜和互赠礼品仪式。当晚妈祖圣像驻跸懿明楼。9月19日，进香团到湄洲妈祖祖庙谒祖进香。

【海南省妈祖文化交流协会到莆田文峰天后宫进香】

9月21日，海南省妈祖文化交流协会罗家善会长率团45人到莆田文峰天后宫进香。

【台北松山慈祐宫到莆田文峰天后宫进香】

9月27日下午，台湾台北松山慈祐宫董事长陈玉峰率团一百多人护驾一尊济公神像到莆田文峰天后宫进香。

【昆山慧聚妈祖连续第三年赴鹿港天后宫谒祖进香】

9月28日至10月2日，江苏昆山慧聚妈祖连续第三年赴台湾鹿港天后宫谒祖进香之旅。9月28日首站驻跸宝成集团，10月1日到鹿港天后宫谒祖，10月2日返回昆山慧聚天后宫安座。

【台湾桃园当德宫等四宫庙联合到湄洲妈祖祖庙进香】

10月17日上午，台湾桃园当德宫、彰化永安圣母宫、三山国王庙、屏东天圣宫的三百余名妈祖信众，在各宫庙主委的带领下，身着庙服，恭捧分灵妈祖等神尊，联合组团到湄洲妈祖祖庙进香。

【新竹太初玄清宫到湄洲妈祖祖庙谒祖进香】

10月19日，台湾新竹太初玄清宫主委叶金进一行65人，六年内第三次到湄洲妈祖祖庙谒祖进香并留宿湄洲。湄洲妈祖祖庙监事长黄文富代表祖庙向玄清宫赠授寿山石妈祖印。

【桃园虚竹慈母宫到莆田文峰天后宫进香】

10月21日下午，台湾桃园虚竹慈母宫宫主朴婕禹率团37人护驾6尊妈祖神像第一次到莆田文峰天后宫进香朝圣。

【"心缘团"连续十七年到湄洲妈祖祖庙参访进香】

10月22日下午，188名来自香港、澳门、台湾、深圳的"心缘团"妈祖信众在团长陈勇雄的带领下，连续十七年到妈祖故里湄洲岛，开展为期两天的参访进香之旅。22日晚8点半和23日早上7点半，"心缘团"一行在湄洲妈祖祖庙天后宫内分别举行了卜杯炉主换届甄选仪式及诵经祈福活动。

【泰国妈祖信众到妈祖故里朝圣】

10月28日，泰国天一堂、泰国佛旨忉利天宫联合组成的朝圣团一行二十多人，到莆田文峰天后宫拜谒妈祖。文峰宫管委会主任陈鹭玲组织进香团统一向妈祖行三献礼。仪式后，陈鹭玲代表文峰宫向进香团赠送了《妈祖圣迹图》画册。此次泰国朝圣团还赴湄洲妈祖祖庙、贤良港祖祠朝拜。朝圣期间共恭请6尊神像回泰国供奉。

【丰原慈济宫到湄洲妈祖祖庙谒祖进香】

10月31日，台湾丰原慈济宫一行70人，在主委郑文鑫的带领下，恭捧分灵妈祖，到湄洲妈祖祖庙谒祖进香。

【台中广福宫妈祖信众到湄洲妈祖祖庙谒祖进香】

11月3日上午，台中丰原区广福宫妈祖信众一行85人到湄洲妈祖祖庙谒祖进香。

【台中梧栖浩天宫到南京天妃宫进香】

11月12日上午，台中梧栖浩天宫妈祖信众到南京天妃宫进香。

【嘉义新港奉天宫到福建参访进香】

11月15日，台湾嘉义新港奉天宫董事会董事长何达煌一行13人，到福建省霞浦松山天后行宫参访交流，商讨两宫加强交流事宜。11月16日，参访团到莆田文峰天后宫进香。

【惠安净峰墩南村后型妈祖宫到湄洲妈祖祖庙谒祖进香】

11月20日上午，福建省泉州市惠安县净峰墩南村后型妈祖宫（西姑寺）信众一千多人，身穿传统惠安女服饰，恭抬着分灵妈祖到湄洲妈祖祖庙谒祖进香。

【彰化县员林镇福宁宫到湄洲妈祖祖庙谒祖进香】

11月21日，台湾彰化县员林镇福宁宫妈祖信众一行84人，身着庙服，恭抬着分灵妈祖，三百余年来首次到湄洲妈祖祖庙谒祖进香。

【台南鹿耳门圣母庙参访厦门朝宗宫】

11月24日，台南鹿耳门圣母庙常务监事郭智辉先生率参访团一行15人到厦门朝宗宫参访，祭拜妈祖并追忆闽台郑成功的历史遗迹。

【陆丰乌坭天后宫与台湾鹿港天后宫联合举办的"妈祖巡安 两岸祈福"活动】

11月28日，广东陆丰乌坭天后宫与台湾鹿港天后宫联合举办的"妈祖巡安 两岸祈福"活动在陆丰市碣石镇举行，两岸信众共千余人参加巡安活动。巡安范围涉及十余个乡村和街市，中午驻驾玄武山妈祖殿。下午1时，依序返程。下午3时，队伍抵达乌坭天后宫，并在宫内举行安座仪式。中华妈祖文化交流协会副会长俞建忠，鹿港天后宫主委张伟东、湄洲妈祖祖庙副董事长庄美华、泉州天后宫董事长许晓晖、乌坭天后宫理事长卓孝普率两岸信众共同举行三献礼。

【台湾北港朝天宫到南京天妃宫进香】

12月4日，台湾北港朝天宫妈祖信众到南京天妃宫进香。

【旗山天后宫到鹿港天后宫谒祖进香】

12月10日，台湾旗山天后宫的鹿港湄洲妈祖，在五千多名信众护驾下，到鹿港天后宫谒祖进香。这是旗山天后宫连续第三年到鹿港天后宫进香。

【莆田市荔浦广正社妈祖宫开工重建】

1月5日，福建省莆田市荔城区荔浦村举行广正社妈祖宫开工典礼。中华妈祖文化交流协会秘书长、湄洲妈祖祖庙董事会董事长林金榜，《中华妈祖》杂志社编委副主任翁卫平、副社长颜青山，莆田市妈祖文化交流促进会会长何玉春等嘉宾参加了典礼并为广正社妈祖宫开工剪彩。

广正社妈祖宫位于荔港立交桥凯天国际南面，始建于清康熙1687年，后毁于年久失修。今在原址重建庙宇。

【苗栗后龙镇南港里清海宫建成32.2米高妈祖石像】

台湾苗栗县后龙镇南港里清海宫筹建了二十年的妈祖石像2016年年初落成亮相。该妈祖石雕圣像以266块花岗岩雕刻而成，高32.2米。清海宫建设这尊"大妈祖"石像主要是因为二十年前到湄洲妈祖祖庙进香交流时，乩童指示要求建造如同湄洲妈祖祖庙的妈祖石雕像，但二十年来由于建设用地无法落实、经费不足，工程无法如期开工。

【旗山天后宫庙前老榕树动迁】

1月20日，台湾高雄市旗山天后宫对宫庙前的一株老榕树进行移载。两年来庙方多次向妈祖掷筊，请示移栽该老榕树，直到妈祖允杯同意，庙方才进行移树工程。

【泉州东海镇蟳埔村顺济宫修缮完工】

1月28日，福建泉州丰泽区东海镇蟳埔村顺济宫修缮完工，举行妈祖安座仪式。当天，数千民众随着抬头妈祖、三太子等神像一路巡游到顺济宫，进行妈祖安座。6月2日，福建省泉州市丰泽区蟳浦村举行顺济宫重修落成庆典。

【台湾多座妈祖宫庙在地震中受损】

2月6日，台湾高雄地区发生6.7级地震，旗山天后宫牌楼上方守护妈祖的双龙抢珠在地震中毁坏。北港朝天宫妈祖庙钟鼓楼在地震中受损。

【苍南县妈祖文化园天后圣殿上梁】

2月15日，浙江省苍南县妈祖文化园举行天后圣殿上梁仪式。全县近五百名妈祖信众参加。

苍南县妈祖文化园位于苍南县马站镇南坪村坑尾，占地150亩，总投资约1.06亿元，主要建筑体包括天后宫、观音阁、三奶殿、圣父母殿、观海楼、朝天阁、钟楼、鼓楼、妈祖文化展览馆、海峡两岸民俗馆、戏台、山门等。

【嘉义县朴子市配天宫举行主梁上梁大典】

2013年3月26日凌晨，台湾嘉义县朴子市配天宫发生火灾，火灾造成正殿、山川及左右过水廊被烧毁，庙方进行修复工程。2016年3月12日举行主梁上梁大典。

【沈阳天后宫动工重建】

● 3月20日，辽宁省福建商会和辽宁省闽商公益基金会在沈阳天后宫原址举办重建奠基仪式。辽宁省福建商会会长、辽宁省闽商公益基金会理事长、沈阳天后宫筹建委员会主任倪新财；辽宁省福建商会、辽宁省闽商公益基金会、沈阳天后宫筹建委员会执行秘书长徐景泉等参加奠基仪式。仪式由筹建委员会执行秘书长徐景泉主持。

为了重建天后宫，筹建委员会、辽宁省福建商会、辽宁省闽商公益基金会共募集捐资 1300 多万元。

● 6 月 21 日上午 9 点 28 分，辽宁省福建商会、沈阳天后宫筹建委员会相关负责人在沈阳天后宫工地举行沈阳天后宫妈祖正殿上梁仪式。沈阳市宗教局局长张昕光，副局长金翔及市、区政府有关部门的负责人，沈阳天后宫筹建委员会的领导、成员等近七十人参加了上梁仪式。

【潮阳和平下宫天后古庙妈祖广场落成】

3 月 26 日，广东省汕头市潮阳区和平下宫天后古庙举行下宫天后古庙修缮竣工两周年暨妈祖广场落成庆典。来自泰国等国家和台湾省、香港特别行政区、福建及本地的宾客和信众两千多人参加了庆典仪式。

【苍南县炎亭镇燕窝妈祖庙落成】

5 月 2 日，浙江省苍南县在炎亭镇燕窝妈祖庙文化广场举行纪念妈祖诞辰 1056 周年暨庆祝燕窝妈祖庙落成庆典。中华妈祖文化交流协会副会长兼秘书长、湄洲妈祖祖庙董事会董事长林金榜，台湾鹿港天后宫董事会委员李春良和主委陈舜雄、许聪泽，苍南县妈祖文化交流协会成员及苍南县各妈祖宫庙负责人和信众参加了活动。

本次庆典活动内容包括燕窝妈祖庙和台湾鹿港天后宫签订友好缔结书、落成剪彩仪式、揭牌仪式、祭拜仪式、妈祖平安宴等。

【彰化南瑶宫迎回两尊明代晚期的妈祖神像奉祀】

9 月 8 日下午，台湾彰化南瑶宫管理人、彰化邱建富先生率领南瑶宫老大妈、圣三妈及数百名信众，到苗栗市迎请两尊有数百年历史的古董妈祖神像回宫奉祀。这两尊明代晚期的粉面、黑面妈祖神像曾流落日本、英国，2010 年由苗栗鸿雪艺术负责人李泰兴收藏，经收藏人同意，彰化南瑶宫管理人邱建富掷筊请示妈祖后，率队护持銮轿恭迎神像进驻南瑶宫。

【仙游县枫亭霞桥灵慈庙妈祖金身重修完毕】

9月11日，福建省仙游县枫亭镇霞桥灵慈庙妈祖金身重修完毕，举行妈祖开光平安巡游活动。

【海口骑楼老街中山路天后宫进行修缮】

9月28日，海南省海口骑楼老街中山路天后宫修缮及环境整治工程开工。本次修缮范围为前殿、天井和天后宫正殿等三个部分。

【营口妈祖庙文化广场改造完成】

辽宁省营口市西市区人民政府启动西大庙和妈祖庙文化广场改造工程。工程于10月11日开工，10月25日结束，历时15天，投资约150万元。本次改造工程的内容包括原6000多平方米的道板修缮，新铺设道板约4000平方米；四周商铺、牌坊及庙门正前方彩绘油漆；西大庙两侧消防通道水泥硬化；西大庙东侧场地平整，作为临时停车场。

西大庙是东北地区最早、最大的海神庙，也是东三省唯一现存的妈祖庙，建于清雍正四年（1726），已经有290年的历史。

【陆丰东海镇旧圩天后宫重建奠基】

10月27日，广东省汕尾市陆丰市东海镇旧圩天后宫（鱼街妈祖）举行重建奠基仪式。

旧圩天后宫位于东海镇红卫社区霞溪社鱼街妈10号。宫庙始建于明万历元年。至今已有443年的历史。2004年被指定为陆丰市文化保护单位。新建的天后宫占地面积近3000平方米。正殿建筑面积241平方米，配套建设有天后宫牌坊、妈祖文化广场、文化走廊、休闲凉亭、理事会办公室、食堂等。

【惠来妈祖文化公园天后宫奠基】

11月17日，广东省惠来县妈祖文化交流协会在惠来县毕田村进士山举行惠来妈祖文化公园天后宫奠基庆典活动。参加奠基庆典活动的人员有惠来县政协主席周惠琴、副县长许松青，县委宣传部副部长、县文联主席黄艾睿先生，县委宣传部副部长刘耿彬，惠来妈祖文化公园理事会会长许贞婵，中华妈祖文化交流协会常务理事、惠来县妈祖文化交流协会会长苏文炳，惠来县佛教协会会长、永福禅寺住持释惟见法师，惠来县林氏宗亲总会会长林光烈，广东省人大代表、广东润丰环保节能实业有限公司董事长廖伍，广东坚普建筑工程有限公司董事长吴协光，惠来县妈祖文化交流协会顾问李春氽，惠来县比干文化研究会副会长兼秘书长，惠来妈祖文化公园理事会顾问林汉城，惠来妈祖文化公园理事会副会长，汕潮揭各地知名企业家嘉宾及妈祖信众五百多人。

文化公园规划建天后宫、观音阁、孔庙、妈祖石雕像；配套建设老年人康复中心、中小学生夏令营基地和三层四合院等其他景观工程。

【宜兰县五结乡利泽简永安宫举行神庙落成暨妈祖登殿晋座大典】

11月17日，台湾宜兰县五结乡利泽简永安宫举行神庙落成暨妈祖登殿晋座大典。永安宫11月17日起连续三天准备红圆，平安粥供信众呷平安。永安宫妈祖庙，历经十年扩建，新旧庙将以"母子庙"方式并陈，展现古今风华。

【霞浦松山村百年古井里发现木雕妈祖和侍女】

中国新闻网9月1日报道，福建省宁德市霞浦松山村的一口百年古井里发现两尊清早期木雕，分别为木雕妈祖和侍女。妈祖神像高25厘米，侍女高18厘米，以金丝楠木为材质。

霞浦松山天后行宫董事会董事长陈梅月介绍，这套完整的木雕像为5尊神像，妈祖1尊、妈祖护将千里眼和顺风耳各1尊、侍女2尊，"文化大革命"前是供奉在天后大殿的，后来遗失了。

【新县文峰宫建造妈祖石像】

12月4日，福建省莆田市涵江区新县镇文峰宫举行妈祖石像接驾暨天妃路通车剪彩。

该妈祖石像身高 14.33 米，将安座在文峰宫后山布哨楼上，是年初由妈祖信众柯国本夫妇、新县镇文化站长陈承章、新县镇文笔村支部书记兼主任柯明生的支持倡导下，决定兴建的。

妈祖文化
年鉴
（2016）

第三部分
文创与慈善

微信公众号

- 妈祖文化：mazutianhou。
- 妈祖文化快递团：nkumzwh。
- 中华妈祖：cnmazu。
- 中华妈祖：chinamazu。
- 北京妈祖文化交流协会：bjmazu。
- 广东妈祖文化：guangdongmazu。
- 昆山妈祖文化交流协会：ksmazu。
- 泗阳妈祖文化园：symzwhy。
- 石狮妈祖文化：ssmzwh。
- 崇州市妈祖文化研究会。
- 天津天后宫。
- 妈祖文化研究院。
- 滨海妈祖文化园。
- 神州妈祖文化交流总会。
- 苍南妈祖。
- 青岛妈祖文化联谊会。
- 陆丰市妈祖文化研究会。
- 天津滨海妈祖文化园：TJBHMAZU。

●潮阳珠珍妈祖文化：HYZZMZWH。

●福建霞浦妈祖文化研究会：FJXPMZWHYJH。

●厦门市两岸妈祖文化交流协会：XMCMCCEA2016。

●宁波市莆田妈祖文化交流中心。

●龙岗妈祖文化：lgthgm。

●连江妈祖。

妈祖网站

●台湾中正大学妈祖文化研究中心：http：//mazucrc.ccu.edu.tw/。

●青岛市妈祖文化联谊会：http：//www.qdmazu.com/。

●美国妈祖基金会：https：//usmazu.org/。

●台湾彰化南瑶宫：http：//mazu.changhua.org.tw/。

●海洋财富网妈祖文化专栏：http：//www.hycfw.com/Category/110。

●云林县西螺福兴宫：http：//www.taipingmatzu.org.tw/，主办单位：财团法人西螺福兴宫。

●台中妈祖国际文化节：http：//www.mazuevent.com/。

● 2016 台中妈祖国际文化节 – 百年宫庙风华：http：//www.chenyi100.com.tw/2016tcmazu/。

●大甲妈祖国际观光文化节：http：//dajiamazu.mmhot.tw/。

●台中朝圣宫：http：//jws-video.myweb.hinet.net/。

●天津天后宫：http：//www.tjtianhougong.com/tianhougong/。

●妈祖联盟网：http：//www.mzu323.com/，主办单位：MAZU ALLIANCE LIMITED 漳浦乌石妈祖城开发有限公司、漳州乌石天后宫管委会、漳州乌石旅游开发有限公司。

● 霞霖妈祖宫：http：//www.xialingong.com/。

● 妈祖文化经贸园：http：//tj.zhaoshang.net/yuanqu/detail/278。

● 湄洲妈祖文化研究中心：http：//mzmzgl.com/home。

● 财团法人台北县金包里慈护宫：http：//www.cihugong.com.tw/。

● 中华妈祖网：http：//www.chinamazu.cn/，指导单位：中华妈祖文化交流
协会，中华妈祖文化研究院、湄洲妈祖祖庙、台湾北港朝天宫、台湾鹿港天后
宫、厦门博鼎智文传媒科技有限公司主办。

● 天下妈祖网：http：//www.mazuworld.com/，福建电子音像出版社、中华
妈祖文化交流会主办。

● 潮汕妈祖网：http：//www.csmz.net/，汕头市妈祖文化交流协会主办。

● 妈祖文化网：http：//www.mazu.name/，中国林氏宗亲网旗下公益分站。

● 莆田市妈祖文化传播有限公司：http：//pt-mazu.net/。

● 中华妈祖：http：//www.mazu.org/，妈祖网站由个人创办。

● 新华网妈祖在线：http：//www.fj.xinhuanet.com/mazu/，新华社网络中心、
中华妈祖文化交流协会主办。

● 东南网妈祖之光栏目：http：//pt.fjsen.com/xw/mz.htm，中共福建省委宣
传部主管、《福建日报》报业集团主办。

● 妈祖文化研究院：http：//202.101.111.195/mazuwh，福建省妈祖文化传
承与发展协同创新中心－妈祖文化研究会。

● 妈祖城网妈祖文化栏目：http：//mazucity.org/sitefiles/services/cms/page.
aspx?s=1&n=6，中共莆田市湄洲湾经济开发区工委宣传部主办。

● 莆田传媒网妈祖栏目：http：//www.ptweb.com.cn/mazu/，湄洲日报社主办。

● 湄洲湾北岸经济开发区网站妈祖文化栏目：http：//www.ptmzwba.gov.cn/
mzwh/，莆田市湄洲湾北岸经济开发区管理委员会主办。

● 妈祖文化－莆田侨乡时报：http：//www.0594xyw.com/lists-15.html，政
协福建省莆田市委员会主办。

● 湄洲岛网站妈祖文化栏目：http：//www.mzd.gov.cn/zwb/mzwh/，湄洲岛

国家旅游度假区管委会主办。

●莆田妈祖文化－福建站－新浪网：http：//fj.sina.com.cn/pt/zt/mzwh/，新浪公司所有。

●闽南网闽南文化妈祖栏目：http：//www.mnw.cn/wenhua/mazu/，《福建日报》报业集团主管。

●妈祖文化－莆田文化网：http：//www.ptwhw.com/?tag=妈祖文化。

●澳门中华妈祖文化基金会：http：//www.a-ma.org.mo/。

●莆仙文化网魅力妈祖栏目：http：//www.pxwhw.com.cn/mlmz/ws/，莆田市文化广电新闻出版局主办。

●湄洲在线（妈祖在线）：http：//www.mozoo.net，黄清亭主办。

●湄洲妈祖祖庙：http：//www.mz-mazu.org.cn/，中国福建莆田市湄洲妈祖祖庙董事会。

●贤良港天后祖祠：http：//www.mzdsd.org/index.html，莆田市贤良港祖祠董事会。

●安溪善坛妈祖庙：http：//www.axstmz.com，安溪善坛妈祖文化研究会主办。

●旗山天后宫：http：//www.5658.com.tw/thg/。

●安铺天后宫：http：//www.anputhg.com/。

●雪隆海南会馆（天后宫）：http：//www.hainannet.com.my/v2/lang/zh。

●莆田文峰天后宫：http：//www.wenfenggong.com/。

●泉州天后宫：http：//www.qzthg.com/，泉州天后宫董事会。

●普宁涂坑妈祖网：http：//www.pnmazu.com/，广东普宁涂坑天后圣母庙。

●东岭护海宫：http：//www.huhaimazu.com/，泉州市惠安县东岭护海宫主办。

●庐山妈祖网：http：//www.lushanmazu.org/，中国庐山天后宫董事会。

●广州南沙天后宫官网：http：//www.gznsthg.com/。

●妈祖娘娘：http：//www.mznn.com/。

●台湾北港朝天宫：http：//www.matsu.org.tw/，北港朝天宫董事会。

●台湾鹿港天后宫：http：//www.lugangmazu.org/。

●台湾竹南后厝龙凤宫：http：//www.chunan-great-mazu.org.tw/，竹南后厝

龙凤宫管理委员会。

● 台湾鹿耳门天后宫：http：//www.luerhmen.org.tw/。

● 台湾新港奉天宫：http：//www.hsinkangmazu.org.tw/，嘉义县新港奉天宫董事会主办。

● 台湾妈祖联谊会：http：//www.taiwanmazu.org/，台湾妈祖联谊会主办。

● 台湾虎尾持法妈：http：//www.chifa-mazu.org.tw/，虎尾持法妈祖宫。

● 台湾大甲镇澜宫：http：//www.dajiamazu.org.tw/。

● 白沙屯妈祖婆网站：http：//www.baishatun.com.tw/，白沙屯拱天宫。

● 台中天后宫网站：http：//www.tcmazu.org/，台中天后宫。

● 全台祀典大天后宫全球资讯网：http：//www.tainanmazu.org.tw/，祀典台南大天后宫。

● 山上天后宫：http：//www.tan-ho.org.tw/，山上天后宫管理委员会。

● 旗津天后宫全球资讯网：http：//www.chijinmazu.org.tw/，旗津天后宫。

● 高雄新庄天后宫：http：//www.ks-tienhou-temple.com.tw/。

● 台东天后宫：http：//www.taitungmazu.org.tw/。

● 安平开台天后宫：http：//www.anping-matsu.org.tw/。

报纸报道

● 1月1日《澳门日报》刊登《神州妈祖会赴台中妈祖庆典》文章。

● 1月1日《福建日报》刊登《两岸妈祖信众举行朝拜大典》文章。

● 1月1日《石狮日报》刊登《台湾一信众背着黑脸妈祖来泉祈福》文章。

● 1月1日《陆丰报》刊登《我市打造正字戏精品剧目〈妈祖〉市领导到场观看排演》文章。

● 1月1日《湄洲日报》刊登《贤良港天后圣殿竣工全球最大全木妈祖圣像开光》文章。

● 1月2日《湄洲日报》刊登《晨拜妈祖 祈福迎新》《妈祖盛名引来彝族少女来朝圣》《湄洲岛台湾岛 妈祖大爱紧相连》文章。

● 1月8日《南方日报》刊登《正字戏精品剧〈妈祖〉汕尾首演》文章。

● 1月8日《沈阳日报》刊登《天后宫将以历史原貌重现沈城》文章。

● 1月9日《湄洲日报》刊登《话妈祖 叙友谊——湄洲祖庙派员走访各地宫庙》《奇石中的妈祖圣像》《妈祖精神净化人心》《〈妈祖〉成功首演获赞誉》《以书会友 以画传情——北岸开发区举办"妈祖情·海丝梦"书画展》文章。

● 1月9日《中国边防警察报》刊登《敢拼善战"活妈祖"——福建漳州边防支队"海上110"建设纪实》文章。

● 1月9日《广州日报》刊登《陆丰正字戏〈妈祖〉首演》文章。

● 1月9日《羊城晚报地方版》刊登《戏剧"活化石"演绎民间信俗文化——陆丰正字戏精品剧〈妈祖〉7日晚登陆汕尾马思聪艺术中心首演》文章。

● 1月11日《陆丰报》刊登《青年演员担纲主演 正字戏精品剧〈妈祖〉》《湖北黄梅戏演员领略我市妈祖文化》《正字戏精品剧〈妈祖〉亮相马思聪艺术中心》《珍稀南戏新风流——陆丰正字戏精品剧〈妈祖〉首演小记》《专家观众畅谈正字戏〈妈祖〉喜见古音展新象》《缔造正字传奇再展精品力作正字戏精品剧〈妈祖〉隆重登陆马思聪艺术中心首演》文章。

● 1月12日《湄洲日报》刊登《无价红木妈祖安座朝天阁》《妈祖赐福》《妈祖吉祥锁佑平安》《大甲妈祖分灵仙游朱阳宫》文章。

● 1月12日《南方日报》刊登《戏剧"活化石"推出"青春版"——正字戏精品〈妈祖〉汕尾首演》文章。

● 1月12日《阜新晚报》刊登《天后宫将以历史原貌重现沈阳城》文章。

● 1月13日《宿迁日报》刊登《泗阳妈祖文化园获批国家4A级旅游景区》文章。

● 1月13日《中国产经新闻》刊登《缔造正字传奇再展精品力作——正字戏精品剧〈妈祖〉隆重登陆马思聪艺术中心首演》文章。

● 1月14日《海口日报》刊登《海口妈祖文化交流协会挂牌》文章。

● 1月14日《宿迁日报》刊登《泗阳妈祖文化园创成国家AAAA级旅游景区》文章。

● 1月14日《团结报》刊登《一部环渤海地区妈祖文化的专著——〈环渤海地区妈祖文化史料辑解〉读后》文章。

● 1月14日《颍州晚报》刊登《天后宫胡同》文章。

● 1月16日《中国邮政报》刊登《妈祖景区邮资明信片莆田邮政再签6年合约》文章。

● 1月18日《今晚报》刊登《大悲禅院与妈祖信仰》文章。

● 1月18日《姑苏晚报》刊登《妈祖的故乡——湄州岛》文章。

● 1月19日《湄洲日报》刊登《背着妈祖湄洲朝圣》文章。

● 1月19日《香港文汇报》刊登《陆丰精品剧〈妈祖〉汕尾首演》文章。

● 1月19日《湄洲日报》刊登《加大慈善投入 弘扬妈祖精神——祖庙再增公益行动，为湄洲岛老人分发压岁钱交医保》文章。

● 1月19日《湄洲日报》刊登《投身妈祖文化事业回报家乡——北京莆商捐资2000多万元》文章。

● 1月20日《海口日报》刊登《海口六灶天后宫国家非遗项目揭牌》文章。

● 1月21日《天津日报》刊登《纪念天津天后宫敕建690周年重新开放30周年书画展举行》文章。

● 1月21日《中国文化报》刊登《正字戏〈妈祖〉在广东首演》文章。

● 1月21日《湄洲日报》刊登《打好妈祖牌 描绘新蓝图——湄洲岛紧盯目标加快"一地三岛"建设》文章。

● 1月21日《陆丰报》刊登《市委宣传部专题总结正字戏精品剧〈妈祖〉首演精益求精传扬文明》文章。

● 1月22日《湄洲日报》刊登《"单车王"千里骑行采风追梦——在莆感受妈祖文化和禅武文化，创作了两首〈莆田颂〉》文章。

● 1月22日《每日新报》刊登《到天后宫广场赶"假日"年货大集》文章。

● 1月23日《澳门日报》刊登《全球最大红木妈祖像闽开光》文章。

● 1月23日《湄洲日报》刊登《全球最大红木妈祖圣像昨在祖庙朝天阁开光安座——由长4.22米的巴西花梨原木雕刻而成，重4吨》文章。

● 1月25日《澳门日报》刊登《水陆演戏会弘妈祖信俗》文章。

● 1月25日《湄洲日报》刊登《"戏眼"及其他——〈海神妈祖〉创作谈》文章。

● 1月26日《湄洲日报》刊登《非遗文化融合传承妈祖文化——陆丰正字戏精品剧〈妈祖〉首演》《朝拜妈祖 祈愿和平》《讲妈祖事 做文明人》《奇缘再续两岸情——全球最大红木妈祖圣像安座在湄洲妈祖祖庙朝天阁引两岸妈祖信众关注》文章。

● 1月28日《福建日报》刊登《妈祖动漫游戏和动漫电影将开拍》文章。

● 1月28日《东南早报》刊登《猴年"乞龟祈福"市民"乞得"保平安——泉州霞洲妈祖宫》文章。

● 1月29日《海峡都市报》刊登《妈祖神像昨日安座》文章。

● 1月29日《海峡导报》刊登《顺济宫重开妈祖巡境啦》文章。

● 1月29日《石狮日报》刊登《蟳埔顺济宫举行妈祖安座巡香仪式》文章。

● 1月29日《湄洲日报》刊登《砥砺奋进谱新篇——湄洲岛立足妈祖文化发挥旅游资源优势开启"十三五"发展新征程》文章。

● 1月30日《湄洲日报》刊登《2月2日央视〈乡土〉栏目播出妈妈做的饭——莆田妈祖面》文章。

● 2月1日《今晚报》刊登《天后宫春祭大典今举行》文章。

● 2月2日《城市快报》刊登《天后宫办春祭大典》文章。

● 2月2日《海峡都市报》刊登《天后宫米龟 比去年更大了》文章。

● 2月2日《唐山晚报》刊登《天后宫举行春祭大典》文章。

● 2月2日《每日新报》刊登《天后宫举行春祭大典 传统庙会提前过"年"（图）》文章。

● 2月2日《湄洲日报》刊登《台湾画家来妈祖故乡写生》《进社区扶贫助困弘扬妈祖精神》《传递敬仰传承 信俗展示工艺——深圳龙岗天后古庙妈祖供品让人叹为观止》《泉州蟳埔顺济宫修缮完工——既保留清代建筑原貌，也延续妈祖巡香民俗》《"慈善之光"照耀海岛每个角落——湄洲妈祖祖庙春节发放 300 余万元善款送温暖，创新高》文章。

● 2 月 3 日《东南早报》刊登《"听"石湖妈祖讲海丝古今》文章。

● 2 月 3 日《青岛早报》刊登《正月去天后宫"耍春"》文章。

● 2 月 3 日《半岛都市报》刊登《春节去天后宫赶庙会吧》文章。

● 2 月 4 日《青岛晚报》刊登《民间艺人"金猴献瑞"天后宫举办新正民俗文化庙会》文章。

● 2 月 4 日《惠州日报》刊登《正字戏〈妈祖〉广东首演》文章。

● 2 月 5 日《福建日报》刊登《湄洲妈祖祖庙发放春节慰问金》文章。

● 2 月 8 日《湄洲日报》刊登《陪湄洲妈祖在嘉义过年》文章。

● 2 月 9 日《湄洲日报》刊登《为弘扬妈祖文化建言献策——近百名专家学者齐聚湄洲妈祖祖庙》文章。

● 2 月 9 日《澳门日报》刊登《妈祖基金天后宫上头香》文章。

● 2 月 13 日《人民日报》刊登《佛教协会道教协会分别为台湾震区举行法会——莆田湄洲妈祖祖庙为震区祈福义捐》文章。

● 2 月 14 日《湄洲日报》刊登《妈祖故乡为台湾地震灾区祈福义捐》文章。

● 2 月 15 日《湄洲日报》刊登《北京妈祖仁爱慈善基金会上榜——"希望工程 2015 杰出贡献奖"评出》文章。

● 2 月 15 日《海峡导报》刊登《全台最早迎妈祖新社九庄妈绕境登场》文章。

● 2 月 16 日《苍梧晚报》刊登《盐河巷首届妈祖文化庙会吸引如潮人群》文章。

● 2 月 17 日《湄洲日报》刊登《秀屿区妈祖文化交流中心妈祖石雕圣像昨开光》文章。

● 2 月 18 日《国际商报》刊登《元宵灯花运往台湾妈祖》文章。

● 2 月 18 日《湄洲日报》刊登《妈祖金身绕境湄洲岛巡安布福》文章。

● 2 月 18 日《福建日报》刊登《湄洲妈祖金身绕境巡安布福》文章。

● 2 月 18 日《中国文化报》刊登《陆丰正字戏精品剧〈妈祖〉再现南戏魅力》文章。

● 2 月 19 日《东南早报》刊登《明天来霞洲妈祖宫"乞龟"乞平安——活动结束后，主办方将联合早报将 3000 斤"平安米"送给部分孤儿院养老院及困难户》文章。

● 2 月 19 日《中国艺术报》刊登《梦笔寻源展妈祖文化书法艺术》文章。

● 2 月 21 日《中国文化报》刊登《妈祖文化书法艺术展在莆田市举办》文章。

● 2 月 22 日《三峡商报》刊登《福建妈祖故里民众制作"红团"迎元宵》文章。

● 2 月 23 日《宿迁日报》刊登《妈祖园里笑语欢》文章。

● 2 月 23 日《东南早报》刊登《泉州天后宫猴年"乞龟"活动昨举行》文章。

● 2 月 23 日《石狮日报》刊登《猴年"米龟"重达 5.3 万斤乞龟祈福就到泉州天后宫》文章。

● 2 月 23 日《湄洲日报》刊登《让妈祖文化深度融入"一带一路"——访莆田文峰天后宫管委会主任陈鹭玲》《天津天后宫举行春祭大典》《高地天后宫被列为市级文物保护单位——与湄洲妈祖祖庙的渊源可追溯到 600 多年前》《近百名摄影家聚焦湄洲岛闹元宵——传承至今已逾千年的妈祖金身绕境布福是关注重点》文章。

● 2 月 23 日《齐鲁晚报》刊登《元宵节赶庙会拜妈祖长岛迎战春运最高峰》文章。

● 2 月 26 日《福建日报》刊登《莆田学院开设妈祖文化传播人才班》文章。

● 2 月 26 日《湄洲日报》刊登《展现莆仙传统文化魅力——我市"妈祖故里·欢乐春节"系列活动聚人气》文章。

● 2 月 29 日《湄洲日报》刊登《莆田学院首开"妈祖班"》文章。

● 2 月 29 日《平潭时报》刊登《祭拜妈祖 祈求平安》文章。

● 2 月 29 日《天津日报》刊登《天津妈祖文化园 9 月开园》文章。

● 2 月 29 日《张家口晚报》刊登《天津妈祖文化园 9 月开放》文章。

● 2 月 29 日《阿坝日报》刊登《天津妈祖文化园将正式对外开放》文章。

● 3 月 1 日《太行晚报》刊登《天津妈祖文化园 9 月正式对外开放》文章。

● 3 月 1 日《湄洲日报》刊登《非遗技艺妈祖蔗塔垒起新愿景》《前岐天后

宫办灯谜展》《天津天后宫津味文化浓厚》文章。

● 3 月 2 日《湛江晚报》刊登《少女"格格"笑靥如花——特色巡游队令文章湾村妈祖文化节异彩纷呈》文章。

● 3 月 4 日《东南早报》刊登《三大渔女同拜妈祖——昨日百名蟳埔女、百名惠安女、百名湄洲女共聚莆田湄洲岛》文章。

● 3 月 4 日《福州晚报》刊登《台湾推出首张妈祖 Q 版形象面膜》文章。

● 3 月 4 日《石家庄日报》刊登《天津妈祖文化园将正式对外开放》文章。

● 3 月 4 日《聊城晚报》刊登《星光辉映邮情在 妈祖佑我中华人》文章。

● 3 月 4 日《湄洲日报》刊登《福建"三大渔女"齐聚湄洲——同谒妈祖同台献演推介湄洲岛旅游》文章。

● 3 月 4 日《丹东日报》刊登《漫谈丹东地区的妈祖文化》文章。

● 3 月 7 日《湄洲日报》刊登《为妈祖文化传承培养人才》文章。

● 3 月 8 日《湄洲日报》刊登《妈祖信俗进校园》《妈祖镇桥头 漈兜永安宁——常太南川一家庙从湄洲祖庙分灵妈祖，因惠泽村民将扩建》《世界最大碛碟妈祖在建》《立足妈祖文化优势加强两岸官庙交流——湄洲妈祖祖庙举行第五届四次信众代表大会》《文峰宫"烛山"点亮新希望——昨晚文献路上千米"龙灯"挂满"百家姓"，祈福妈祖佑平安》文章。

● 3 月 8 日《文摘报》刊登《台湾：从玄天上帝到妈祖信仰》文章。

● 3 月 9 日《海口日报》刊登《妈祖巡游展示民俗文化风采》文章。

● 3 月 10 日《莆田学院报》刊登《妈祖文化学术研究要有国际视野》《我校首开妈祖文化传播人才培养特色班》《妈祖文化是"海上丝绸之路"重要的文化纽带》《妈祖文化具有地域特色和世界文化共性》《深化"妈祖文化"交流 助推"一带一路"倡议——2015 年国际妈祖文化学术研讨会论点摘编》《妈祖文化是中华民族优秀传统文化的重要组成部分》《妈祖文化资源对带动地方和区域文化产业发展具有重要价值》文章。

● 3 月 10 日《银川晚报》刊登《天津妈祖文化园将正式对外开放》文章。

● 3 月 11 日《福建侨报》刊登《马来西亚侨胞赴湄洲拜妈祖》文章。

● 3 月 12 日《湄洲日报》刊登《融合海洋精神 打造世界妈祖文化中心——

第八届海峡论坛·妈祖文化活动周和妈祖诞辰 1056 周年纪念活动筹备情况汇报会召开》文章。

● 3 月 14 日《湄洲日报》刊登《学习李克强总理关于"妈祖文化包含海洋精神"重要讲话——中华妈祖文化交流协会等举行座谈会》文章。

● 3 月 14 日《中国旅游报》刊登《福建渔家女助推妈祖文化旅游》文章。

● 3 月 14 日《中国艺术报》刊登《整合妈祖、郑成功文化品牌，打造海上丝绸之路文化名片》文章。

● 3 月 15 日《东南商报》刊登《湄洲祖庙妈祖分灵圣像移驾庆安会馆》文章。

● 3 月 15 日《湄洲日报》刊登《彰显妈祖文化独特魅力和生命力——妈祖诞辰日临近，多家台湾妈祖宫庙组团赴湄洲祖庙朝圣》《泰国妈祖信众赴湄洲祖庙谒祖》《马来西亚林氏宗亲来祖庙交流》《古俗融合新 韵点亮心灯祈福——陆丰市妈祖文化研究会诵经活动声名渐扬》文章。

● 3 月 15 日《中国海洋报》刊登《妈祖文化包含着海洋精神》文章。

● 3 月 16 日《海峡都市报》刊登《妈祖文化纳入"十三五"规划草案——来自莆田的曾云英代表建议，发挥妈祖文化在"一带一路"倡议中的作用，获国家发改委答复》文章。

● 3 月 16 日《福建日报》刊登《发挥妈祖文化作用 服务"一带一路"倡议》文章。

● 3 月 16 日《澳门日报》刊登《天后宫参与台拱天宫巡游》文章。

● 3 月 17 日《湄洲日报》刊登《发挥妈祖文化作用写入国家"十三五"规划纲要——我市全国人大代表曾云英建议被采纳》文章。

● 3 月 18 日《澳门日报》刊登《澳团参与拱天宫妈祖绕境》文章。

● 3 月 18 日《海西晨报》刊登《海豚为何叫"妈祖鱼"？》文章。

● 3 月 19 日《澳门日报》刊登《陈明确冀研妈祖文化促团结》文章。

● 3 月 20 日《澳门日报》刊登《天后宫出席台妈祖联会大会》文章。

● 3 月 21 日《沈阳日报》刊登《沈阳天后宫举行重建奠基仪式》文章。

● 3 月 21 日《中国海洋报》刊登《"妈祖文化"写入"十三五"规划纲要》文章。

● 3月22日《湄洲日报》刊登《妈祖吉祥锁》《护送妈祖神尊朝圣——台湾新惠宫时隔7年再次组团来莆》《仙游建设客山妈祖公园——将成为两岸增进交流的又一平台》《营造崇德向善浓厚氛围——秀屿区妈祖文化交流中心举办道德讲堂》《利用资源优势 深度挖掘内涵——发挥妈祖文化作用写入国家"十三五"规划纲要在莆反响强烈,中华妈祖文化交流协会召开专题讨论会》文章。

● 3月22日《澳门日报》刊登《天后宫赴台进香收获丰》文章。

● 3月23日《湄洲日报》刊登《外国运动员家属慕名拜妈祖》文章。

● 3月24日《中国海洋报》刊登《妈祖文化:"海上丝路"的精神家园》文章。

● 3月24日《澳门日报》刊登《魏氏兄弟求钻妈祖轿被拒》文章。

● 3月25日《莆田学院报》刊登《妈祖特色班学子文峰宫"上课"——现场体验"妈祖尾暝元宵",亲身感受民俗文化魅力》文章。

● 3月26日《南国都市报》刊登《"微藤圣娘庙"妈祖文化节》文章。

● 3月27日《海口日报》刊登《万泉河书画社赠书妈祖文化节》文章。

● 3月28日《湄洲日报》刊登《妈祖工艺品受青睐》《做好妈祖文化文章全力服务推进项目——周联清深入湄洲岛、北岸调研》文章。

● 3月28日《平潭时报》刊登《万人骑单车跟妈祖游台中——车友沿途赏景品尝美食》文章。

● 3月29日《城市金融报》刊登《瓷国琨瑜:德化窑妈祖坐像》文章。

● 3月29日《东南商报》刊登《124米长的水印版画你见过吗?——台湾版画家林智信的〈迎妈祖〉将在甬展出2个月》文章。

● 3月29日《宁波日报》刊登《版画巨作"迎妈祖"4月初展出》文章。

● 3月29日《现代金报》刊登《甬台两地妈祖文化交流活动本周六将在宁波举行》文章。

● 3月30日《湄洲日报》刊登《为妈祖祈福活动护航——文峰宫制锦旗表谢忱》《大学生夜访懿海园学习妈祖文化——莆田学院"妈祖班"探索个性化教学实践》《举行春季典礼传颂妈祖文化》《湄洲女服饰象征平安吉祥》文章。

● 3月31日《福州日报》刊登《连江举办妈祖文化交流大会——来自全球500多位妈祖信众齐聚一堂》《全国百名社长总编聚焦妈祖故乡——为技巧世锦

赛添彩围绕妈祖文化写入国家战略和"十三五"莆田旅游业发展采风报道各地代表昨起抵莆，明天参加开幕式》文章。

●4月1日《湄洲日报》刊登《充分发挥妈祖文化的积极作用》《"海丝"文化起点莆田海纳百川——从技巧世锦赛看妈祖故乡的国际视野》文章。

●4月1日《南方都市报》刊登《4月去巽寮感受妈祖文化》文章。

●4月1日《天津日报》刊登《我与彩塑〈护海妈祖〉（图）》文章。

●4月2日《湄洲日报》刊登《妈祖文化闪耀"海丝"——我市紧抓新机遇加快建设世界妈祖文化中心》《全国百名社长总编聚焦妈祖故乡活动启动——中国报业旅游联盟在莆成立 我市与中国美术出版总社签约合办〈油画〉杂志，并开展莆田24景油画采风活动》《中国报业协会秘书长胡怀福：天时地利人和　打好妈祖品牌》文章。

●4月3日《湄洲日报》刊登《抓住机遇打好妈祖品牌》《祖庙朝拜感受妈祖文化》《沐浴妈祖灵光　开启春天之旅——湄洲岛峰会昨举行并发布宣言》《宣传莆田增进交流——周联清会见参加全国百名社长总编聚焦妈祖故乡活动代表》文章。

●4月3日《海峡导报》刊登《中国报业旅游联盟在莆成立——全国百名社长总编聚焦妈祖故乡活动启动》文章。

●4月4日《湄洲日报》刊登《带着妈祖的祝福再出发——第25届世界技巧锦标赛闭幕式文艺演出侧记》《不虚此行 难说再见——全国百名社长总编聚焦妈祖故乡活动侧记》文章。

●4月4日《宁波日报》刊登《妈祖文化交流会在庆安会馆举行》文章。

●4月4日《鄞州日报》刊登《林智信版画〈迎妈祖〉开展》文章。

●4月5日《青岛早报》刊登《贝雕珍品"入住"天后官》文章。

●4月5日《湄洲日报》刊登《两岸妈祖宫庙交流》《争当妈祖人 勤做公益事》《印尼3家妈祖庙信众到祖庙谒祖》《台湾信众参访崇明天后宫》文章。

●4月5日《闽南日报》刊登《瞻仰湄洲妈祖 感受独特文化》文章。

●4月5日《青岛日报》刊登《青岛妈祖文化展清明开展——特色贝雕工艺讲述妈祖故事》文章。

● 4月6日《廊坊日报》刊登《中国报业旅游联盟在福建莆田成立——全国百家社长总编聚焦妈祖故乡活动启动》文章。

● 4月7日《保定日报》刊登《相聚妈祖故乡莆田开启跨界融合之旅——中国报业旅游联盟成立大会暨全国百名社长总编聚焦妈祖故乡活动剪影》文章。

● 4月7日《廊坊日报》刊登《全国百家社长总编聚焦妈祖故乡活动启动》文章。

● 4月8日《江城日报》刊登《妈祖——延伸阅读》文章。

● 4月8日《金昌日报》刊登《百家媒体聚焦妈祖故乡 报业旅游开启融合发展》文章。

● 4月8日《邵阳日报》刊登《妈祖故乡迎客来——全国百家报社社长总编"妈祖故乡"福建莆田采风图记》文章。

● 4月8日《澳门日报》刊登《天后宫赴台绕境推介澳门》文章。

● 4月9日《湄洲日报》刊登《湄洲岛获评省"十佳文明旅游景区"》文章。

● 4月9日《澳门日报》刊登《天后宫团参与大甲妈绕境》文章。

● 4月9日《中国文化报》刊登《走近妈祖诞生地》文章。

● 4月10日《平潭时报》刊登《马英九参加妈祖绕境——任内最后一次 信众夹道欢送喊加油》文章。

● 4月10日《莆田学院报》刊登《建设妈祖文化传播专业硕士点——我校召开专题工作会议》文章。

● 4月10日《汕头特区晚报》刊登《潮阳妈祖广场建碑林》文章。

● 4月10日《张家界日报》刊登《神奇莆田 妈祖故乡》文章。

● 4月11日《常熟日报》刊登《妈祖文化闪耀"海上丝绸之路"——莆田市紧抓新机遇加快建设世界妈祖文化中心》《沐浴妈祖灵光 开启春天之旅——中国报业旅游联盟举行湄洲岛峰会并发布湄洲岛宣言》文章。

● 4月11日《海峡导报》刊登《厦港疍民后裔护送妈祖"回娘家"》文章。

● 4月11日《厦门晚报》刊登《疍家女护送妈祖銮轿 厦港街区再现老民俗》文章。

● 4月12日《湄洲日报》刊登《桃园大树林天后宫组团首赴祖庙谒祖》

《"福寿宴"弘扬妈祖精神》《世界最大砗磲妈祖像即将告竣——三月廿三将在祖庙妈祖文化展览馆开光安座》《推进两岸文化交流——庆祝连江县妈祖文化研究会成立20周年》文章,《天下妈祖回娘家》图片。

● 4月12日《梅州日报》刊登《美丽莆田 妈祖故乡——百余家报社社长总编齐聚妈祖圣地,参加湄洲岛峰会》文章。

● 4月13日《鹤城晚报》刊登《神奇莆田 妈祖故乡》文章。

● 4月13日《湄洲日报》刊登《来莆考察妈祖文化》文章。

● 4月13日《澳门日报》刊登《天后宫赴台绕境赋归》文章。

● 4月14日《海峡生活报》刊登《护送妈祖"回娘家"》《银同妈祖黑脸传奇》《举世独一三面妈祖景观奇》《福建最高环岛路巨型妈祖像》文章。

● 4月14日《湄洲日报》刊登《妈祖文化的四大特征》文章。

● 4月14日《南安商报》刊登《迎来台湾大甲镇澜宫妈祖分灵巡境活动》文章。

● 4月14日《宿迁日报》刊登《泗阳妈祖园—— 净化心灵的圣地》文章。

● 4月14日《阳江日报》刊登《妈祖故乡 绿色莆田》文章。

● 4月15日《广州日报》刊登《南沙天后宫 海上迎妈祖——南沙妈祖文化旅游节将于本月底举行》文章。

● 4月15日《泉州晚报》刊登《妈祖故里 清新莆田——核心提示》文章。

● 4月15日《新快报》刊登《南沙月底为妈祖庆生连办四天文化旅游节》文章。

● 4月15日《信息时报》刊登《南沙天后宫妈祖像重塑金身》文章。

● 4月17日《湄洲日报》刊登《故事演讲比赛 弘扬妈祖精神》文章。

● 4月17日《闽北日报》刊登《茶乡水路上的妈祖情怀》文章。

● 4月18日《汕头都市报》刊登《第四届妈祖文化节22日在南澳举行》文章。

● 4月18日《汕头日报》刊登《推动南澳旅游文化发展——第四届妈祖文化节将在深澳天后宫举行》文章。

● 4月19日《城市金融报》刊登《妈祖林默,海上丝路女神》文章。

● 4月19日《东莞日报》刊登《南沙妈祖文化旅游节月底举行》文章。

● 4月19日《湄洲日报》刊登《为妈祖诞辰"三献礼"——莆田学院妈祖班与文峰宫首次携手合作》《做大做好做强妈祖文化文章——妈祖文化与"海丝"研讨会在京举行》《版画巨作〈迎妈祖〉记录台湾民间信仰实况——浙江现存规模最大天后宫庆安会馆举办甬台妈祖文化交流活动》《首届"祖庙杯"妈祖诗歌大奖赛评选结果揭晓——郑朝阳的〈致面朝大海的女子〉获特等奖》《溪白安宁祖社前往天后祖祠进香》《台湾嘉义伏龙宫26年再次来祖庙谒祖》文章。

● 4月19日《汕头都市报》刊登《建妈祖广场 弘扬传统文化》文章。

● 4月20日《澳门日报》刊登《神州妈祖文协赴台交流》文章。

● 4月20日《揭阳日报》刊登《扎根乡土 倾情记录——记惠来县妈祖文化交流协会会长苏文炳》文章。

● 4月20日《湄洲日报》刊登《妈祖文化与"海丝"研讨会在京举行》《让妈祖文化之花馨香远播——专家学者齐聚燕园畅谈妈祖文化写入国家"十三五"规划纲要产生热烈反响》《第十一届艺博会4月28日开幕》文章。

● 4月20日《天津日报》刊登《佑护三津天后宫（图）》文章。

● 4月21日《澳门商报》刊登《澳台强化妈祖文化交流》文章。

● 4月21日《洞头新闻》刊登《第七届妈祖平安节下周举行》文章。

● 4月21日《海峡生活报》刊登《妈祖文化与海上丝绸之路研讨会在北京举行》文章。

● 4月22日《湄洲日报》刊登《不落幕的嘉年华 最虔诚的信仰者——从妈祖诞辰1056周年举行系列纪念活动看妈祖文化新魅力》文章。

● 4月23日《湄洲日报》刊登《首家动漫游戏研发企业落户——以开发妈祖文化手游、动漫产品为核心》文章。

● 4月23日《汕头都市报》刊登《弘扬妈祖文化 共建幸福汕头——汕头市第四届妈祖文化节在南澳深澳天后宫举行》《弘扬妈祖文化精神同心共建幸福汕头——市第四届妈祖文化节在南澳举行》文章。

● 4月23日《汕头特区晚报》刊登《海岛古装古礼祭祀妈祖》文章。

● 4月23日《石狮日报》刊登《斗阵拜妈祖暨民随护妈祖出巡》文章。

● 4月24日《澳门日报》刊登《妈祖基金会周四起祝妈祖诞》文章。

● 4月24日《湄洲日报》刊登《系列活动纪念妈祖诞辰1056周年——央视英语新闻频道来湄洲岛拍摄并向全球播出》文章。

● 4月24日《厦门日报》刊登《情牵两岸的"妈祖会"》文章。

● 4月25日《海口日报》刊登《白沙门天后宫开展妈祖诞辰巡安活动》文章。

● 4月25日《惠州日报》刊登《巽寮妈祖文化节绚丽开幕》文章。

● 4月25日《莆田学院报》刊登《张桓忠：台湾妈祖文化研究》文章。

● 4月25日《深圳侨报》刊登《龙东居民乐享妈祖文化节》文章。

● 4月25日《深圳商报》刊登《南山举行祭祀妈祖典礼——昨天上千名信众从世界各地涌来，向这位传说中的海上庇护神表达虔诚心愿》文章。

● 4月25日《东江时报》刊登《今起5天巽寮天天有渔歌表演——惠州巽寮第五届妈祖文化旅游节本周五落幕》文章。

● 4月26日《东莞日报》刊登《巽寮湾举办"妈祖文化旅游节"》文章。

● 4月26日《海南日报》刊登《琼台同胞临高纪念妈祖诞辰1056周年》文章。

● 4月26日《湄洲日报》刊登《借助音律弘扬妈祖精神——爱心单曲〈归来〉传唱火热》《〈妈祖十德〉系列丛书文化项目将在京启动——出版后将免费赠予全球各妈祖庙》《台湾佛光山一行参访妈祖文化研究院》《台志工妈妈手绣衣物为妈祖庆生》《文峰宫信众代表赴祖祠朝拜妈祖》《寻根问祖 了却夙愿——海峡两岸多支进香团赴湄洲祖庙朝拜，场面壮观》文章。

● 4月27日《江南时报》刊登《又到"三月二十三，乌龟爬下关"南京妈祖文化旅游节后天启幕》文章。

● 4月27日《湄洲日报》刊登《护航"天下妈祖回娘家"——莆田海事局提前部署确保渡运安全》《救助贫困癫痫患者——北京妈祖仁爱慈善基金会成立专项基金》文章。

● 4月27日《南京晨报》刊登《妈祖文化旅游节后天开幕——南京祭祀妈祖与郑和下西洋有关》文章。

● 4月27日《南京日报》刊登《南京妈祖文化旅游节周五开幕》文章。

● 4月27日《烟台日报》刊登《我市2016年妈祖文化节今日开幕》文章。

● 4月28日《澳门日报》刊登《妈祖信俗图片展昨开幕》文章。

● 4月28日《海口日报》刊登《临高举办庆贺妈祖诞辰活动》文章。

● 4月28日《金陵晚报》刊登《妈祖文化旅游节后天开幕》文章。

● 4月28日《湄洲日报》刊登《纪念妈祖诞辰1056周年庙会昨启动》《有序安全 文明办会——市领导检查妈祖诞辰纪念活动筹备情况》文章。

● 4月28日《汕头特区晚报》刊登《弘扬妈祖文化精神 同心共建幸福汕头——汕头市第四届妈祖文化节剪影》文章。

● 4月28日《温州晚报》刊登《妈祖平安节本周五开幕——元觉主会场、北岙分会场各有各的精彩》文章。

● 4月28日《中国文化报》刊登《福建莆田打造世界妈祖文化中心》文章。

● 4月29日《澳门日报》刊登《学者研讨妈祖非遗保护》文章。

● 4月29日《北京晚报》刊登《为什么要给妈祖过生日？》文章。

● 4月29日《海峡导报》刊登《妈祖"过海"众人围观》文章。

● 4月29日《海峡都市报》刊登《妈祖过海龙王来拦截——山区南靖梅林，信奉海上保护神妈祖，已延续300多年》文章。

● 4月29日《湄洲日报》刊登《筹备妈祖文化研讨会》《"大爱妈祖"诗歌朗诵会举行》《妈祖文化用品博览会开幕》《标注新高度 开启新华章——妈祖诞辰日谈妈祖文化写入国家"十三五"规划纲要》《昨夜今晨，万名信众同拜妈祖》文章。

● 4月29日《汕头日报》刊登《咏妈祖》文章。

● 4月29日《澳门日报》刊登《六庙团分享传承妈祖文化》《南沙妈祖节千信众参与》文章。

● 4月29日《南方日报》刊登《妈祖文化可成为南沙推向全世界一张名片》文章。

● 4月29日《深圳商报》刊登《大鹏半岛渔民欢度妈祖诞——"五一"期间社区粤剧大戏免费看》文章。

● 4月29日《香港文汇报》刊登《穗妈祖文化旅游节揽港信众》文章。

● 4月29日《新快报》刊登《南沙妈祖文化旅游节开幕》文章。

● 4月29日《信息时报》刊登《海上迎妈祖佑南沙扬帆》文章。

● 4月29日《羊城晚报》刊登《南沙妈祖文化旅游节开幕》文章。

● 4月29日《湛江日报》刊登《流沙村举行妈祖民俗文化巡游》文章。

● 4月30日《惠州日报》刊登《纪念妈祖诞辰　弘扬妈祖文化》文章。

● 4月30日《宿迁日报》刊登《妈祖文化园 AAAA 揭牌》文章。

● 4月30日《澳门日报》刊登《澳乡亲出席汕尾妈祖节》文章。

● 4月30日《海峡导报》刊登《漳平永福也有妈祖节至今已有 300 年历史》文章。

● 4月30日《金陵晚报》刊登《"妈祖"巡游　感受文化大集》文章。

● 4月30日《湄洲日报》刊登《弘扬妈祖文化　增进同胞情谊——张克辉会见台湾客人》《〈妈祖文化读本（初级版）〉首发式举行》《世界最大砗磲妈祖圣像昨开光——彰显海洋精神　增添新的景观》《春祭妈祖典礼史上首次全球直播》《站位新高度　面向新未来　谋求新作为——参加纪念妈祖诞辰日活动嘉宾热议妈祖文化写入国家"十三五"规划纲要》《馨香传承　情满"海丝"——妈祖诞辰 1056 周年纪念大会昨在湄洲岛举行　妈祖文化写入国家"十三五"规划纲要引发热切关注》《扩大两岸交流　共谱"海丝"新篇》《民俗活动精彩助兴》文章。

● 4月30日《香港文汇报》刊登《两岸逾 5 万信众聚闽祭妈祖》文章。

● 4月30日《珠海特区报》刊登《千人共贺万山岛妈祖诞辰　醒狮采青"闹"渔家》文章。

● 5月1日《陆丰报》刊登《我市举行纪念妈祖诞辰 1056 周年庆典》《奇妙的构思，灿烂的绽放 ——陆丰正字戏精品剧〈妈祖〉锻造侧记》文章。

● 5月1日《厦门晚报》刊登《妈祖神像巡安厦港 "闽南味"阵头吸睛》文章。

● 5月1日《烟台日报》刊登《"妈祖文化"再回烟台视野——纪念妈祖诞辰 1056 周年祭典仪式成功举行》文章。

● 5月1日《珠江晚报》刊登《拜妈祖品海味享平安万山岛千人共贺妈祖诞辰》文章。

● 5月3日《海口日报》刊登《澄迈举办活动纪念妈祖诞辰》文章。

● 5月3日《海南日报》刊登《澄迈纪念妈祖诞辰 1056 周年》文章。

● 5月3日《河北经济日报》刊登《中国（曹妃甸）妈祖文化研讨会在曹妃

旬召开》文章。

● 5月3日《湄洲日报》刊登《弘扬妈祖精神 传播妈祖文化——各地举行丰富多彩活动纪念妈祖诞辰1056周年》《祖庙翡翠妈祖分灵贵屿天后古庙——妈祖大学堂授牌仪式同期举行》《彰化代天宫68年首赴祖庙谒祖》《海南首座妈祖庙隆重拜妈祖》《莆商携手当地联办特色庆典》《妈祖文化津沽文化交相辉映》文章。

● 5月3日《南国都市报》刊登《澄迈举行纪念妈祖诞辰1056周年文化活动》文章。

● 5月3日《三亚日报》刊登《蜈支洲岛举行妈祖庆生活动》文章。

● 5月3日《深圳侨报》刊登《纪念妈祖诞辰传承非遗文化》《"辞沙"祭妈祖 祈福佑平安——赤湾天后宫文化探源》文章。

● 5月3日《香港文汇报》刊登《妈祖文化联会赴湄洲岛祭典》文章。

● 5月4日《福鼎周刊》刊登《前岐举办纪念妈祖诞辰1056周年系列活动》文章。

● 5月5日《洞头新闻》刊登《两岸同胞共谒妈祖共享安福——第七届中国·洞头妈祖平安节隆重开幕》文章。

● 5月5日《海口日报》刊登《海南首个乡村妈祖协会成立》文章。

● 5月5日《温州日报》刊登《两岸同胞共谒妈祖共享安福——第七届中国·洞头妈祖平安节隆重开幕》文章。

● 5月5日《海峡生活报》刊登《朝宗宫妈祖巡安留住乡愁》文章。

● 5月5日《中国边防警察报》刊登《万名同胞齐聚福建省莆田市湄洲岛共祭妈祖》文章。

● 5月6日《福建侨报》刊登《妈祖诞辰，台胞回家的路更"畅"了》文章。

● 5月6日《湄洲日报》刊登《推介妈祖故乡旅游——第三届两岸乡村旅游圆桌会议在厦门召开》《莆田传统文化传承、保护和利用问题研究》文章。

● 5月6日《平潭时报》刊登《东庠庆妈祖诞辰两岸信众共祭拜》文章。

● 5月7日《湄洲日报》刊登《我市体现"妈祖故乡工艺莆田"主题——第十二届海峡旅博会昨在厦开幕》文章。

●5月8日《福建日报》刊登《山边的母亲海上的妈祖》文章。

●5月9日《福建日报》刊登《妈祖文化创意设计大赛莆田启幕》文章。

●5月9日《湄洲日报》刊登《湄洲岛食药监分局加强食品监管保障妈祖诞辰祭典活动》文章。

●5月9日《人民日报（海外版）》刊登《海内外华人纪念妈祖诞辰》文章。

●5月10日《福建日报》刊登《大爱妈祖》文章。

●5月10日《湄洲日报》刊登《"宝岛歌王"来湄洲拜妈祖——叶启田为闽南语歌曲〈爱拼才会赢〉原唱》《依托妈祖文化资源优势 激发乡贤合力建设家乡》《"妈祖文化与海洋精神"学术研讨会10月将在湄洲岛举行》《扩大交流 增进友谊——台中多家宫庙联合组团赴祖庙谒祖进香》《马来西亚新山林氏宗亲会首次赴祖祠寻根》《台湾龙德宫"仙女轿班"引人注目》文章。

●5月11日《陆丰报》刊登《我市妈祖文化艺术团赴广州演出》《弘扬大爱精神 传承非遗文化——正字戏〈妈祖〉在市妈祖文化景区展演》文章。

●5月11日《南方法治报》刊登《马宫热闹祭妈祖——汕尾庆祝天后娘娘1056岁，警方强化安保活动秩序井然》文章。

●5月11日《云浮日报》刊登《长盛不衰的特色庙会——记传承730多年的郁南建城"天后（妈祖）庙会"》文章。

●5月11日《中国文化报》刊登《南山"辞沙"祭妈祖仪典传承600年古风民俗》《赤湾天后宫简介》文章

●5月12日《深圳特区报》刊登《"妈祖故里"带来"海丝巨舰"》文章。

●5月13日《福建侨报》刊登《厦门两岸妈祖文化交流协会赴新参访》文章。

●5月13日《湄洲日报》刊登《突出"海丝"主题展现工艺魅力》文章。

●5月15日《湄洲日报》刊登《晨谒妈祖 朔望行香——湄洲妈祖祖庙这一祭拜仪式今日起常态化举行》文章。

●5月16日《湄洲日报》刊登《妈祖文创产品受关注》文章。

●5月16日《厦门晚报》刊登《我们的"妈祖"》文章。

●5月16日《今晚报》刊登《天后宫》文章。

●5月17日《湄洲日报》刊登《为妈祖圣像挂彩带》《晋江妈祖文化交流团

赴霞浦交流》《长岛循古制办春祭典礼纪念妈祖》《传承妈祖慈悲精神 救助生活困难人群——台湾新竹香山天后宫连续3年赴祖庙谒祖》《全球征文大赛启幕——发挥妈祖文化等民间文化的积极作用》《“天后诞”传承非遗文化——深圳东渔社区举办30届民俗文化节》文章。

● 5月17日《城市导报》刊登《女神重光茸城信 俗点靓方塔——写在上海天妃宫恢复妈祖文化15周年之际》文章。

● 5月19日《福建日报》刊登《湄洲妈祖祖庙有了红十字救护站》文章。

● 5月19日《侨乡科技报》刊登《清代妈祖木雕像》文章。

● 5月19日《青岛早报》刊登《木版年画印刷机亮相天后宫》文章。

● 5月20日《湄洲日报》刊登《做妈祖故乡文明人》《2座妈祖义工志愿服务站昨投用——创新载体助力莆田创城》《清新湄洲任你游——湄洲岛出台优惠政策广邀八方宾客同沐妈祖灵光》文章。

● 5月23日《瓷都德化》刊登《浅评瓷雕〈妈祖〉》文章。

● 5月24日《渤海早报》刊登《三尊妈祖辇驾有了“居所”——移至北塘倓虚讲寺妈祖殿》文章。

● 5月24日《湄洲日报》刊登《普宁英歌舞献礼妈祖》《陆丰正字戏首演〈妈祖〉》《建设妈祖文化生态园 助推城乡一体化发展》《创新交流传播形式 传承优秀文化遗产——晋江市妈祖文化研究会开设“妈祖大学堂”》《盖尾莲坂办爱心食堂——七旬以上老人可免费就餐祖籍仙游的常州市妈祖文化交流协会会长史茂聪倡议》文章。

● 5月24日《中国民族报》刊登《重塑莆田商人新形象，妈祖信仰可以助力》文章。

● 5月24日《海峡导报》刊登《上交所厦门交易中心发行妈祖文化纪念币》文章。

● 5月25日《人民日报（海外版）》刊登《台信众祭妈祖》文章。

● 5月26日《湄洲日报》刊登《“妈祖故乡”的新传说——新华社昨播发报道》《筹备妈祖文化周活动》文章。

● 5月26日《香港文汇报》刊登《马祖朝拜妈祖追逐蓝眼泪》《岛上妈祖庙

天后宫特多》文章。

● 5月26日《新华每日电讯》刊登《"妈祖故乡"：海洋基因演绎新传奇》文章。

● 5月27日《苏州日报》刊登《苏州妈祖祭祀风俗》文章。

● 5月28日《福建日报》刊登《全球妈祖文化征文暨摄影大赛启动》《妈祖文化活动周将在莆田举行》文章。

● 5月30日《湄洲日报》刊登《以"中华妈祖情 两岸一家亲"为主题妈祖文化活动周6月7日启幕》文章及诗词《林默娘》。

● 5月31日《福建日报》刊登《〈妈祖与海洋文化〉出版》文章。

● 5月31日《湄洲日报》刊登《妈祖走水 龙舟竞渡——端午节将临，霞浦龙舟赛即将举行》《陆丰妈祖文化主动"融珠"》《中华妈祖情 两岸一家亲——台湾台中大里福兴宫300多年来首次赴祖庙谒祖》《妈祖文创产品获"福建好礼百佳作品奖"——助推湄洲岛旅游商品市场化品牌化产业化发展》文章。

● 5月31日《珠江晚报》刊登《280桌围宴庆妈祖诞辰桂山岛居民及游客近3000人共同体验盛事》文章。

● 6月1日《湄洲日报》刊登《推动妈祖文化"走出去"》文章。

● 6月3日《海峡导报》刊登《泉州蟳埔女盛装祭妈祖》文章。

● 6月5日《湄洲日报》刊登《〈祥瑞湄洲〉7日起对外演出》文章。

● 6月6日《湄洲日报》刊登《同谒妈祖 共享平安——两岸百户妈祖信众家庭昨欢聚交流》文章。

● 6月7日《渤海早报》刊登《妈祖文化园初展雄姿》文章。

● 6月7日《今晚报》刊登《妈祖文化园雏形初现》文章。

● 6月7日《湄洲日报》刊登《妈祖家宴 情满校园——莆田学院举办第12届"老蒲鲜"杯饮食文化节传播妈祖文化》《〈妈祖与海洋文化〉一书出版——为国内外首部较全面系统地研究妈祖与海洋文化关系专著》《妈祖文化是电影创作良好题材——专访香港电影制片家协会主席、香港影业协会理事长洪祖星》《台湾妈祖文化参访团到蓬莱联谊》《异乡端午演绎两岸一家亲——台湾妈祖信众在涵江与当地村民一起包春卷品粽子话情谊》文章。

● 6月8日《福建日报》刊登《第八届海峡论坛·妈祖文化活动周开幕》文章。

● 6月8日《湄洲日报》刊登《第八届海峡论坛·妈祖文化活动周昨开幕》《海峡两岸青年歌会昨晚举行——海峡情妈祖缘青春曲》文章。

● 6月9日《福建日报》刊登《妈祖情 一家亲》文章。

● 6月9日《临川晚报》刊登《端午假期到市博物馆看莆田文化遗产图片展 展出莆田妈祖信俗、风土人情等摄影作品174件》文章。

● 6月9日《湄洲日报》刊登《签订多项合作意向——两岸妈祖文化创意产业对接交流会举行》文章。

● 6月9日《人民日报（海外版）》刊登《两岸青年共唱妈祖缘》文章。

● 6月9日《宿迁日报》刊登《妈祖文化园"粽"动员》文章。

● 6月10日《福州晚报》刊登《再现万国茶帮拜妈祖景象》文章。

● 6月10日《湄洲日报》刊登《同叙妈祖情缘 共扬妈祖文化》文章。

● 6月10日《莆田学院报》刊登《莆院有个妈祖班》《妈祖班日记之东庄行》《首部系统论述妈祖与海洋文化关系的专著出版——为我校14位专家、学者历时两年共同撰写》文章。

● 6月11日《湄洲日报》刊登《指导莆田参与"海丝"申遗——宋新潮来莆调研》文章。

● 6月12日《柳州晚报》刊登《天后宫》文章。

● 6月13日《中国文化报》刊登《第八届海峡论坛·妈祖文化活动周开幕》文章。

● 6月14日《湄洲日报》刊登《妈祖义工送温暖》《展示湄洲风情 传播妈祖文化》《捐赠金丝玉身妈祖圣像——莆籍南宋官窑非物质文化遗产传承人叶国珍》文章。

● 6月15日《今日常山》刊登《常山天妃宫：护城河畔的妈祖信仰》文章。

● 6月15日《中国艺术报》刊登《古朴厚重之风格 可亲可敬之妈祖——评莆仙戏新编传奇剧〈海神妈祖〉》文章。

● 6月15日《南国都市报》刊登《三年精心修缮落帷幕海口天后宫焕新颜 三十三块碑文展示海南海上丝绸之路历史脉络》文章。

● 6月17日《中国旅游报》刊登《妈祖文化活动周在湄洲岛举办》文章。

● 6月21日《湄洲日报》刊登《渔民出海就安放妈祖和北斗》《闽浙妈祖文化交流团赴闽南交流》《分灵妈祖像助圣母三妈文化协会成立——推动妈祖文化在台湾基层宫庙的传播》《马六甲海峡是古代"海丝"路上的重要通道——发现一尊300多年前的妈祖圣像，进一步证明了马六甲妈祖文化积淀深厚》《台湾苗栗竹南后厝龙凤宫赴湄洲朝圣》文章。

● 6月26日《湄洲日报》刊登《少儿书亲情墨香飘两岸》文章。

● 6月27日《宁波日报》刊登《镇海找到4处天后宫遗址》文章。

● 6月28日《湄洲日报》刊登《沈阳天后宫重建妈祖正殿上梁》《台湾八旬妈祖义工跨越海峡为患者义诊》《汕头潮阳一宫庙回祖庙谒祖》《台湾南方澳南天宫直航湄洲27周年众船长再回祖庙交流谒祖》文章。

● 6月29日《湄洲日报》刊登《践行"三新"理念打造世界妈祖文化中心——学习和实践治国理政新理念新思想新战略体会》文章。

● 7月4日《湄洲日报》刊登《妈祖城游乐公园项目破土动工》文章。

● 7月4日《中国海洋报》刊登《妈祖巡香：正月里最后的祝福》文章。

● 7月5日《湄洲日报》刊登《千里奔波谒妈祖》《弘扬妈祖精神 帮助困难人士——台湾安平天后宫300多年首赴祖庙谒祖》《厦门朝宗宫造访台湾妈祖宫庙》《情景舞诠释妈祖精神内涵获赞》文章。

● 7月5日《今日镇海》刊登《镇海确定四处天后宫遗址最早一处距今660年》文章。

● 7月7日《湄洲日报》刊登《晨谒妈祖 夜赏祥瑞》《常太山村有座始建于清朝的常丰宫》文章。

● 7月8日《汕头都市报》刊登《"妈祖故里"福建湄洲岛开启准大学生"免费游"》文章。

● 7月10日《人民铁道报》刊登《"妈祖故里"福建湄洲岛开启准大学生"免费游"》文章。

● 7月12日《湄洲日报》刊登《送文化下乡 走进妈祖阁》《温州洞头举办妈祖平安节》《赴妈祖研究院参访交流》《80后诗人寻访妈祖圣迹》《复制咸丰御

匾续缘台南大天后宫参访朝宗宫》文章。

● 7月12日《南充晚报》刊登《"妈祖故里"福建湄洲岛开启准大学生"免费游"》文章。

● 7月15日《湄洲日报》刊登《妈祖故里荡正气》文章。

● 7月19日《闽南日报》刊登《"妈祖故乡"来漳开展旅游推介》文章。

● 7月19日《厦门日报》刊登《妈祖文化促进会成立》文章。

● 7月19日《湄洲日报》刊登《两岸妈祖宫庙负责人在京共议弘扬妈祖文化》《弘扬妈祖精神 创新文化发展》《福州大学学子来莆探访妈祖文化》《妈祖像安座霞浦长春外城圣母宫》《华裔青少年湄洲岛体验妈祖文化》《台湾信众恭送郑成功像到朝宗宫拜谒妈祖》《天津妈祖文化园主体完工》《"开水路"妈祖传统民俗场面壮观》文章。

● 7月19日《厦门晚报》刊登《妈祖文化促进会近日在厦门成立》文章。

● 7月21日《海峡导报》刊登《把妈祖文化发扬光大》文章。

● 7月21日《湄洲日报》刊登《感受妈祖文化内涵》文章。

● 7月21日《今日岱山》刊登《羊府宫、天后宫、张老相公庙与旧时东沙角祭海庆典》文章。

● 7月22日《滨海时报》刊登《宗国英会见台湾妈祖联谊会客人》文章。

● 7月22日《福建侨报》刊登《福建省妈祖文化促进会在厦门成立》文章。

● 7月22日《人民日报（海外版）》刊登《福建省成立妈祖文化促进会》文章。

● 7月23日《湄洲日报》刊登《"情系青春——两岸青年八闽行"昨在湄洲岛启动》文章。

● 7月24日《每日商报》刊登《两岸妈祖宫庙负责人在京共议弘扬妈祖文化》文章。

● 7月24日《汕头日报》刊登《妈祖谜会 宣传慈爱》文章。

● 7月25日《湄洲日报》刊登《莆仙戏〈海神妈祖〉将亮相丝绸之路国际艺术节——9月7日至21日在西安演出》文章。

● 7月26日《湄洲日报》刊登《学习妈祖文化 弘扬妈祖精神——浙江传媒

学院学子赴妈祖故里开展妈祖实践活动》《回銮妈祖巡城祈求平安——赤柱妈祖宫首赴台湾姐妹宫交流》《陆丰正字戏〈妈祖〉光碟发行》《天津天后宫入选国家级海峡两岸交流基地》《"海上女神"录制完成——拍摄电视纪录片〈霞浦·千里海疆行〉》文章。

● 7月27日《滨海时报》刊登《妈祖文化园建筑主体完工》文章。

● 7月27日《福建日报》刊登《妈祖文化促进会在厦成立》文章。

● 7月29日《天津日报》刊登《2016首届妈祖省亲骑行活动启动》文章。

● 8月2日《湄洲日报》刊登《携手共拓妈祖精神传播渠道》《为妈祖换袍仪式在天津天后宫举行》《加深了解 增进感情——300多名两岸青年相聚湄洲岛学习妈祖文化》《"愿携手前行，共创美好未来"——台湾大甲镇澜宫一行赴中华妈祖文化研究院参访交流》《捐赠者赵柳成被授予"莆田市荣誉市民"——世界最大翡翠妈祖圣像安座湄洲妈祖祖庙》文章。

● 8月3日《湄洲日报》刊登《妈祖文化与"海丝"主题文化讲堂开讲》《湄洲妈祖祖庙2016年奖教奖助学办法发布》文章。

● 8月6日《湄洲日报》刊登《展示"妈祖故乡工艺莆田"特色》文章。

● 8月8日《汕头特区晚报》刊登《厦岭妈宫俗信弘扬妈祖文化敦睦乡情乡谊》文章。

● 8月8日《颍州晚报》刊登《天后宫巷古井》文章。

● 8月8日《泉州晚报》刊登《8个"海丝"史迹修缮方案获批复》文章，8个"海丝"史迹包括开元寺双塔、九日山摩崖石刻石佛亭、真武庙、天后宫西厢房、伊斯兰教圣墓、草庵、屈斗宫德化窑遗址、德济门遗址。

● 8月9日《宿迁日报》刊登《天后宫》文章。

● 8月9日《湄洲日报》刊登《音乐助兴妈祖文化旅游——海峡流行乐团邀请赛在湄洲岛如火如荼举行》《首届海峡两岸妈祖省亲骑行启动》《妈祖义工为台胞送清凉》《为病患者捐款践行妈祖精神》《捐资捐物重建白漈宫——奉祀湄洲妈祖祖庙分灵妈祖》文章。

● 8月10日《今晚报》刊登《天后宫》文章。

● 8月11日《福建日报》刊登《一对姐妹花的"妈祖髻"情结》文章。

● 8月11日《陆丰报》刊登《市妈祖文化研究会收集妈祖信俗资料存历史印迹传文化符号》文章。

● 8月12日《广州日报》刊登《南沙天后宫暂停开放因景区部分山体滑坡暂时封闭》文章。

● 8月13日《扬中日报周末》刊登《天后宫》文章。

● 8月14日《平潭时报》刊登《妈祖超越财神登榜首》文章。

● 8月15日《湄洲日报》刊登《海峡两岸书画家联谊笔会在莆举行——丹青颂妈祖》文章。

● 8月16日《福州晚报》刊登《〈马尾船政天后宫〉获日冠军》文章。

● 8月16日《湄洲日报》刊登《妈祖缘 同胞情》《增进基层妈祖文化交流——台湾鹿港天后宫走访涵江部分妈祖庙》《展现中华武学 弘扬妈祖精神——武术公益巡演首站设在湄洲妈祖祖庙》文章。

● 8月16日《汕头特区晚报》刊登《妈祖超越财神登榜首》文章。

● 8月16日《香港文汇报》刊登《台十大神明榜妈祖最受欢迎》文章。

● 8月18日《齐鲁晚报》刊登《青岛市妈祖文化联谊会第二届常务理事会胜利召开》文章。

● 8月18日《海峡时报》刊登《船政天后宫》文章。

● 8月20日《广州日报》刊登《林姓：贤人比干之后妈祖泽被千年》文章。

● 8月23日《城市导报》刊登《方塔园浦江妈祖图形商标注册成功》文章。

● 8月23日《湄洲日报》刊登《弘扬妈祖文化 促进交流合作——厦门市莆田商会联合部分省级驻厦办赴湄洲岛参访》文章。

● 8月24日《福建日报》刊登《湄洲妈祖祖庙发放奖教助学金260万元》文章。

● 8月24日《湄洲日报》刊登《勘录妈祖宫庙留存文化符号——〈陆丰妈祖〉一书将出版》《龙溪宫：唯一供奉妈祖的畲族宫庙》《夜间沙滩听劲曲晨起祖庙拜妈祖——"湄洲之夏"海峡流行乐团邀请赛复赛促旅游热升级》《夜间沙滩听劲曲 晨起祖庙拜妈祖——"湄洲之夏"海峡流行乐团邀请赛复赛促旅游热升级》《美国华人教授来莆考察妈祖文化》《厦门朝宗宫办16岁成年礼》文章。

● 8月24日《厦门晚报》刊登《弘扬妈祖文化 拓展合作共赢——厦门市莆田商会联合省级驻厦办，举办"一带一路"投资合作论坛》文章。

● 8月25日《湄洲日报》刊登《湄洲妈祖祖庙董事会发放260余万元奖教助学金》文章。

● 8月26日《湄洲日报》刊登《用心演绎 大爱妈祖——湄洲岛本土文化大戏〈祥瑞湄洲〉幕后探秘》文章。

● 8月30日《湄洲日报》刊登《打造国际节庆新品牌促妈祖故里走向世界——写在湄洲岛获"世界节日活动之城"称号5周年之际》《〈湄洲天上圣母真经〉最新版出版——传递妈祖精神的巨大力量和广大信众的美好愿想》文章。

● 8月31日《扬中日报》刊登《天后宫路更亮啦》文章。

● 9月1日《城市快报》刊登《妈祖旅游节（图）》文章。

● 9月1日《今晚报》刊登《第八届妈祖文化旅游节9日开幕》文章。

● 9月1日《陆丰报》刊登《正字戏精品剧目〈妈祖〉：广东戏曲频道专场播出》文章。

● 9月1日《每日新报》刊登《16.6米〈妈祖圣迹图〉长卷亮相》文章。

● 9月1日《天津日报》刊登《中国·天津妈祖文化旅游节9月举行》文章。

● 9月2日《中老年时报》刊登《第八届妈祖文化节下周举行》文章。

● 9月3日《湄洲日报》刊登《莆仙戏〈海神妈祖〉昨晚举行公益性展演》《千秋海甸仰英灵——小议〈妈祖与海洋文化〉》《莆田正式加入"海丝"申遗城市联盟》文章。

● 9月5日《湄洲日报》刊登《海神妈祖护航"海丝"之路——新编精品莆仙戏〈海神妈祖〉本周赴西安参加第三届丝绸之路国际艺术节》文章。

● 9月5日《今晚报》刊登《说不尽的天后宫》文章。

● 9月6日《福州晚报》刊登《传承妈祖文化 弘扬武术精神》《深度体验妈祖文化和南少林寺文化》文章。

● 9月6日《湄洲日报》刊登《践行妈祖精神 保护海洋环境——海神集团携手妈祖祖庙在金海岸举行放生活动》《见义勇为"妈祖人"受表彰》《首届妈祖省亲骑行活动起驾仪式举行》《2016年中国农民艺术节"小康电视节目工程颁奖

典礼"将在湄洲岛举行》文章。

- 9月7日《今日象山》刊登《为妈祖巡安赶制灯箱》文章。

- 9月8日《渤海早报》刊登《拥有全球最高妈祖像》文章。

- 9月8日《天津日报》刊登《情系"海上丝路"弘扬妈祖精神》文章。

- 9月9日《澳门日报》刊登《闽澳深化合作打造妈祖文化品牌》文章。

- 9月9日《福建日报》刊登《中马杂志社签订合作协议共同弘扬妈祖精神》文章。

- 9月9日《今晚报》刊登《11日来滨海新区看世界最高妈祖》文章。

- 9月9日《湄洲日报》刊登《首本〈妈祖文化〉英文校本课程教材编成》《推进民心相通增进文化认同——〈中华妈祖〉与〈海南之声〉杂志社资讯互通备忘录签约仪式举行》文章。

- 9月10日《今晚报》刊登《妈祖文化旅游节今开幕》文章。

- 9月10日《湄洲日报》刊登《中华妈祖文化交流协会常务理事会在莆召开张克辉林兆枢出席》文章。

- 9月10日《中老年时报》刊登《老夫妻赶制妈祖戏装》文章。

- 9月11日《城市快报》刊登《妈祖文化旅游节开幕（图）》文章。

- 9月11日《今晚报》刊登《妈祖文化园上午开园》文章。

- 9月11日《渤海早报》刊登《天后宫获批两岸交流基地》文章。

- 9月12日《今晚报》刊登《天后宫成"海峡两岸交流基地"》文章。

- 9月12日《澳门日报》刊登《最高妈祖像》文章。

- 9月12日《滨海时报》刊登《天津滨海妈祖文化园揭牌》文章。

- 9月12日《城市快报》刊登《妈祖文化园开园（图）》文章。

- 9月12日《东南早报》刊登《400余台湾妈祖信众泉州天后宫进香》文章。

- 9月12日《湄洲日报》刊登《参加在西安举行的第三届丝绸之路国际艺术节莆仙戏〈海神妈祖〉昨晚精彩献演》《湄屿潮音唱新声——湄洲岛立足妈祖文化提升站位绘宏图》文章。

- 9月12日《天津日报》刊登《第八届中国·天津妈祖文化旅游活动举行——天后宫被授予国家级"海峡两岸交流基地"》文章。

● 9月13日《今晚报》刊登《第八届中国天津妈祖文化旅游节活动盛况》文章。

● 9月13日《湄洲日报》刊登《借力妈祖文化 融入"一带一路"——我市组织收看央视〈一带一路〉纪录片》《千年古戏首次唱响西安妈祖文化传播丝绸之路——新编莆仙戏〈海神妈祖〉精彩献演第三届丝绸之路国际艺术节侧记》《认祖归宗传承美德——朝安宫400位台商回妈祖故里省亲谒祖》文章。

● 9月13日《天津工人报》刊登《妈祖文化活动促进产业升级》文章。

● 9月13日《半岛都市报》刊登《胡氏风云——从胡家庄到天后宫，跌宕起伏的胡氏家族》文章。

● 9月15日《三秦都市报》刊登《莆仙戏〈海神妈祖〉亮相西安》文章。

● 9月15日《天津日报》刊登《妈祖文化与海上丝路——写在第八届中国·天津妈祖文化旅游节闭幕之际》《弘扬妈祖文化促进两岸交流（图）——第八届中国·天津妈祖文化旅游节活动掠影》《本市天后宫获批海峡两岸交流基地（图）——天津妈祖文化艺术研究中心成立暨妈祖·情系海上丝绸之路书画展同时举行仪式》文章。

● 9月15日《西安晚报》刊登《〈海神妈祖〉首次亮相丝路起点》文章。

● 9月16日《福建侨报》刊登《湄洲妈祖祖庙发放奖教助学金260万元》文章。

● 9月16日《文化艺术报》刊登《"孔子""妈祖"来长安》文章。

● 9月17日《华商报》刊登《福建省莆仙戏〈海神妈祖〉首次亮相西安——绽放独特艺术魅力》文章。

● 9月17日《中老年时报》刊登《滨海妈祖文化园迎客——津城42.3米妈祖圣像全球最高》文章。

● 9月18日《滨海时报》刊登《天津滨海妈祖文化园揭牌》文章。

● 9月18日《渤海早报》刊登《妈祖文化园游人如织》文章。

● 9月18日《湄洲日报》刊登《首次参加西部文博会莆田参展团获最佳展示奖》文章。

● 9月19日《南方日报》刊登《游走惠东古城古村古建筑和民俗里觅乡

愁——平海古城听军声 范和古村迎妈祖 皇思扬古村兴学堂》文章。

● 9 月 20 日《湄洲日报》刊登《湄洲妈祖分灵多伦多——加拿大莆仙同乡会牵头建设中华湄洲妈祖庙》《湄洲妈祖祖庙向天津天后宫赠送金匾》《挖掘湄洲特色元素弘扬妈祖大爱精神——2016 年中国农民艺术节"小康电视节目工程颁奖典礼"在湄洲岛落幕侧记》《祖庙导游比赛助力湄洲岛创 5A》《走访互动增进友谊——台湾 5 家宫庙联合赴祖祠进香》文章。

● 9 月 21 日《国际商报》刊登《丹台妈祖文化经贸交流联谊活动举办》文章。

● 9 月 23 日《东南早报》刊登《德济门与天后宫妈祖文化传千年》文章。

● 9 月 23 日《湄洲日报》刊登《央视近期密集关注莆田今日四套播出〈妈祖故里——莆田〉》文章。

● 9 月 26 日《湄洲日报》刊登《最大妈祖圣像掠影》《"海丝"申遗绽放世遗精彩妈祖精神引领海洋未来——湄洲妈祖祖庙对接国家"十三五"规划纲要打造精神家园、文化家园、生态家园》《凝心聚力绘宏图 砥砺奋进谱新篇——湄洲岛立足妈祖文化旅游资源优势抓住新机遇加快推进"一地三岛"建设》文章。

● 9 月 27 日《湄洲日报》刊登《天津滨海妈祖文化园揭牌》《王宫：莆田北部山区三大妈祖宫之一》《溯源感恩 共佑平安——深圳龙岗天后古庙来妈祖故乡谒祖省亲》《泉州客人到陆丰福山天后宫参访》《台湾"莆田新娘"回娘家》《台湾苑里慈和宫百余名信众赴祖庙谒祖进香》文章。

● 9 月 29 日《海口日报》刊登《中山路天后宫修缮工程开工》文章

● 9 月 29 日《昆山日报》刊登《"昆山妈祖"昨日起驾回娘家》文章。

● 9 月 29 日《无锡商报》刊登《莆田商会——妈祖海鲜城开业之喜》文章。

● 10 月 2 日《滨海时报》刊登《游妈祖看名校倍儿养眼》文章。

● 10 月 3 日《城市商报》刊登《"昆山妈祖"顺利回家》文章。

● 10 月 3 日《海口日报》刊登《澄迈举办祭祀妈祖大典祈福活动》文章。

● 10 月 3 日《苏州日报》刊登《文化交流"心连心"——"昆山妈祖"顺利返回》文章。

● 10 月 4 日《石狮日报》刊登《妈祖天后像》文章。

● 10 月 7 日《澳门日报》刊登《妈祖文化旅游节周日开幕》文章。

● 10月7日《香港文汇报》刊登《妈祖巡游澳门推广云南旅游》文章。

● 10月7日《云南日报》刊登《我省将赴澳门协办妈祖文化旅游节》文章。

● 10月7日《湛江晚报》刊登《第二届妈祖文化旅游节将于9日举办》文章。

● 10月8日《澳门日报》刊登《妈祖文化节多处道路交管》文章。

● 10月8日《昆山日报》刊登《增进两岸文化交流——"昆山妈祖"回娘家活动圆满落幕》文章。

● 10月8日《宁波晚报》刊登《妈祖信仰在宁波》文章。

● 10月9日《澳门日报》刊登《妈祖文化旅游节今开幕》文章。

● 10月9日《福建日报》刊登《本土制作纪录片〈天下妈祖〉登陆央视》文章。

● 10月9日《湄洲日报》刊登《5集纪录片〈天下妈祖〉今晚央视9套播出——历时2年拍摄，遍及全球18个国家和地区，探寻数百座宫庙》文章。

● 10月9日《泉州晚报》刊登《〈天下妈祖〉今晚亮相央视》文章。

● 10月9日《今晚报》刊登《天后宫秋祭大典上午举行》文章。

● 10月10日《澳门日报》刊登《妈祖文化旅游节昨开幕》《妈祖绕境巡游场面盛大》文章。

● 10月10日《半岛都市报》刊登《重阳祭妈祖，两岸共聚崂山祈福——青岛妈祖文化联谊会在王哥庄妈祖庙举行祭奠仪式》文章。

● 10月10日《青岛日报》刊登《妈祖祭典仪式昨在崂山区举行》文章。

● 10月10日《人民日报》刊登《纪录片〈天下妈祖〉亮相央视》文章。

● 10月10日《云南日报》刊登《澳门妈祖文化旅游节开幕——活动由云南省政府协办》文章。

● 10月10日《湛江晚报》刊登《弘扬妈祖文化祈福九九重阳》文章。

● 10月10日《城市信报》刊登《两岸妈祖祭典 重阳崂山敬老送福》文章。

● 10月10日《湄洲日报》刊登《纪念妈祖羽化升天1029周年湄洲岛昨举行两岸海祭妈祖活动》文章。

● 10月10日《青岛晚报》刊登《两岸共同祭妈祖 逢重阳敬老送福——青岛市妈祖文化联谊会昨在王哥庄举行妈祖祭典仪式》文章。

● 10月11日《海峡导报》刊登《纪录片〈天下妈祖〉两岸首映》文章。

● 10月11日《柳州日报》刊登《〈天下妈祖〉两岸同步首播——五集240分钟浓缩鲜活故事》文章。

● 10月11日《湄洲日报》刊登《"海丝"申遗掀起"妈祖热"——各地信众纷纷到湄洲谒祖进香纪念妈祖羽化升天1029周年》《泉港妈祖宫庙迎台胞》《陆丰妈祖文物保护修缮展开》《感受妈祖精神 乐享平安健康——湄洲岛第二届彩虹跑为国庆黄金周添彩》文章。

● 10月11日《人民日报（海外版）》刊登《纪录片〈天下妈祖〉两岸同步首播》《云南协办澳门妈祖文化旅游节》文章。

● 10月11日《宿迁日报》刊登《国庆里的妈祖园游人如织》文章。

● 10月12日《盐城晚报》刊登《天后宫就在盐湾村三组》文章。

● 10月12日《福建日报》刊登《"福建文化"点亮澳门妈祖文化旅游节》文章。

● 10月12日《湄洲日报》刊登《我市首本妈祖文化社区教育读本出版》《文峰天后宫举行秋祭——纪念妈祖羽化升天1029周年》文章。

● 10月12日《曲靖日报》刊登《纪录片〈天下妈祖〉两岸同步首播》文章。

● 10月13日《澳门商报》刊登《妈祖文化节引千名海内外信众》文章。

● 10月13日《东南早报》刊登《"妈祖出嫁"舞台设计是大亮点》文章。

● 10月13日《湄洲日报》刊登《湄洲妈祖祖庙在市区设立莆田会馆——位于荔城北大道祖庙分灵妈祖圣像昨安座会馆》文章。

● 10月13日《汕头特区晚报》刊登《祭祀妈祖立德扬善》文章。

● 10月13日《中国海洋报》刊登《"海丝"路上的妈祖文化》文章。

● 10月13日《海峡时报》刊登《见证——船政天后宫、左沈二公祠重建》文章。

● 10月14日《福建日报》刊登《妈祖学研究系列丛书出版发行》文章。

● 10月14日《湄洲日报》刊登《千年崇祀 四海共仰——北岸贤良港举行"海祭妈祖"活动》文章。

● 10月14日《泉州晚报》刊登《妈祖祭典完美呈现》文章。

● 10 月 16 日《湄洲日报》刊登《"海丝情"妈祖缘——我省 28 位画家近百幅人物画作品在莆展出》文章。

● 10 月 17 日《湄洲日报》刊登《恢复历史文化景观——白湖顺济庙普济殿建成》文章。

● 10 月 18 日《湄洲日报》刊登《妈祖颂"海丝情"——宁波市莆田商会与庆安会馆举办纪念妈祖系列活动》《无偿献血 弘扬妈祖精神——湄洲岛干群积极参与推进文明湄洲建设》《湄洲岛打造妈祖文化小镇》《天津天后宫举办丙申秋祭》文章。

● 10 月 18 日《中华工商时报》刊登《"大爱妈祖"2016 鲁樵国画展开幕》文章。

● 10 月 20 日《滨海时报》刊登《滨海妈祖文化园 2018 年对外开放——生态城海旭道（弘通路—东堤路）封闭禁行》文章。

● 10 月 20 日《渤海早报》刊登《海旭道封闭禁行 妈祖文化园延开》文章。

● 10 月 20 日《泉州晚报》刊登《郑和可为"海丝"泉州"唱大戏"——对话〈海神妈祖〉主演、福建省莆仙戏剧院院长吴清华》文章。

● 10 月 20 日《中国海洋报》刊登《与海共生的浙东妈祖文化》文章。

● 10 月 22 日《湄洲日报》刊登《有一束永远的光芒照耀着——读黄明安新著〈大爱妈祖〉有感》文章。

● 10 月 23 日《海口日报》刊登《长寿之乡的妈祖文化传承——核心提示》文章。

● 10 月 23 日《汕头特区晚报》刊登《"文武双全"的妈祖旗杆石》文章。

● 10 月 25 日《湄洲日报》刊登《全力以赴密切配合 办出水平确保安全——林宝金到湄洲岛调研世界妈祖文化论坛筹备工作》《莆田学院成立妈祖文化传播学院》《〈祥瑞湄洲〉演出时间调整》《妈祖文化一脉相承 促两岸交流更融洽——多支台湾进香团赴湄洲谒祖进香》《莆田学院学生前往惠安崇武天后宫开展实践活动》文章。

● 10 月 25 日《莆田学院报》刊登《妈祖文化研究又获丰硕成果——〈妈祖文化年鉴——2013 年〉等五部新书发布》《妈祖文化研究又获丰硕成果》文章。

● 10月25日《宁波日报》刊登《潘天寿〈归帆〉与宁波天后宫珍贵影像首次在杭展出》文章。

● 10月26日《湄洲日报》刊登《林宝金主持召开市委常委会议就世界妈祖文化论坛筹备工作再动员再部署》《全力冲刺精心筹备确保论坛圆满成功世界妈祖文化论坛筹备工作协调会召开程强讲话》文章。

● 10月27日《湄洲日报》刊登《多伦多将兴建首座妈祖庙寄托思乡情怀，弘扬妈祖文化，助力新时期"海丝"建设》文章。

● 10月27日《中国海洋报》刊登《甬商与妈祖信仰的不解之缘》文章。

● 10月27日《闽北日报》刊登《重游"天后宫"》文章。

● 10月28日《城市快报》刊登《天津人爱穿红，源于妈祖文化（图）》文章。

● 10月30日《湄洲日报》刊登《展示新形象 倾情迎盛会——妈祖文化系列活动各项筹备工作进入倒计时》《精心组织 打造品牌——李建辉检查世界妈祖文化论坛筹备工作》文章。

● 10月31日《湄洲日报》刊登《推进妈祖文化传承创新》《〈祥瑞湄洲〉演出获盛赞》《推进妈祖文化传承创新》文章。

● 11月1日《福建日报》刊登《中外学者研讨"妈祖文化与海上丝绸之路"》文章。

● 11月1日《湄洲日报》刊登《妈祖文化研究成果多样》《妈祖文化吸引世界来宾——加拿大坎伯兰市前市长4次来莆》《因妈祖结缘 因信仰行善——多地信众自发组成"心缘团"连续17年赴祖庙进香》《感受妈祖文化底蕴 加强宫庙之间交流——泰国妈祖信众到莆田文峰天后宫朝拜》《第二届世界妈祖文化学术研讨会主旨发言集萃》《云帆高悬海天阔——写在世界妈祖文化论坛获批在莆举办之际》《深化学术研究交流——第二届国际妈祖文化学术研讨会昨在莆开幕》《融入"海丝"核心区建设 扩大妈祖文化影响力——中华妈祖文化交流协会2016年会员大会在湄洲岛举行》《世界妈祖文化论坛获批举办——为在我市举办的规格最高、规模最大的国际性会议》《捐赠款设助学金》《福建民俗文化专场展示——澳门妈祖文化旅游节成交流平台》《常念"平安经"——湄洲妈祖祖庙开展消防演练》《加强人文交流合作 融入"一带一路"倡议——中华妈祖文化交流协会七年工作回眸》文章。

● 11月1日《中国海洋报》刊登《妈祖庙里的电影月》文章。

● 11月1日《左江日报》刊登《马来西亚举办"妈祖文化图片展"》文章。

● 11月1日《陆丰报》刊登《旧圩天后宫将重建原址已有443年历史》文章。

● 11月2日《福建日报》刊登《湄洲妈祖文化旅游节开幕——"海丝"沿线34个国家和地区互动交流》《"妈祖文化与海洋精神"国际研讨会举办》文章。

● 11月2日《抚州日报》刊登《我市新闻媒体聚焦第十八届湄洲妈祖文化旅游节》文章。

● 11月2日《今晚报》刊登《和漕运伴生的妈祖文化》文章。

● 11月2日《湄洲日报》刊登《菲律宾与妈祖渊源深》《以国际化视野弘扬妈祖文化——海内外专家学者热议妈祖灵光播远方》《"妈祖文化与海洋精神"国际研讨会主旨发言集萃》《妈祖圣地 美丽莆田——第十八届中国·湄洲妈祖文化旅游节开幕》《妈祖文化与海洋精神国际研讨会昨举行——林兆枢黄琪玉石青峰李建辉讲话 林宝金吴南翔出席 国家海洋局授予湄洲岛国家级海洋公园牌匾》《文创产品 吸引眼球》文章。

● 11月2日《中国海洋报》刊登《让传统妈祖文化展现新魅力》《福建湄洲岛：旅游节庆传承妈祖文化》文章。

● 11月3日《湄洲日报》刊登《加强妈祖文化研究》《世界妈祖文化论坛奏响国家战略华彩乐章——论坛主旨演讲昨在湄洲岛举行》《张江调研妈祖文化》《世界妈祖文化论坛湄洲倡议》《开放的平台 高端的对话 洋气的互动——世界妈祖文化论坛侧记》《会徽设计别出心裁》《共享海丝精神财富》《交流学术研究成果》文章。

● 11月3日《福建日报》刊登《三代人接力传承妈祖精神》《世界妈祖文化论坛在湄洲岛举办》《首届"妈祖文化与海洋精神"国际研讨会亮相莆田》文章。

● 11月3日《汕头都市报》刊登《紧扣潮汕题材 体现文化底蕴——新编潮剧〈妈祖〉剧本研讨会举行》文章。

● 11月3日《中国海洋报》刊登《世界妈祖文化论坛湄洲倡议》《传承妈祖文化 弘扬海洋精神》文章。

● 11 月 4 日《福鼎周刊》刊登《沙埕：举办妈祖巡游弘扬渔区文化》文章。

● 11 月 4 日《湄洲日报》刊登《感受妈祖文化魅力》《妈祖文化彰显"国际范"——湄洲岛乘上东风加快与世界接轨》《传承妈祖文化 弘扬海洋精神》文章。

● 11 月 4 日《人民日报》刊登《世界妈祖文化论坛在福建莆田举行》文章。

● 11 月 4 日《中国文化报》刊登《"妈祖文化与海洋精神"研讨会举办》文章。

● 11 月 4 日《鄞州日报》刊登《天后宫"驶出"的宝顺轮史海钩沉石志藏》文章。

● 11 月 5 日《中国食品安全报》刊登《莆田湄洲岛护航世界妈祖文化论坛食品安全》文章。

● 11 月 6 日《海口日报》刊登《马六甲将设南洋妈祖文化交流中心》文章。

● 11 月 7 日《青岛早报》刊登《青岛妈祖联谊台湾妈祖——青岛妈祖文化联谊会开启台湾妈祖文化之旅》文章。

● 11 月 8 日《滨海时报》刊登《明年来海博尽享妈祖文化》文章。

● 11 月 8 日《渤海早报》刊登《国家海博馆收藏清代妈祖图志——聚焦妈祖文化与海洋精神》文章。

● 11 月 8 日《湄洲日报》刊登《再续妈祖缘 增进两地情——加拿大坎伯兰市前市长到文峰天后宫朝拜》《妈祖文化推动世界民心相通 ——第二届国际妈祖文化学术研讨会侧记》《天津市妈祖文化促进会举行第三届会员大会》《法国学者首访中国关注妈祖文化》《呼吁台中湄洲之间开通直航——台湾广福宫信众谒祖进香》文章。

● 11 月 8 日《企业家日报》刊登《世界妈祖文化论坛发布湄洲倡议》文章。

● 11 月 8 日《汕头特区晚报》刊登《我市召开〈妈祖〉剧本研讨会》文章。

● 11 月 8 日《中国海洋报》刊登《传承妈祖文化 弘扬海洋精神》文章。

● 11 月 10 日《中国海洋报》刊登《方寸之间话妈祖》文章。

● 11 月 10 日《福建日报》刊登《妈祖文化，如何成为走向世界的福建名片》文章。

● 11 月 10 日《湄洲日报》刊登《创建美丽中国示范区的重要抓手和突破口——广受瞩目的世界妈祖文化论坛成功举办综述》。

● 11 月 10 日《莆田学院报》刊登《促进妈祖学学科的构建和发展——我校举办第二届国际妈祖文化学术研讨会》文章。

● 11 月 11 日《经济日报》刊登《认同妈祖 共走"海丝"》文章。

● 11 月 11 日《湄洲日报》刊登《践行妈祖大爱精神——在京莆商捐资助学热心反哺社会》文章。

● 11 月 13 日《民主与法制时报》刊登《世界妈祖文化论坛在福建省湄洲岛举行》文章。

● 11 月 14 日《湄洲日报》刊登《首届湄洲女发髻技艺表演赛举行》文章。

● 11 月 15 日《福建日报》刊登《发挥妈祖文化三大功能服务我国当前发展战略》文章。

● 11 月 15 日《湄洲日报》刊登《与时俱进传承妈祖精神——访新加坡现代孔子思想基金会主席杜南发》《宣传推介妈祖圣地旅游品牌——田亮等明星亮相湄洲岛等地录制综艺节目》《海南澄迈：千人祭祀妈祖祈福》《凸显"一家亲"兄弟情怀——中华妈祖文化交流协会组织两岸妈祖宫庙开展扶危济困活动》《辽宁营口妈祖庙文化广场改造投用》文章。

● 11 月 16 日《湄洲日报》刊登《湄洲妈祖昨首次分灵意大利 "妈祖保佑" 祝福语跨越重洋相互传递》《话论坛效应说 "妈祖保佑"〈新闻沙龙〉昨邀请相关人士座谈》文章。

● 11 月 17 日《中国海洋报》刊登《妈祖信仰的海内外传播》文章。

● 11 月 18 日《福建日报》刊登《湄洲妈祖首次分灵意大利》文章。

● 11 月 18 日《湄洲日报》刊登《用心点亮妈祖圣地——国网湄洲岛供电公司践行妈祖精神助力 "一地三岛" 建设》《"妈祖保佑"，莆田的 "扎西德勒" ——〈新闻沙龙〉邀请相关人士座谈扩大世界妈祖文化论坛效应、播洒地域人文基因平安祝福》《捐设奖教基金 弘扬妈祖精神》。

● 11 月 21 日《福建日报》刊登《霞浦 "妈祖第一行宫" 金身赴台巡安》文章。

● 11 月 21 日《海口日报》刊登《海南妈祖首次受邀赴台参加文化活动》文章。

● 11 月 21 日《湄洲日报》刊登《弘扬妈祖精神 增进两岸交流 漫骑湄洲寻

根——妈祖两岸千名骑手环岛自行车骑游活动举行》文章。

● 11 月 22 日《澳门日报》刊登《非遗调查四成高中生识妈祖》文章。

● 11 月 22 日《湄洲日报》刊登《携微妈祖谒祖》《马六甲将设南洋妈祖文化交流中心》《真善美是妈祖信仰最根本的文化认同——访上海海事大学教授、海洋文化研究所所长时平》《客山妈祖宫兴建如火如荼——仙游在外乡亲慷慨捐资》《分灵 300 年昨跨越海峡赴湄洲谒祖——祖庙妈祖金身 1997 年巡安台湾曾驻跸彰化员林福宁宫》《陆丰创建国家 3A 级妈祖文化旅游区》文章。

● 11 月 24 日《中国海洋报》刊登《追溯妈祖信仰源头 维护妈祖信仰社会性》文章。

● 11 月 27 日《湄洲日报》刊登《莆田：弘扬妈祖文化打造"海丝"连心桥》文章。

● 11 月 28 日《海丝商报》刊登《莆田弘扬妈祖文化打造"海丝"连心桥》文章。

● 11 月 28 日《南方法治报》刊登《妈祖文化：中华民族文化史上的瑰宝》文章。

● 11 月 28 日《新华每日电讯》刊登《妈祖文化成海上丝绸之路连心桥》文章。

● 11 月 29 日《湄洲日报》刊登《舞蹈艺术诠释妈祖精神》《美化妈祖文化生态园》《加强交流加深情谊湄洲妈祖祖庙赴广西 3 家妈祖宫庙联谊》《妈祖信俗具文化软实力作用 ——访上海社会科学院妈祖文化研究中心研究员于国华》《守望相助 共同传承——市妈祖文化交流促进会一届二次会员大会举行》《台湾新港奉天宫参访霞浦松山天后行宫》文章。

● 11 月 30 日《福建日报》刊登《比拼"妈祖髻"》《顶着妈祖光环，文创产业起跑！》文章。

● 12 月 1 日《中国海洋报》刊登《妈祖信仰在北京》文章。

● 12 月 1 日《湄洲日报》刊登《打造莆田文化闪光点 提升莆田文化影响力——林宝金李建辉会见赵少华一行》文章。

● 12 月 2 日《湄洲日报》刊登《妈祖圣地绘画卷——湄洲岛多措并举强力推进美丽乡村建设》文章。

● 12月5日《瓷都德化》刊登《曾素妹：让陶瓷文化与妈祖文化一起传扬》文章。

● 12月6日《福建日报》刊登《湄洲妈祖首次分灵苏里南》文章。

● 12月6日《湄洲日报》刊登《妈祖巡安一家亲》《台湾妈祖信众祭拜钱四娘》《仙台妈祖文化交流日趋活络——仙游县妈祖宫董事会成立，台湾慈佑宫负责人当选董事长》《湄洲祖庙妈祖首次分灵苏里南——世界妈祖文化论坛成功举办效应凸显，妈祖足迹在南美洲再添新版图》《两岸妈祖信众弘扬敬老爱老传统》文章。

● 12月7日《汕头特区晚报》刊登《蓬洲关帝庙天后宫：明代入潮开国大将的家族图腾》文章。

● 12月7日《半岛都市报》刊登《妈祖文化，民间的力量——青岛妈祖文化联谊会成立3个月多次"走出去"，以活动推动文化交流》文章。

● 12月7日《湄洲日报》刊登《妈祖义工队：践行妈祖精神传播妈祖文化》《争当妈祖故乡文明人——湄洲岛免费发放手册宣传创建知识》文章。

● 12月8日《中国海洋报》刊登《中国最北的妈祖庙：沈阳天后宫》文章。

● 12月9日《福建日报》刊登《借助妈祖文化打造"海丝"连心桥》《世界妈祖文化论坛架起"海丝"连心桥》文章。

● 12月9日《平潭时报》刊登《交流两岸妈祖文化》文章。

● 12月9日《福建侨报》刊登《湄洲妈祖分灵加勒比 苏里南拔头筹》文章。

● 12月9日《中国民族报》刊登《做客平乐，桂剧风情、妈祖文化惹人醉》文。

● 12月11日《陆丰报》刊登《市妈祖文化研究会组织开展义诊活动》文章。

● 12月12日《今日玉环》刊登《弘扬妈祖文化传播社会正能量——县妈祖协会成立一周年活动精彩纷呈》文章。

● 12月12日《湄洲日报》刊登《"妈祖保佑"主题对联征集作品选登》《创新载体助力创城设立10座妈祖义工志愿服务站》文章。

● 12月13日《湄洲日报》刊登《发放文明手册 弘扬妈祖精神——莆田妈

祖文化研究院入户开展创城宣传工作》《〈公约〉精神与〈妈祖信俗〉保护》《台南鹿耳门圣母庙参访厦门港朝宗宫朝拜妈祖》《推动文化交流联谊——霞浦松山天后行宫妈祖赴台巡安回銮》《祖庙举办交通安全讲座》《陆丰妈祖义工走访慰问孤寡老人》《两岸信众聚首彰化员林福宁宫》文章。

● 12月13日《中国民族报》刊登《方寸之中话妈祖》文章。

● 12月15日《湄洲日报》刊登《"妈祖保佑"主题春联征集》文章。

● 12月15日《汕头特区晚报》刊登《浅论传承和弘扬妈祖文化的必要性》文章。

● 12月15日《大连晚报》刊登《旅顺天后宫》文章。

● 12月17日《泉州晚报》刊登《泉州天后宫西厢房修缮在即维修重点：解决屋面漏雨和白蚁虫蛀等问题》文章。

● 12月17日《东南早报》刊登《天后宫西厢房修缮工作最迟明年7月底前完成》文章。

● 12月20日《湄洲日报》刊登《开展妈祖文化交流》《妈祖保佑 筑福莆田》《走访涵江妈祖宫庙》《探索妈祖学教学方式新理念培养专业人才——莆田学院妈祖班赴仙游宫庙开展妈祖文化体验课活动》文章。

● 12月21日《湄洲日报》刊登《报旅融合创新发展高峰论坛在贵阳举行——本社负责人在论坛上阐述我市创建美丽中国的示范区愿景和"妈祖圣地、美丽莆田"品牌》文章。

● 12月22日《中国海洋报》刊登《国外邮票上的妈祖庙宇》文章。

● 12月23日《沈阳日报》刊登《天后宫中国最北的妈祖庙》《沈阳天后宫城市新景观》文章。

● 12月25日《湄洲日报》刊登《张克辉会见〈中华妈祖〉编委会成员 进一步弘扬好妈祖文化》文章。

● 12月27日《湄洲日报》刊登《〈邮说妈祖〉新书发布——为传播妈祖文化提供新载体》《增强大学生妈祖文化自信——莆田学院"妈祖文化教育示范基地"被确认为首批省高校中华优秀传统文化教育示范基地之一》《发挥各学科所长 丰富妈祖文创品》《寻找妈祖文化与"海丝"文化契合点——中国传媒大学崔

永元口述历史研究中心来莆拍摄》文章。

● 12 月 28 日《中国海洋报》刊登《妈祖文化契合海洋精神》文章。

● 12 月 29 日《湄洲日报》刊登市旅游局局长林桦接受本报记者采访文章——《推动产业融合 发展全域旅游》。

● 12 月 30 日《湄洲日报》刊登《妈祖保佑人和业兴》文章。

● 12 月 30 日《每日商报》刊登《妈祖护渔民》文章。

戏曲影视

戏曲

【陆丰正字戏《妈祖》首演】

1月7日，陆丰正字戏《妈祖》在广东省汕尾市马思聪艺术中心首演。正字戏《妈祖》由广东省陆丰市委宣传部指导策划，改编自天津京剧院同名京剧《妈祖》剧本，植入了正字戏的艺术形式，由国家级非遗项目正字戏代表性传承人彭美英担任剧本改编、导演，国家一级演员、天津京剧院表演艺术家郭秉新和国家级非遗项目正字戏代表性传承人黄壮营担任副导演。

【民俗歌舞《祥瑞湄洲》】

大型民俗歌舞《祥瑞湄洲》由湄洲妈祖祖庙董事会历时半年打造而成；由国家二级导演、宁德畲族歌舞团副团长雷胜辉担纲总导演，福建省音乐家协会主席章绍同、国家一级作曲卢荣昱担任作曲，青年舞美设计师陈文龙担任舞美设计，福建省歌舞剧院谢芳任服装设计；由四十多位湄洲本土演员演绎。《祥瑞湄洲》时长约60分钟，由序《缘起·平安启航》、上篇《挚爱·湄洲风情》、中篇《感恩·祈福年年》、下篇《盛典·妈祖灵光》、尾声《相聚·四海同谒》等五个篇章组成。

6月4日下午，《祥瑞湄洲》在湄洲妈祖祖庙天后大戏楼试演，6月7日正式演出，为"海峡论坛·妈祖文化活动周"献礼，6月7日后《祥瑞湄洲》演出时间常态化，向观众展示独特的湄洲风情和妈祖民俗文化。

【台南市"艺姿舞集"演艺团队创作舞剧《默娘》】

12月17日晚，由台湾台南市"艺姿舞集"演艺团队创作的舞剧《默娘》在台南市归仁文化中心演艺厅展演。

舞剧《默娘》以传递妈祖如母亲般慈悲护佑的精神为主轴，分为"缘于母亲""悲歌起""焚香引""天听路""绕境行""祈愿灯"6个单元。

影视

● 《〈中国节〉系列专题片——妈祖诞辰纪念活动》。由中央电视台英语新闻频道4月25日至5月5日到湄洲岛进行拍摄，并向全球播出。

● 《2016丙申年忠仑神霄宫庆祝妈祖诞辰1056周年忠仑妈祖何厝顺济宫进香全纪录》DVD光盘。由厦门忠仑神霄宫管委会录制。

● 《妈祖故里——莆田》专题片。

9月23日17：15，央视四套栏目《远方的家》百集特别节目《一带一路》播出第17集专题片《妈祖故里——莆田》，介绍湄洲岛、文峰天后宫、妈祖庙等与妈祖文化有关的内容。

● 纪录片《天下妈祖》。

《天下妈祖》是由福建省广播影视集团海峡卫视摄制的五集人文类纪录片，是第一部以妈祖庙及其信众为主角的纪录片，摄制历时两年，足迹遍及全球五大洲，18个国家和地区，探寻数百座宫庙，采访近千名信众。10月9日至13日每晚8点在中央电视台纪录频道播出，同时每晚10点在海峡卫视播出。

● 《祈愿——2016白沙屯妈祖进香》DVD。白沙屯妈祖婆网站制作，圣祐国际有限公司发行。

●正字戏《妈祖》光碟，由中共陆丰市委宣传部监制，广东广播电视台北京节目中心制作，陆丰市正字戏传承保护中心演出。

●《圣母颂音乐 MV 专辑》。

《圣母颂音乐 MV 专辑》是台湾旗山天后宫将其举办的第一届圣母杯词曲歌谣创作大赛的 18 首入围作品及 3 首示范作品编辑而成。9 月 15 日，台湾旗山天后宫举行《圣母颂音乐 MV 专辑》首发仪式，共发行 MV 专辑一万片。9 月底还发行 CD 片。

●电影《夜曙行旅》。

电影《夜曙行旅》由台湾台中市文化部门拍摄，首次以妈祖绕境为题材，影片描述一群年轻人拍摄大甲妈祖绕境的情景，在九天八夜的徒步旅程中，重新体验亲情、友情与爱情，进而转成突破自我难关的成长历程。 11 月 2 日，于台湾大墩文化中心举办《夜曙行旅》首映记者会。

●电视纪录片《霞浦·千里海疆行》第六集《海上女神》。

3 月 3 日，由霞浦县委、县政府和宁德市文广新局联合摄制的大型电视纪录片《霞浦·千里海疆行》在霞浦松山正式开机。该纪录片 6 月 18 日起在宁德电视台一、二套播出。其中第六集《海上女神》专门介绍了霞浦县的妈祖信俗。

●《传承优秀文化弘扬妈祖精神——苍南县妈祖文化事业五年发展历程》碟片。

6 月 26 日上午，浙江省苍南县妈祖文化交流协会在苍南县会议中心举行了《传承优秀文化弘扬妈祖精神——苍南县妈祖文化事业五年发展历程》碟片首发式。

文化交流

【莆田市北岸开发区举行"妈祖情·海丝梦"书画展】

1月1日至7日，由莆田市北岸开发区党工委宣传部、贤良港天后祖祠董事会主办，莆田学院工艺美术学院、福建帝业嘉宝实业有限公司及福建港顺达有限公司协办的"妈祖情·海丝梦"书画展在莆田市北岸帝业广场售楼部举行。

"妈祖情·海丝梦"书画展共征集到来自福建、广东、浙江、湖南、辽宁等省市书法爱好者的作品五百余幅，经专业评审出优秀作品32幅。本次展出的130余幅作品中，除了获奖的32幅优秀作品外，还有近百幅特邀海峡两岸书画名家的作品。春节期间，书画作品还在贤良港天后祖祠展出。

【陆炳文发表《2016元旦首炷香拜妈祖祈愿文》】

1月1日清晨，台湾"中华妈祖俗信文化研究中心"名誉主任陆炳文携"中华妈祖俗信文化研究中心"主任委员邵隆美等妈祖信众一行，到台北市莆仙同乡会所设置的莆田天后宫参拜妈祖，并发表《2016元旦首炷香拜妈祖祈愿文》。

【"2015海峡两岸妈祖信众祈福行"续行（部分）】

● 2016年元旦，台湾"中华妈祖俗信文化研究中心"名誉主任陆炳文携"中华妈祖俗信研究会"主任委员邵隆美等妈祖信众一行，到台北市莆仙同乡会所设置的莆田天后宫参拜妈祖。这是继"2015海峡两岸妈祖信众祈福行"功成以来，巡礼过海内外标志性宫庙的第158座妈祖庙。

● 1月7日，陆炳文一行到台湾新北市石碇彭山天后宫、深坑镇南宫、坪林妈祖庙参拜妈祖。

● 1月10日，陆炳文海峡两岸妈祖信众一行10人，到新北市三重天后宫参拜妈祖。

● 1月13日，台湾孙中山文化研究中心主任丁之发，偕陆炳文、史瑛及妈祖信众代表一行10人，祭拜了桃园市大溪三层福安宫、新北市三峡兴隆宫妈祖庙、莺歌圣莺宫、莺歌南海圣灵宫。

● 1月15日，"全球粥会"名誉总会长丁之发、总会长陆炳文教授，率"台北市中华粥会"新任第四届理监事代表，从开会地点徒步到台北市南昌公园内南福宫祭拜妈祖。

● 1月24号，陆炳文携妈祖信众到台北景美代天宫、公馆永兴宫、新北板桥慈惠宫、树林武林妈祖殿、台北东门圣母宫，以及松山慈后宫，祭拜妈祖。

● 1月29至31日，陆炳文一行携带诗书作品"万众同朝妈祖庙，千官我独行低调；山河一统福祈来，还愿谢恩休见笑"，到泰国曼谷天后圣母宫、泰国南瑶妈祖宫、泰国林氏天后宫、七圣妈庙、新兴宫参拜妈祖。

● 2月8日，陆炳文一行五人，到台湾宜兰县的头城庆元宫、礁溪玉鼎慈天宫、礁溪吴沙泽兰宫、宜兰二结仔昭安宫、宜兰梅洲慈航宫、宜兰昭应宫、宜兰敕建昭应宫、五结利泽简永安宫、五结东圣宫、冬山安定宫、罗东震安宫及罗东圣安宫等12妈瘗祖宫庙参拜妈祖。

● 2月13至14日，陆炳文一行12人，到台湾花莲县的丰田碧莲寺、顺民宫、慈南宫、五谷宫、东天宫、镇安庙、代天北极殿、福天宫、延平王庙、花莲市保民宫、太昌玄武宫、花莲港天宫、开灵宫、三仙河镇安宫参拜妈祖。

● 2月18至20日，陆炳文一行从台北一路向南先后到佛光山寺、台北通化福德宫、台北市福景宫、台北市临江街圣灵宫、台北市通化街紫竹堂、台北市延吉街三张犁福兴宫、高雄市旗山区旗圣宫、旗山天后宫参拜妈祖。

● 3月2日，陆炳文一行到澳门妈祖阁（又称妈阁庙）、澳门妈祖文化村天后宫、澳门莲峰庙、澳门氹仔天后宫、天后宫（路环岛）、澳门天后宫（嘉谟前地）参拜妈祖。澳门之行后陆炳文一行前往广东省中山市翠亨村，拜谒了孙中山故居暨孙中山纪念馆，在珠海祭拜了祺澳岛天后宫。

● 3月10日，陆炳文应邀参加第五届上海市崇明县二月二龙抬头文化旅游节，当天陆炳文、史瑛等海峡两岸妈祖信众代表 5 人到上海崇明天后宫祭拜妈祖。

● 3 月 20 日，陆炳文一行祭拜了台北市 228 公园福德宫，恰好是海峡两岸妈祖信众祈福行活动举行以来拜谒的第 228 座妈祖宫庙。

● 4 月 27 日，陆炳文一行 9 人，到福建泉州市德化福崇宫参拜妈祖。

● 4 月 29 日，陆炳文一行 9 人，先后祭拜了马尾的福建船政天后宫，马祖的马港天后宫、津沙天后宫、铁板天后宫。

● 5 月 14 日，陆炳文一行到台湾南投慈善宫参拜妈祖。

● 6 月 2 日，陆炳文一行 16 人，参拜了澳门妈祖阁和氹仔天后宫并拜谒了澳门孙中山纪念馆。

● 6 月 5 日，陆炳文一行 12 人，在广东省中山市台湾事务局局长林庆和陪同下，拜谒了中山市崖口天后宫。

● 6 月 10 日，陆炳文一行在台北市景福宫参拜妈祖。

● 6 月 11 日，陆炳文等一行参加第八届海峡论坛，到厦门朝宗宫祭拜妈祖。

● 6 月 12 日，陆炳文一行来到了泉州市石狮拜谒了石湖妈祖宫及灵秀山金相院内的海潮庵两座妈祖宫庙。

● 7 月 1 日，陆炳文在福建泉州参加完台湾青年创业基地挂牌仪式后，带领同名村台湾桃园文创青年代表到泉州天后宫祭拜妈祖。

● 7 月 15 日下午，陆炳文、史瑛等一行妈祖信众，祭拜了台北古亭五府宫供奉的妈祖。

● 7 月 22 日，陆炳文一行祭拜了台北市的甘谷街妈祖厅、大稻埕慈圣宫和大安圣母宫三座妈祖宫庙。

● 8 月 20 日，陆炳文和孙丁之等一行到彰化县员林福宁宫参拜妈祖。

● 9 月 6 日下午，陆炳文一行到新北市三重义天宫参拜妈祖。

● 9 月 8 日至 13 日，受邀组团参加第八届中国·天津妈祖文化旅游节"情系海上丝绸之路书法绘画展"活动的陆炳文等一行妈祖信众，先后前往天津市元明清天妃宫遗址博物馆、天津天后宫、天津滨海天后宫、天津葛沽天后宫参拜妈祖。

● 9 月 30 日，陆炳文一行 7 人祭拜了福建省泉州市泉港沙格灵慈宫和泉港九龙岗妈祖庙。

● 11月6日，陆炳文一行10人到上海天妃宫祭拜妈祖。

● 11月9日，陆炳文应邀出席福建省泉州市洛阳翀霄张氏家庙落成典礼时拜谒了昭惠庙。昭惠庙祀奉泉州第一代海神"帝君公"和天上圣母妈祖。这是"海峡两岸妈祖信众祈福行"活动举行以来走访的海内外263座宫庙中所仅见的一座同时供奉海神"帝君公"和妈祖的宫庙。

【汕尾红海湾遮浪街道举办妈祖文化旅游节】

1月3日，广东省汕尾市红海湾经济开发区遮浪街道办事处，在遮浪街道田寮村文化广场，举行遮浪街道妈祖文化旅游节开幕式暨田寮天后宫加入中华妈祖文化交流协会会员单位揭牌仪式。汕尾市政协副主席、市旅游局局长吕珠龙，中华妈祖文化交流协会副秘书长周金琰，红海湾经济开发区党工委书记、管委会主任高火君等出席开幕式，来自香港、福建的嘉宾和城区、红海湾管委会有关单位负责人一千多人参加了活动。当天，举行了"相逢是首歌"文艺晚会、黄梅戏演出、田寮民俗文化馆揭牌仪式、妈祖巡安、醒狮表演、妈祖大学堂讲座等活动。

【纪念天津天后宫敕建690周年、重新开放30周年书画展】

1月9日至14日，纪念天后宫敕建690周年、重新开放30周年书画展在天津市政协书画艺术馆举行。

此次书画展由天津市南开区委宣传部、天津美术家协会、北京荣宝斋天津分公司主办，由天津巨龙画院、天津天后宫承办，天津江泽福轩大饭店协办。参加画展的书画家有天津图书大厦美术馆馆长刘志君，天津画院著名画家张运河，天津美术家协会秘书长李耀春，天津师范大学教授张立涛、韩石，画家李少君等。

【海口市妈祖文化交流协会举行挂牌仪式】

1月13日早上，海南省海口市妈祖文化交流协会主办的"海口市妈祖文化交流协会挂牌仪式"在中山路海口天后宫举行。

【陆丰举行妈祖文化传播交流座谈会】

1月16日，广东省陆丰市妈祖文化研究会在陆丰福山天后宫举行妈祖文化传播交流座谈会。来自汕尾市的社会热心人士、陆丰市妈祖文化研究会成员及福山天后宫理事会成员共三百多人参与了座谈。

座谈会上，陆丰妈祖文化研究会邀请与会人员就即将交付印刷的《陆丰妈祖》一书进行资料审核，对歌曲《陆丰妈祖颂》的歌词初稿进行共同修改。

【天津市妈祖文化促进会第二届五次理事大会】

1月17日，天津市妈祖文化促进会举行第二届五次理事大会，会议就2015年的工作情况进行了总结，对2016年的工作进行了说明。

天津市妈祖文化促进会会长罗远鹏，南开区委常委、宣传部部长朱树江，南开区副区长罗进飞，天津市旅游局副局长何智能、天津市台办副主任吴荣华，天津市侨办副主任陈永义，天津市有关单位的负责同志及妈祖文化促进会的其他领导参加了会议。

会上妈祖文化促进会领导宣讲了《天津市妈祖文化促进会的工作情况报告》，并就2016年准备举办的妈祖文化专题研讨会、座谈会，参与第八届妈祖文化旅游节筹办工作等活动进行了说明。

【海口六灶天后宫举行国家非遗项目揭牌】

1月19日下午，由海口市妈祖文化交流协会主办的"海口天后祀奉"获国家级非遗项目名录、海南省非物质文化遗产项目名录揭牌仪式在海口六灶天后宫举行。同时，六灶天后宫也举行了重建三周年祭典仪式。

【妈祖意象服装登上柏林时装周伸展台】

台湾实践大学服装设计系的几位设计师，受邀参加1月19日至22日在柏林举行的"2016秋冬柏林时装周"。由设计师马毅以妈祖为意象打造的新装在伸展台上展示。

【厦门市两岸妈祖文化交流协会成立】

1月21日，福建厦门市两岸妈祖文化交流协会举行第一次会员大会。蔡马勇当选首届会长。

【陆丰市妈祖文化研究会成立十三年暨林氏豪溪月洲围追远堂重光庆典活动】

1月22日，广东省陆丰市妈祖文化研究会成立十三年暨林氏豪溪月洲围追远堂重光庆典活动在陆丰市东海镇月洲围村举行。陆丰市文广新局、东海镇等相关领导出席了活动。陆丰市妈祖文化研究会、东海镇炎龙村、豪溪明德堂文化研究会、广东省比干文化事业促进会相关负责人分别作了讲话。庆典活动的内容有：陆丰妈祖文化祭典艺术团表演祭祀大典；国级非遗"陆丰滚地金龙"、佛山南海黄飞鸿舞狮等民俗表演；千人绕境巡安。

【陆炳文到台北松山慈佑宫进香并题诗一首】

1月24日，台湾"中华妈祖俗信文化研究中心"名誉主任陆炳文到台北松山慈佑宫进香。松山慈佑宫是二十年前湄洲祖庙妈祖金身巡安台湾时驻跸35间妈祖官庙之一，为纪念湄洲妈祖祖庙妈祖金身首度巡安全台绕境二十年，陆炳文题诗一首《和平崇大爱》，"宝岛巡游临廿载，湄洲天后扬风采。缘何妈祖热非常？期待和平崇大爱"。

【厦门朝宗宫举行 2015 年年度总结会议】

1月24日上午，厦门朝宗宫举行2015年年度总结会议。出席会议的有朝宗宫管理委员会成员、全体教职人员，朝宗宫顾问彭一万、郭坤聪及信众代表等50人。会议由朝宗宫管理委员会主任、朝宗宫住持林招治道长主持。管委会秘书长阮老古做2015年年度工作总结报告，回顾了朝宗宫2015年官务活动、教务工作、对台交流、对侨及国际交流、慈善公益以及财务总结等六个方面内容。

【《妈祖》动漫游戏项目签约】

1月25日上午,《妈祖》动漫游戏项目签约仪式在福建省莆田市举行,湄洲妈祖祖庙副董事长吴国春代表祖庙与福建显卫网络科技有限公司签订妈祖文创合作协议,授权显卫网络科技有限公司开发妈祖题材相关动漫等文化创意产业。

【新港奉天宫 2016 国际妈祖文化节】

2016新港奉天宫国际妈祖文化节,从1月30日起延续至5月31日。文化节活动的内容有:新港奉天宫百年建醮成果展,"山海游香迎妈祖"巡境活动,纪念妈祖诞辰1056周年活动,彰化南瑶宫老大妈、老四妈、圣四妈新港会香等。

【天津天后宫"金猴贺春"传统文化庙会】

2月1日上午,天津天后宫举行一年一度的春祭大典暨"金猴贺春"传统文化庙会开幕式。

"金猴贺春"传统文化庙会活动持续至元宵节。举办的活动有传统的祭拜仪式以及研讨会、发行邮政纪念册、发行纪念特刊、"天津皇会"表演等活动。

【板桥慈惠宫举办第八届民艺大街嘉年华活动】

台湾板桥慈惠宫春节期间举办"2016金猴迎春,福满堂"第八届民艺大街嘉年华活动。活动的主要内容有:2月1日为含底座高3.6米的"金箔猴"举行点灯揭幕仪式,"金箔猴"将摆放在宫外一年时间。大年初一至初五推出民艺大街嘉年华活动,每天早中晚各安排3场、每场2小时的主秀表演,庙方每天发放6000份的发财金,进行摸彩抽奖活动及掷筊大赛。

【2016 鹿耳门天后宫新年文化季】

2月2日至20日,台湾安南区鹿耳门天后宫举行2016年新年文化季。活动的内容有:2月2日,举行封印大典;2月7日,举行年夜祭活动;2月8日至2月20日,举办踏出成功的第一步——安太岁、过七星平安桥、点灯祈福、御赐丙申年福德通宝及玉猴腾祥许愿牌、文艺演出等民俗活动。

【2016 年湄洲妈祖祖庙迎新春茶话会 】

2月5日，湄洲妈祖祖庙在湄洲岛安泰大酒店会议室举行"妈祖文化"迎新春茶话会。福建省农业厅原厅长吴建华，福建省作协副主席、福建耕读书院院长陈章汉，《生活创造》杂志社社长哈雷，《东南学术》杂志社社长杨建民，福建师范大学社会历史学院教授、博导林国平，海峡文艺出版社副社长林滨，中国浦东干部学院副教授、博士朱远及祖庙顾问等专家、学者近百人参加。与会者就如何更好地弘扬妈祖精神、传播妈祖文化，进一步扩大湄洲妈祖祖庙的影响力等提出建议。

【台湾西螺福兴宫举行文创商品展等迎新年活动 】

2月5日，台湾西螺福兴宫举办的太平妈祖文创商品展正式展出，供民众春节期间到福兴宫参观。除夕夜西螺福兴宫还举行抢头香活动，庙方还为参加活动的信众发放红包并举办抽奖活动。

【第 17 届青岛天后宫新正民俗文化庙会 】

2月7日至21日，青岛天后宫举办第17届新正民俗文化庙会。庙会的主要活动内容有：除夕夜撞钟祈福仪式，剪纸、木版年画、烙画、面塑等民间工艺制作体验，民间戏曲欣赏，民俗服装模特展示，猜灯谜等民俗活动。

【美国妈祖基金会举行迎新春系列活动 】

美国妈祖基金会在新春期间举行迎新春系列活动。活动内容有：2月8日，从零点开始举行新春祈福、拜头香、点平安灯、拜太岁、代写春联；上午10点到11点半，举行新春集体诵经，祈福新的一年世界和平、风调雨顺、消灾避难、幸福安康，12点供应平安面及斋菜；下午1点30分，举办医学讲座《养生之道》，同时举办义诊。2月2日及3日下午7点到10点，由美国妈祖基金会董事长朱荣斌现场为信众书写春联。2月13日早上在法拉盛举行妈祖新春巡游活动。

2月15日，在妈祖庙举办"妈祖文化研讨会"。

【梦笔寻源——海上丝绸之路妈祖文化书法艺术展】

2月15日，由中外友好国际交流中心和莆田市政府共同主办的"梦笔寻源——海上丝绸之路妈祖文化书法艺术展"在莆田群众艺术馆开幕。

活动展出了中国书法家协会会员、莆田籍书法家王文贤的近百件书法艺术作品。

【美国妈祖基金会到中华妈祖文化研究院参访】

2月16日下午，美国妈祖基金会主席黄升发一行4人到中华妈祖文化研究院参访交流，中华妈祖文化交流协会常务副会长林国良参与了接待并与之交流。

【嘉义县新港乡溪北六兴宫推进环保会香】

2月20日至22日，台湾嘉义县新港乡溪北六兴宫妈祖举行为期3天的会香文化活动。活动舍弃传统会造成噪音的起马炮，改放和平鸽。

六兴宫注重推动环保及带动地方产业，之前已率先推出"以粮代金"活动，也就是用溪北出产的白米祭拜取代燃烧纸钱祭拜，已连续两年获得台湾地区宗教教化奖。

【2016台中妈祖国际观光文化节】

"2016台中妈祖国际观光文化节"由台湾台中市联合新社九庄妈、大甲镇澜宫、南屯万和宫、大庄浩天宫、台中乐成宫、梧栖朝元宫、台中万春宫、丰原慈济宫、社口万兴宫、大里杙福兴宫、北屯南兴宫及大肚万兴宫等12间妈祖宫庙共同举办。活动时间从2月12日起持续至5月28日，其主要内容有：

●百年宫庙风华系列活动。活动由12间妈祖宫庙分别举办民俗艺术表演，让民众贴近妈祖、认识台中的妈祖宫庙故事。活动从2月12日新社九庄妈率先举行妈祖绕境活动和歌仔戏演出启幕，至5月28日大肚万兴宫举办文艺演出落幕。今年百年宫庙风华系列活动除了举办文艺演出之外，各宫庙还举行有奖猜灯谜活动，赠送妈祖文创纪念品等活动。

● 3月26日，"2016万众骑BIKE·猴你幸福"活动在北屯朝圣宫开幕。活动由北屯朝圣宫、丰原镇清宫、大甲镇澜宫、社口万兴宫、南屯万和宫、旱溪乐成宫共同举办。共有一万多民众骑自行车跟随妈祖座车绕行山、海、屯区，途经丰原镇清宫、大甲镇澜宫、社口万兴宫、南屯万和宫、旱溪乐成宫后回到北屯朝圣宫，全长约一百公里。车友除沿途游览美景风光，同时体验妈祖宗教文化及品尝各宫庙准备的在地美食。

● 4月9日，大甲区农会在大甲镇澜街，举行"台中市地区优质农特产品推广行销活动"，协助提高台中市内各区农特产品之品牌知名度及销售渠道，建立优质农特产品品牌形象，增加农民收益。

● 5月7日下午，2016年"迎妈祖·HOT阵头"活动，在港区艺术中心举行。参加活动的阵团有浩天宫大庄的妈神轿班、千顺公队、哨角队、花队，九天民俗技艺团，威劲龙狮舞术战鼓团，忠义堂民俗文化工作室，拳儿醒狮团，大肚山同仁堂，台中法天坛，琼瑶舞蹈团，振宗艺术团，朴子电音三太子，南台湾第一团中洲高跷阵等。各阵团进行了精彩表演，包含战鼓、竞技舞龙阵、舞狮阵、官将首、八家将、创意宋江狮虎阵、十二婆姐、跳鼓阵、高跷阵、电音三太子等，完整呈现妈祖绕境民俗文化。

【妈祖成大甲区文昌祠元宵灯会主灯】

2月20日下午6点半，大甲区文昌祠元宵灯会点灯，主灯是近2米高的妈祖，千里眼、顺风耳两旁坐镇。

【台湾彰化南瑶宫举行"元宵不夜彰化——提着灯笼找妈祖"活动】

2月20日，台湾彰化南瑶宫举行"元宵不夜彰化——提着灯笼找妈祖"活动，参与活动的人员提着灯笼自孔庙出发，一起寻访"梨春园"北管曲馆，再到南瑶宫欣赏"扮仙"，深入了解已有278年历史的南瑶宫。

【莆田学院开设妈祖文化传播人才培养特色班】

为培养造就服务妈祖文化传承与发展的高层次应用型专门人才，莆田学院开设妈祖文化传播人才培养特色班，2月24日，举行开班仪式。来自汉语言文学、广告学、新闻学、英语、商务英语、临床医学、医学影像技术专业的50名学子，成为特色班的首届学员，开始为期一年半的妈祖文化相关理论知识的学习。

【莆田市人大到中华妈祖文化研究院调研妈祖信俗立法保护】

2月24日下午，莆田市人大常委会副主任郑祖杰率市人大法工委调研组一行4人到中华妈祖文化研究院，就妈祖信俗立法保护开展调研座谈会。中华妈祖文化交流协会常务副会长林国良，办公室主任苏健，学术部主任周金琰，中华妈祖杂志社编委会副主任郑世雄、翁卫平，副社长颜青山，民俗顾问林洪国等参加座谈会。会议由常务副会长林国良主持。

【中华潮汕商会到陆丰市妈祖文化园参访】

2月28日，中华潮汕商会林乐文会长一行6人到广东陆丰市妈祖文化园区参访，中华妈祖文化交流协会常务理事、陆丰市妈祖文化研究会林永欣会长陪同。

【湄洲妈祖祖庙第五届四次信众代表大会】

3月1日上午，湄洲妈祖祖庙在祖庙安泰会议室举行第五届四次信众代表大会。中华妈祖文化交流协会常务副会长林国良、湄洲岛党工委委员郭志诚、台湾高雄慈明宫主委黄土城、湄洲镇党委书记曾立强、驻岛机关单位代表、湄洲岛上14座妈祖宫庙的董事会代表及祖庙董事会顾问等两百多人出席会议。

会上，湄洲妈祖祖庙董事会董事长林金榜向信众代表汇报了祖庙2015年的工作，并做了2016年的工作展望。

【陆丰市第二职业学校举办"妈祖信俗"讲座】

3月1日下午，中华妈祖文化交流协会常务理事、陆丰市妈祖文化研究会林永欣会长到陆丰市第二职业学校，为学生举办"妈祖信俗"讲座，两百多名学生听取了讲座。

【湄洲岛举行"三大渔女同谒妈祖"】

3月3日上午，福建省莆田市湄洲岛举行"三大渔女同谒妈祖"活动。百名蟳埔女、百名惠安女、百名湄洲女共聚湄洲岛，在湄洲妈祖祖庙天后殿广场共同祭拜妈祖。现场还进行三大渔女的文艺汇演。

【2016大甲妈祖国际观光文化节】

3月5日到4月17日，台湾大甲镇甲镇澜宫举办"2016大甲妈祖国际观光文化节"。文化节的主要活动内容有：摄影比赛、绘画比赛、大甲妈嫁女儿——集体婚礼、大甲妈拉松活动bobi-run祈福路跑、大甲妈文创嘉年华暨农特产品展、街舞比赛、歌仔戏等文艺演出、大甲妈绕境进香活动、2016大甲镇澜宫妈祖有爱奖助学金申请及颁发等。

● 大甲妈祖国际观光文化节期间，台中邮局与大甲镇澜宫合作推出大甲妈祖纪念邮摺一款。妈祖纪念邮摺之邮票版面以镇澜宫镇殿妈祖神像为主体，辅以庙埕民众恭送妈祖起驾的盛况进行设计，彰显妈祖庄严慈悲及护国佑民意象；封套以大甲妈祖绕境进香开锣、起驾、祝寿典礼及回銮等重要活动场景进行设计，呈现妈祖信众参与进香的热闹画面。3月29日上午，台中邮局何重谦局长与镇澜宫郑铭坤副董事长在大甲镇澜宫大殿，共同举行妈祖纪念邮摺祈福过火仪式，祈福过火仪式后在台中市各邮局同步销售，本款邮摺编号限量发行4000组。

● 经掷筊请示妈祖，2016年大甲妈祖绕境进香的日期为4月8日至17日，活动持续九天八夜，共造访110间宫庙，全程330公里。主要行程为4月8日晚上11时起驾，4月9日驻驾彰化市南瑶宫，4月10日驻驾西螺镇福兴宫，4月11日驻驾新港乡奉天宫，4月12日上午8时举行祝寿典礼、驻驾新港乡奉天宫，4月13日驻驾西螺镇福兴宫，4月14日驻驾北斗镇奠安宫、4月15日驻驾彰化市天后宫，4月16日驻驾清水区朝兴宫，4月17日回銮大甲镇澜宫。

● 为纪念丙申年大甲镇澜宫天上圣母绕境进香活动，台中大甲邮局分别于4月8日、4月17日，特别启用"2016大甲妈祖国际观光文化节起驾"和"2016大甲妈祖国际观光文化节回銮"临时邮局邮戳。

【2016 大甲镇澜宫妈祖文化薪传营】

3月12至13日，大甲镇澜宫、大甲妈社会福利基金会联合举办"2016 大甲镇澜宫妈祖文化薪传营"活动，通过讲座和亲身体验等方式引导民众深入了解绕境进香文化，认识台湾各具特色的妈祖信仰、民俗节庆与传统艺阵，感受台湾的百年文化底蕴。

【中国社会科学院历史所到莆田考察指导妈祖文化研究工作】

3月11日下午，中国社会科学院历史所所长卜宪群一行7人到莆田学院指导妈祖文化研究工作。双方在学术交流中心301召开妈祖文化研究与发展工作座谈会。校长李永苍、校纪委书记姚志平、妈祖文化研究院院长黄瑞国及相关教师参加了座谈会。

会上，黄瑞国汇报了莆田学院自2014年成为中国社会科学院历史所妈祖文化研究基地以来，在妈祖文化研究方面取得的主要成果：先后获批福建省社会科学研究基地、省高校优秀人文基地妈祖文化研究中心、2011福建省妈祖文化传承与发展协同创新中心、举办首届妈祖文化高峰论坛及二届海峡论坛妈祖文化学术研讨会、创办妈祖文化传播人才培养特色班等。同时介绍了2016年计划完成的科研项目，并就当前妈祖文化研究在理论上和实际工作面临的有关问题与专家们进行了沟通。

历史所所长卜宪群、历史所清史研究室副主任鱼宏亮、历史地理研究室副主任孙靖国、科研处负责人朱昌荣等分别在座谈会上发言，就妈祖文化研究等提出了指导意见和对策，并回答了相关人员的提问。李永苍在座谈会上作总结发言。

3月12日，历史所所长卜宪群一行到莆田文峰天后宫考察。

【台湾白沙屯妈祖设立"咱ㄟ妈祖"网络电视台】

台湾白沙屯妈祖婆网站今年设立"咱ㄟ妈祖"网络电视台，邀请民俗专家林茂贤担任主持，节目内容以进香过程纪录片解说宗教仪式、民俗缘由，让更多人了解白沙屯妈祖信仰的特殊含义。每个月第二、第四个周日八点播出新的节目，3月13日播出第一集。

【安平开台天后宫第五届"一句好话敬妈祖，一片诚心学妈祖"标语比赛】

台湾台南市安平开台天后宫、安平开台天后宫文化基金会、开台天后宫妈祖学院联合举办第五届"一句好话敬妈祖，一片诚心学妈祖"标语比赛。比赛分为小学幼儿组、初中高中组、大学社会组。要求参赛选手以不超过30字的标语佳句，作为妈祖圣诞贺礼。收件日期截止到3月14日。

【发挥妈祖文化等民间文化的积极作用写进"十三五"规划】

3月16日，十二届全国人大四次会议通过了《中华人民共和国国民经济和社会发展第十三个五年规划纲要》，纲要第五十一章第三节中写道：在推进"一带一路"建设中要"发挥妈祖文化等民间文化的积极作用"。

【"微藤圣娘庙"妈祖巡安为民祈福文化节】

3月22日，由海南省琼海市大路镇微藤圣娘庙主办的"微藤圣娘庙"妈祖巡安为民祈福文化节在大路镇妈祖文化广场举行。文化节的主要活动内容有：祭祀、舞狮、上刀山、穿杖、巡游等当地传统民俗表演；邀请海南省万泉河书画社26名书画家现场为民献艺，开幕式上，书画社向微藤圣娘庙和当地小学赠送了书画作品以及上百册图书；音乐会。演出团体是海南省唯一的一支社区民间业余管弦乐团，由居住在琼海市加积镇文坡社区的退休人员和音乐爱好者组成，演奏全部使用西洋乐器。

【"2016Bike 宜兰妈祖古庙·骑求平安"】

由台湾宜兰县罗东社区大学发起的"2016Bike 宜兰妈祖古庙·骑求平安"活动于3月26日举行。由6人各背着一尊妈祖神像，率领500名骑士到兰阳平原6间妈祖庙巡礼。

【新加坡道教总会会长到湄洲妈祖祖庙参访进香】

3月28日上午，新加坡道教总会会长陈添来一行65人，在中华妈祖文化交流协会常务副会长林国良的陪同下，到湄洲妈祖祖庙参访进香。下午到中华妈祖文化研究院参访交流。

【台湾"中华妈祖妈祖俗信文化研究中心"举办合写孙中山文化核心内涵的笔会】

3月29日，台湾孙中山文化研究中心、台湾"中华妈祖妈祖俗信文化研究中心"等团体一行二十余人，在台北市中山堂前举办名为"各界代表合写中山、博爱、和平、奋斗、兴中华、天下为公"笔会活动。

参加活动的妈祖信众，分别用正楷或行楷体，各书写一个擘窠大字，依序为"中、山、博、爱、和、平、奋、斗、兴、中、华、天、下、为、公"，合成孙中山文化的核心内涵。

【2016甬台妈祖文化交流活动】

4月2日至3日，2016甬台两地妈祖文化交流活动在宁波市举行。中华妈祖文化交流协会常务副会长林国良、宁波市有关部门的领导、湄洲妈祖祖庙及来自天津、上海、南京、青岛、蓬莱、深圳、台湾等地妈祖官庙的代表、妈祖信众一起参加了活动。

活动的主要内容有林智信传统木刻水印版画《迎妈祖》展览、2016宁波妈祖文化交流会、甬台两地妈祖祈福祭典活动。

"林智信传统木刻水印版画《迎妈祖》展览"自4月2日开幕，在宁波博物馆展览两个月。版画《迎妈祖》全幅画作长约124米，宽约0.9米，历时二十年完成，内容包括台湾地区各地的妈祖绕境的阵头、曲艺、艺阵、艺阁等。

4月2日下午，"2016宁波妈祖文化交流会"在宁波庆安会馆举行。与会人员一同探讨了十二届全国人大四次会议上李克强总理关于"妈祖文化包含海洋精神"的讲话精神；对如何做好当地民俗文化与妈祖文化的结合进行了探讨；围绕妈祖文化遗产保护、妈祖官庙管理、资源整合、学术研究、联谊交流、项目建设、慈善活动等内容进行交流。

4月3日上午，在宁波庆安会馆内举行了甬台两地妈祖祈福祭典活动。

【国际体操联合会主席布鲁诺·格兰迪到莆田贤良港天后祖祠参观】

4月2日上午，国际体操联合会主席布鲁诺·格兰迪，国家体育总局体操运动管理中心主任罗超毅利用赛事空隙，到莆田贤良港天后祖祠参观。

【彰滨秀传医院供奉的妈祖回鹿港天后宫进香】

4月8日，台湾彰滨秀传医院供奉的鹿港妈祖在医护人员恭护下回鹿港天后宫进香。回銮后，医院举行济贫捐助活动，将750份白米等日用品资助给鹿港、福兴、伸港、线西的低收入家庭。

【晋江市妈祖文化交流团到霞浦松山天后行宫开展联谊交流活动】

4月10日至11日，福建省晋江市妈祖文化交流团到福建霞浦松山天后行宫开展为期两天的联谊交流活动。交流团一行在松山天后行宫董事会董事长陈梅月的陪同下先后参观了天后正殿、林愿纪念馆、妈祖文化大楼、妈祖文物展览馆等。在交流座谈会中，晋江市妈祖文化交流团、晋江市东石天后宫、晋江市萧下天后宫、霞浦松山天后行宫董事会分别介绍了近期各宫庙的工作情况，并就如何更好地弘扬妈祖文化，促进两地联谊交流进行了交流。

【国家文物局专家来莆考察妈祖文化传播与发展情况】

4月11日，国家文物局专家到福建省莆田市考察妈祖文化的传播与发展，调研非物质文化遗产保护情况。副市长张丽冰陪同。

当天上午，考察组到湄洲岛考察妈祖祖庙和妈祖源流博物馆，了解妈祖文化和妈祖信俗。下午，考察组到山亭镇港里村、贤良港古码头、莆禧城墙及贤良港天后祖祠等地现场考察。

【西螺社口福天宫举办"绍安米、香福田米苔目传统美食推广"活动】

4月13日上午，台湾云林县西螺新丰小区发展协会与西螺社口福天宫在西螺福天宫广场举办"绍安米、香福田米苔目传统米食推广"活动。在福天宫广场当场制作传统米食米苔目、碗粿、肉粽、米面包等美食供民众享用，让民众更加了解米食文化。

【莆田市外国语学校举行"大爱妈祖"故事演讲比赛】

莆田市外国语学校（莆田一中妈祖城校区）在校会议大厅举行"大爱妈祖"主题的故事演讲比赛。比赛由校团委组织，于 1 月 7 日、14 日分两轮举行，由每班推举一名语言表达能力优秀的同学参加比赛。由学生代表对选手的表现进行投票、计分。

【首届"祖庙杯"妈祖诗歌大奖赛】

由福建省作家协会和湄洲岛旅游度假区管委会、莆田市作家协会、湄洲妈祖祖庙董事会联合举办首届"祖庙杯"妈祖诗歌大奖赛，于 2 月 23 日至 4 月 12 日，向福建省内作者征集以歌颂妈祖为相关题材的诗歌。此次大奖赛共收到 360 篇作品，共评出特等奖 1 名；一等奖 3 名；二等奖 6 名；三等奖 10 名；佳作奖 13 名。

【第四届"安平迓妈祖百百旗——旗队艺阵大赛"】

4 月 16 日、17 日，台湾安平开台天后宫、安平开台天后宫文化基金会举办的第四届"安平迓妈祖百百旗——旗队艺阵大赛"在安平开台天后宫庙埕举行。比赛要求参赛队伍每队至少 5 人以上，每队必须有旗帜至少一支，并将旗帜舞动方式纳入艺阵表演内，艺阵表演内容需加入礼敬妈祖仪式。比赛分为初中小学组和高中大学社会组。共有 13 支代表队参赛，参加高中大学社会组比赛的代表队有实践大学、少数民族团体"南岛舞集"、在地代表"芸逸鼓乐表演团""台南海事－南水鼓艺队""镇狩宫吴敬堂－艺阵社""台南市太鼓发展协会－文成太鼓队"。参加初中小学组比赛的代表队有"西港初中－鼓动西港好阵"大光小学与大成初中组成的"八方传统艺阵创新艺团队""安平初中－剑狮鼓及武术联队""石门小学－战鼓队""南宁初中－龙吟战鼓队""义竹小学埤前分校－鼓动诸罗""保东小学－卡哇伊三太子"。

【莆田学院举行"台湾妈祖文化研究"知识讲座】

4月19日，莆田学院在李文正教学楼举行以"台湾妈祖文化研究"为主题的知识讲座。讲座由台湾中台科技大学张桓忠教授担任主讲，文化与传播学院院长孟建煌教授担任主持，妈祖文化传播特色班学子到场聆听。

此次讲座主要围绕花开缤纷；妈祖庙的数量与分布、妈祖绕境；历史脉络分析、在地化故事；印记历史事件、妈祖容颜；台湾人心的想望四个方面内容。

【汕头市第四届妈祖文化节】

4月22日上午，汕头市第四届妈祖文化节开幕式在南澳县深澳天后宫前举行。开幕仪式后还举行妈祖祭祀仪式、南澳民间民俗表演、"潮音颂妈祖"潮剧选段演出。

本次文化节由广东省民族宗教研究院指导，汕头市委统战部、汕头市民族宗教事务局，南澳县统战部、南澳县民族宗教事务局主办，深澳镇、南澳妈祖文化交流协会、深澳天后宫承办。

【第八届"龙岗妈祖文化节"】

为弘扬传统艺术，纪念妈祖诞辰1056周年，4月23日至5月1日，广东省深圳市龙岗区龙东社区举行第八届"龙岗妈祖文化节"。4月23日，举行开幕庆典及妈祖诞辰巡游活动，来自潮汕地区各市县的五百多名代表到场参加了活动。巡游活动中龙岗街道客家麒麟队、普宁英歌队、揭阳青狮队等队伍展演了十多项国家、省、市级非物质文化遗产项目。妈祖文化节还举行妈祖文化图片展、故事讲解等活动。

【广东惠州·巽寮第五届妈祖文化旅游节】

4月23日至29日，广东惠州·巽寮第五届妈祖文化旅游节在惠东巽寮举行，活动由巽寮天后宫理事会主办，金融街惠州置业有限公司、惠东县旅游行业协会和巽寮各村委共同协办。活动的内容有开幕式、妈祖祭典仪式、妈祖金身巡安仪式、黄梅戏表演等。

【陆丰市南塘华山寺纪念妈祖诞辰 1056 周年】

4 月 23 日，广东省陆丰市南塘华山寺举行妈祖巡游活动，纪念妈祖诞辰 1056 周年。由村、社区自发组织的民间文艺节目和具有地方民俗文艺特色的飘色、舞狮、舞龙、英歌舞等节目组成巡游队伍。

【湄洲妈祖祖庙举行纪念妈祖诞辰 1056 周年系列活动】

为纪念妈祖诞辰 1056 周年，中华妈祖文化交流协会、湄洲岛管委会、湄洲妈祖祖庙董事会联合主办主题为"馨香传承 情满海丝"的系列活动。主要活动内容有"天下妈祖回娘家""妈祖文化与海丝之路"学术沙龙、升幡挂灯仪式；莆仙民俗庙会、"大爱妈祖"获奖诗歌朗诵会、砗磲妈祖开光典礼、纪念妈祖诞辰 1056 周年大会、《妈祖文化论丛（四）》和《妈祖文化读本》（初级版）首发式、丙申年春祭妈祖大典等。

● 4 月 27 日上午，纪念妈祖诞辰 1056 周年莆仙民俗庙会启动暨升幡挂灯仪式在湄洲妈祖祖庙圣旨门广场举行。中国侨联顾问、中华妈祖文化交流协会副会长林兆枢，中华妈祖文化交流协会常务副会长林国良、湄洲妈祖祖庙董事长林金榜、台湾高雄慈明宫主委黄土城及各地宫庙进香团等两岸妈祖信众参加了活动。中国侨联顾问、中华妈祖文化交流协会副会长林兆枢为庙会启动仪式开锣。

莆仙民俗庙会活动时间为 4 月 27 日至 5 月 2 日，庙会期间，每天邀请莆仙各地民俗表演队，在圣旨门广场及天后广场表演传统的莆仙民间艺术，共有 180 支民俗表演队，近六千多人参与了表演。

● 4 月 28 日晚，首届"祖庙杯"妈祖诗歌大奖赛颁奖仪式暨"大爱妈祖"诗歌朗诵会，在湄洲妈祖祖庙天后新殿广场举行。颁奖仪式后，莆田市朗诵协会的成员们，对部分获奖作品进行朗诵表演。

● 4 月 28 日晚，在"大爱妈祖"诗歌朗诵会上，福建省妈祖文化传承与发展协同创新中心与湄洲妈祖祖庙董事会联合举行《妈祖文化研究论丛（四）》新书发布会、《妈祖文化读本》（初级版）发行通气会。

【台中妈祖宫庙带头认购绿电】

台湾"三月疯妈祖"期间，为了引导民众树立低碳环保的消费意念，台中市各知名庙宇带头认购绿色电能。其中大甲镇澜宫认购绿电10万度，乐成宫认购绿电6万度、广天宫及万春宫各认购绿电5万度。

【惠安七座妈祖宫庙到台湾参访】

4月下旬，福建省泉州市惠安县净峰山后妈祖宫、小岞霞霖天后宫、东岭护海宫、西埔镇海宫、惠安宝胜寺、崇武圣母坛等惠安7座妈祖宫庙共两百多人应台湾北港朝天宫之邀到北港朝天宫、新港奉天宫、大甲镇澜宫等妈祖宫庙进行宗教文化交流。

【曹妃甸区举行《北方妈祖文化丛书》首发式】

4月26日上午，河北省曹妃甸区文联、区文广新局联合在柳赞镇蚕沙口村妈祖庙古戏台举行北方妈祖文化丛书——《妈祖佑护的村庄》《谈天说海话仙乡》首发式暨赠书仪式。京津冀鲁民俗专家学者出席活动。出席的领导和书籍作者、文化专家畅谈对蚕沙口庙会和北方妈祖文化的感想，并为村民代表赠送了《地老天荒·曹妃甸民家故事集》和《谈天说海话仙乡》两本有关蚕沙口风土人情和北方妈祖文化的书籍。

柳赞镇蚕沙口村与曹妃甸区文联联手于2015年年底启动了"北方妈祖文化系列丛书"的编纂工作。经过五个月的收集整理，丛书之《妈祖佑护的村庄》《谈天说海话仙乡》两部由朱长波、冯连满、李连君主编的图书同时由团结出版社出版，图书共计50余万字，收录优秀传奇故事作品150篇。中国民俗学会副理事长兼秘书长、中国社会科学院世界宗教研究所研究员叶涛先生作序。

【2016南京妈祖文化旅游节】

2016南京妈祖文化旅游节，从4月29日妈祖诞辰1056周年开始，到10月9日妈祖羽化1029周年为止，结合阅江楼、天妃宫、静海寺自有品牌文化，如长江文化、大明文化、妈祖文化、佛教文化、郑和文化、海洋文化、爱国文化等安排系列主题活动。

1. 4月29日举行2016南京妈祖文化旅游节暨纪念妈祖诞辰1056周年系列活动开幕式；

2. 4月16日—4月24日举行互联网＋旅游技术推广展览；

3. 5月8日举行"感恩母亲节，庆祝护士节"大型义诊活动；

4. 7月11日举行中国航海节纪念活动；

5. 9月13日—9月16日举行2016年第一届阅江楼杯江苏省全民健身运动会龙狮赛暨第十五届阅江楼文化艺术节开幕式活动；

6. 10月9日举行纪念妈祖羽化升天1029周年活动暨2016年南京妈祖文化旅游节闭幕式。

【2016烟台市妈祖文化节】

4月27日至29日，由山东省烟台市文化广电新闻出版局、烟台市人民政府台湾事务办公室主办，烟台市博物馆、烟台莆田商会承办的"烟台市2016妈祖文化节暨烟台天后行宫第七届妈祖文化节"，在烟台天后行宫举行。

本次妈祖文化节的活动内容有京剧及莆仙戏演出，妈祖巡游仪式和纪念妈祖诞辰1056周年祭典仪式，妈祖文化陈列、烟台近代家居陈设、国色天香等展览。

【2016永福妈祖文化节】

4月27日至29日，福建省龙岩市漳平市永福镇举办妈祖文化节，来自台湾、广东等地的信众相聚永福，庆祝妈祖诞辰。文化节的活动内容有祭拜妈祖、彩车巡游、花灯展、歌舞表演、舞龙舞狮、书画展等。

【第七届中国·洞头妈祖平安节】

4月28至29日，由浙江省温州市洞头区政府主办，洞头区文广新局、洞头区妈祖文化交流协会等协办的第七届中国·洞头妈祖平安节，在温州市洞头区元觉街道沙角村天后宫和北岙街道东沙村妈祖宫两个会场同时举办。

在元觉主会场举办的活动有妈祖节平安巡游活动、开幕式、中国网中国微电影频道温州站洞头拍摄基地的授牌仪式、花岗民宿开工仪式、妈祖祈福大典、平安宴暨民俗表演、海上迎亲活动、古韵旗袍秀、妈祖平安节文化体验、手机拍客大赛、互动美食等活动。

在北岙分会场举办的活动有第七届妈祖平安节暨首届"妈祖平安"烹饪技能大赛、妈祖祈福仪式、两岸伴手礼展销会暨百岛民俗工艺品展示等活动。

【2016汕尾妈祖文化旅游节】

4月28至29日，广东省汕尾市在市城区凤山妈祖旅游区举办以"传承非遗文化·推进旅游发展"为主题的2016年妈祖文化旅游节暨纪念妈祖诞辰1056周年系列活动。

28日晚上23时，民俗拜祭活动在主会场天后阁举行。29日，在妈祖文化广场举行妈祖合境巡安、妈祖文化旅游节开幕式、妈祖炮会和妈祖文化书画笔会。同时还举行为期一个多月的地方戏演出。

【莆田学院与湄洲妈祖祖庙董事会签订战略协议】

4月28日，莆田学院与湄洲妈祖祖庙董事会签订《关于传承与发展妈祖文化全面合作战略协议》。

《协议》明确双方作为战略合作伙伴，在妈祖文化传承与发展、推广宣传、文献整理、课题研究、数据采集、项目拓展等方面开展全面合作。并就联合举办世界妈祖文化高峰论坛；编写、出版《妈祖文化研究论丛》《妈祖文化年鉴》，共同整理、出版妈祖文献研究与整理丛刊，推出系列妈祖文化研究著作或译著；联合开展各地妈祖宫庙调研与数字化妈祖宫庙展览馆建设，开展妈祖文化创意产业的研究与推广，做好每年春秋两祭的祭祀广场表演、非遗数字化保护项目；祖庙景区外语翻译、员工培训、指导系列庆典、民俗活动以及在莆田学院设立湄洲妈祖祖庙妈祖文化人才培养奖教奖学金等达成协议。

校长李永苍、校领导姚志平、校办公室主任黄金象、妈祖文化研究院院长黄瑞国，湄洲祖庙董事会董事长林金榜、副董事长吴国春等出席了协议签订仪式。

【第二届中国（莆田）妈祖文化用品博览会】

4 月 28 日至 5 月 3 日，第二届中国（莆田）妈祖文化用品博览会在黄石工艺城阳光艺博馆举行。本届博览会由中华妈祖文化交流协会、福建省贸促会和莆田市人民政府指导，莆田市文化广电新闻出版局、莆田市二轻工业联社、中华妈祖文化研究院、湄洲妈祖祖庙董事会、莆田旗袍协会、莆田工艺美术协会等多家单位协办。

本届博览会共有来自全国各地 168 家企业参展。博览会展品内容涵盖妈祖书画、妈祖雕刻品、妈祖篆刻、妈祖雕塑像、妈祖服饰、妈祖文献资料、妈祖故事、妈祖食品贡品、妈祖香道、妈祖文化传媒十大类品种。

会展期间除了大会开幕启动仪式外，还安排了妈祖用品博览会专题拍卖会、"百花奖"及"艺博会优秀奖"评奖活动、妈祖笔会、妈祖旗袍展示、香道、古琴、瑜伽表演等活动。

【陶瓷作品《妈祖》获第十一届中国（莆田）海峡工艺品博览会优秀作品评比金奖】

德化县金凤祥工艺有限公司陶瓷工艺美术师曾素妹创作的陶瓷作品《妈祖》荣获第十一届中国（莆田）海峡工艺品博览会优秀作品评比金奖。

【第三届（2016）福建最具创意文化产品评选——妈祖文化创意设计专项赛】

4 月 29 日下午，第三届（2016）福建最具创意文化产品评选活动专项赛——妈祖文化创意设计大赛在莆田贤良港天后祖祠举行启动仪式。

本次妈祖文化创意设计专项赛由福建省最具创意文化产品评选组委会主办，莆田市文化发展改革办公室指导，东南网莆田频道、东南网妈祖之光频道以及仙游县佛教文化艺术品产业协会承办，福建省妈祖文化传承与发展协同创新中心、福建省妈祖文化研究会、台湾妈祖联谊会、莆田贤良港天后祖祠董事会承办。

参赛的作品要求以"妈祖与海洋文化"为主题，融入莆田地域文化、历史文化背景和产业特色，挖掘海丝妈祖文化，遵循"地方＋特色＋文化"三要素开展创意、设计及相关活动，引领妈祖文化乃至莆仙文化创意产业的发展重点和趋势。

赛事分为报名、初评、复评、终评、公示五个阶段。采取专家评选、网络票选和现场观众投票等形式进行评审。作品征集时间为 2016 年 4 月 29 日至 5 月 28 日。最终评选出金奖一名、银奖三名、铜奖五名、优秀奖二十名。

【海口市妈祖文化交流协会举办琼剧表演纪念妈祖诞辰 1056 周年】

妈祖诞辰 1056 周年之际，海南省海口市妈祖文化交流协会邀请海南本土的琼剧团，在海口骑楼老街中山路天后宫上演系列精彩的琼剧。

【国家海洋局到莆田调研妈祖文化】

4 月 28 日，国家海洋局办公室新闻宣传处到福建莆田开展妈祖文化专题调研，在中华妈祖文化研究院会议室三楼召开"妈祖文化专题调研会"，对接"妈祖文化与海洋精神"学术研讨会的筹备情况。莆田市副市长傅冬阳、市委宣传部、市委台办、市海洋与渔业局、文广局、旅游局、外侨办、莆田学院、湄洲岛管委会、中华妈祖文化交流协会有关领导参会。

会上，各部门各单位围绕"妈祖文化与海洋精神"学术研讨会初拟方案展开讨论，并达成一致意见。同时要求，相关部门要进一步细化完善学术研讨会方案，抓好各项筹备工作落实，推动研讨会顺利举行；谋划下一步妈祖文化系列活动，推进世界妈祖文化中心建设；进一步提升妈祖文化影响力和号召力，充分发挥妈祖文化在"一带一路"倡议中的积极作用。

【第八届广州南沙妈祖文化旅游节】

4 月 28 日至 5 月 1 日，第八届广州南沙妈祖文化旅游节在南沙天后宫举行。旅游节的主要活动内容有：开幕式、海上迎妈祖巡游仪式、《妈祖颂》歌舞表演、重建 20 周年巨礼赠送仪式、大型舞龙醒狮列阵《龙腾盛世》、麒麟舞及咸水歌等非遗文化荟萃秀、祭拜妈祖仪式、祈福仪式和民乐表演等。

重建 20 周年巨礼赠送仪式即在南沙天后宫重建二十周年之际，南沙天后宫将大雄宝殿上 3 米高的妈祖像重新贴上 40 平方米纯度为 98% 的金箔，重塑金身，以此纪念霍英东先生倡导并捐资重建南沙天后宫，庇佑南沙二十周年。

【台湾屏东慈凤宫庆祝建宫 280 年】

农历 3 月 23 日妈祖诞辰，适逢台湾屏东慈凤宫庆祝建宫 280 年，庙方从清晨开始准备 16000 份寿面供信众领取，中午即发放完毕；另有不少契子女到宫里上香祝贺。

【莆田学院举办第五届妈祖文化艺术节】

5 月 1 日至 5 月 15 日，莆田学院文化与传播学院举办第五届妈祖文化艺术节。艺术节活动内容有：妈祖文化明信片设计大赛、妈祖文化楹联书写大赛、妈祖文化主题征文比赛、黄石儿童福利院关爱活动、妈祖文化讲座，妈祖祭祀舞蹈"三献礼"表演等。

【霞浦县长春镇外城圣母宫理事会成立】

5 月 2 日，福建省霞浦县长春镇外城天后宫举行理事会成立大会，来自全村的信众代表及理事会成员参加了会议。会议表决通过了理事会章程、理事长、副理事长、秘书长等人选。会议还对理事会成立以后工作的开展做了部署。会议还聘任了理事会顾问、名誉理事长等。

【新海天妃宫妈祖文化交流协会成立】

5 月 4 日，海南省海口市秀英区新海村举行新海天妃宫妈祖文化交流协会挂牌成立仪式。这是海南乡村首个妈祖文化交流协会。

新海天妃宫妈祖文化交流协会旨在保护村里的传统民俗文化，弘扬妈祖大爱精神，将中华优秀文化的"孝敬"传统代代传承，并以此为窗口组织村民对外进行文化交流。

【妈祖文创产品入选"福建好礼"百佳旅游商品】

5 月 6 日，由福建省旅游局主办的"福建旅游商品评选暨创意设计大赛"在第十二届（厦门）海峡旅游博览会上进行了总评和颁奖仪式。莆田市湄洲岛旅游服务有限公司选送的妈祖绢人、妈祖文化茶具、妈祖香包，福建复茂食品有限公司选送的妈祖平安饼入选"福建好礼"百佳旅游商品。莆田市湄洲岛旅游服务有限公司选送的妈祖平安表、妈祖玉佩、妈祖文化餐具入选"福建好礼"旅游商品。

【湄洲岛举行乡村十音八乐比赛】

由福建省莆田市湄洲岛国家旅游度假区管委会主办，湄洲岛管委会宣传部、社会事务局、湄洲镇人民政府和湄洲妈祖祖庙董事会承办的2016湄洲岛乡村十音八乐总决赛于5月10日上午在湄洲妈祖祖庙圣旨门广场举行。共有11支代表队参赛，最终后巷村代表队获得一等奖；北埭、汕尾、莲池、东蔡和港楼村代表队分获二、三等奖。

【"发挥妈祖等民间文化的积极作用"征文大赛】

中华妈祖文化交流协会、湄洲岛国家旅游度假区、湄洲妈祖祖庙董事会联合举办的"发挥妈祖等民间文化的积极作用"全球征文大赛，于5月10日—11月10日，向海内外专家学者、研究人员及妈祖信众、社会各界人士公开征求参赛作品。

【莆田市北岸开发区举行"螺港帆影·逐梦'海丝'"主题摄影作品征稿】

北岸开发区拟出版"螺港帆影·海丝逐梦——妈祖文化与海上丝绸之路"为主题的摄影作品集。5月12日，中共莆田市湄洲湾北岸经济开发区工委宣传部发布征稿启事，向海内外征稿。参选作品要求以"螺港帆影·逐梦海丝"为主题，围绕贤良港天后祖祠祭祀习俗、妈祖巡安等妈祖民俗活动，聚焦宋代古码头遗址、古航标塔、授符井、港里古民居等文物遗迹，展现妈祖文化与海上丝绸之路渊源关系，见证"海丝"港口变迁及现代发展，挖掘妈祖文化与海上丝路有关文物及背后故事。

【莆田在深圳文博会上推介妈祖文化】

5月12日至16日，第十二届中国（深圳）国际文化产业博览交易会在深圳会展中心举行。福建省莆田市以"海上丝绸之路"为主题进行了展馆布置。展馆整体造型为一艘船舶，意寓郑和下西洋所用的航船，凸显了莆田——海上丝绸之路重要起点、妈祖——海上丝绸之路庇护神与"海丝"的内在联系；船舶中央展出古典工艺家具，金银珠宝首饰，油画，妈祖文创产品等；船舶的船头与船尾书有"妈祖故里""工艺莆田"；船身两侧八个展板分别介绍了莆田、妈祖文化在"海丝"中的独特位置和作用以及近年来莆田文化产业发展概况。

【闽浙妈祖文化交流团赴闽南展开妈祖文化联谊交流】

5月15日，由福建霞浦松山天后行宫董事会、浙江省苍南县妈祖文化交流协会、浙江省苍南坑尾妈祖庙董事会联合组成的闽浙妈祖文化交流团，赴闽南开展妈祖文化联谊交流。

交流团一行20余人，先后参访了晋江金井下丙霞里宫、晋江英林下伍堡天后宫、晋江萧下天后宫、晋江东石天后宫等。

【台湾北海岸传奇妈祖文化祭】

5月15日至22日，台湾新北市联合金山慈护官举行一年一度的北海岸传奇妈祖文化祭。其主要活动有开幕式、换香迎福气、蹲轿脚献爱心、传奇妈祖海蚀洞、照访妈祖厝等系列活动。今年金包里慈护官为响应环保，特地聘请环保炮专车，以电子遥控方式"点燃"特殊音响设备取代传统起马炮。

【厦门朝宗宫到台湾开展交流活动】

5月17日，厦门朝宗宫参访团护驾妈祖神像到台湾开展交流活动，为恭迎厦门朝宗宫妈祖金身，台南大天后宫联合10座台湾妈祖庙举办了恭迎厦门朝宗宫天上圣母圣驾绕境大典，并恭送妈祖入大天后宫祀宴，台南大天后宫主委为朝宗宫妈祖佩戴一枚上书"神威显赫"的金牌。厦门朝宗宫妈祖驻跸台南大天后宫八天七夜，接受台湾信众的朝拜。参访期间，台南大天后宫与厦门朝宗宫达成约定，台南大天后宫 6 月 12 日率团回访厦门朝宗宫，同时致赠朝宗宫一方复制的咸丰皇帝御赐匾额"德侔厚载"，厦门朝宗宫还到台南土城鹿耳门圣母庙、郑成功登陆纪念公园、台南玉圣宫、南化天后宫等地参访交流。

【2016 丙申年妈祖文化金银纪念币】

5 月 21 日，上海文化产权交易所厦门交易中心和厦门上文优品文化传播有限公司联合发行了一款 2016 丙申年妈祖文化金银纪念币。纪念币外形为长条形，正面图案是《妈祖巡海》浮雕，背面雕刻有"慈悲为怀大爱无疆"的文字和发行编码。纪念币主体材质为 99.9% 纯银，并进行镀金处理，重量为 10 克，限量发行 50000 枚，配有收藏证书。

【北港朝天宫等四家台湾宫庙到蓬莱开展妈祖联谊活动】

5 月 24 日，台湾北港朝天宫，新北市板桥镇圣宫，新北市板桥圣昭妈祖会，北港圣天宫四家宫庙联合组织了 25 人参访团，到山东省蓬莱开展妈祖联谊活动，参观了蓬莱阁天后宫，祭拜了天后宫妈祖。

【第四届全球妈祖文化征文暨摄影大赛】

以"心怀妈祖情 共筑'海丝梦'"为主题的第四届全球妈祖文化征文暨摄影大赛，5 月 27 日在福建福州启动。大赛征稿时间持续至 11 月。征文、摄影各设一等奖 3 名、二等奖 5 名、三等奖 10 名、优秀奖 30 名，另设网络人气奖各一名。

第四届全球妈祖文化征文暨摄影大赛由中华妈祖文化交流协会、福建省对外文化交流协会、海峡出版发行集团主办，湄洲妈祖祖庙董事会、台湾鹿港天后宫管委会、福建省作家协会等承办。

【陶艺师陈忠正创作完成北港迎妈祖陶艺阵头】

5 月 28 日，台湾云林北港文化中心正式启用，由陶艺师陈忠正创作的"百人逛妈祖交趾陶"同时在北港文化中心二楼展示柜展出。作品共有一百余位面貌不同的交趾陶人物以及神轿、将军神偶、阵头用具等对象。

【2016 桂山天后诞】

5月29日，珠海市万山区桂山岛举行桂山天后宝诞民俗活动。来自港澳地区的流动渔民、珠三角地区以及桂山岛周边岛屿的信众近三千人参加了活动。活动内容有：祭祀妈祖、醒狮表演、妈祖巡游、平安晏、慈善拍卖等。

【香港电影界代表团到莆田市考察妈祖文化】

5月30日，香港影业协会理事长洪祖星率领由香港电影公司负责人、制片人、演员等二十多人组成的香港电影界代表团到福建省莆田市考察妈祖文化。

代表团一行先后参观考察了湄洲妈祖祖庙和妈祖文化园，详细了解妈祖信俗文化发展，并拜谒妈祖。

【第八届海峡论坛·妈祖文化活动周】

第八届海峡论坛·妈祖文化活动周由莆田市人民政府主办，莆田市台办、湄洲岛管委会承办，莆田市旅游局、中华妈祖文化交流协会、湄洲妈祖祖庙董事会等单位协办。活动内容有第八届海峡论坛·妈祖文化活动周开幕式、2016海峡两岸青年歌会、海峡两岸妈祖文化创意产业对接交流会、海峡两岸民宿旅游产业论坛等。

● 6月1日至8日，以"中华妈祖情 两岸一家亲"为主题的第八届海峡论坛·两岸妈祖书画精品展，在莆田市群众艺术馆举行，共展出两岸书画家书画精品一百多幅。

● 6月5日至6月9日，由中华妈祖文化交流协会、莆田市台办、湄洲妈祖祖庙董事会主办的"两岸百家妈祖信众家庭交流联谊活动"在福建省莆田市举行。活动邀请两岸共百户妈祖信众家庭，通过同谒妈祖、同度端午、同叙情缘等形式，进行交流联谊。

6月5日傍晚，"两岸百家妈祖信众家庭交流联谊活动"在中华妈祖文化研究院开幕。来自台湾30多户妈祖信众家庭在中华妈祖文化研究院懿明楼上举行

"三献礼"仪式。仪式后，中华妈祖文化交流协会向两岸百户妈祖信众每户赠送了一面绣有"同谒妈祖，共享平安"的黄色锦旗。接着，现场妈祖信众以家庭为单位聚在一起共享妈祖平安宴。活动晚宴上，中国陶瓷工艺美术大师叶国珍向中华妈祖文化交流协会捐赠了"金丝玉身南宋官窑妈祖圣像"一尊。

● 6月7日晚，第八届海峡论坛·妈祖文化活动周开幕式暨2016海峡两岸青年歌会在福建省莆田市湄洲岛举行。来自海峡两岸的妈祖信众、青年歌友和基层民众共五千多人参加了开幕式。福建省副省长、莆田市委书记周联清出席并致辞。

2016海峡两岸青年歌会由中国音乐家协会、福建省文联、莆田市人民政府联合主办。海峡两岸青年歌会以"海峡情、妈祖缘、青春曲"为主题，两岸21名青年歌手同台参与了演出，共有15个节目，分"青春细雨""慈爱妈祖""海峡交响"三个篇章，以独唱或组合、乐队的形式进行表演。

● 6月8日上午，海峡两岸妈祖文化创意产业对接交流会在福建省莆田市湄洲岛举行。两岸文创产业机构签订相关合作意向，并就湄洲岛文化旅游创意产业发展事宜进行探讨、交流。

● 6月16日上午，由福建省旅游局和莆田市人民政府主办、莆田市旅游局和湄洲岛国家旅游度假区管委会联合承办、台湾民宿管理协会和台湾乡村旅游协会协办的"海峡两岸（湄洲岛）民宿旅游发展论坛"在福建省莆田市湄洲岛举行。

福建省旅游局法规处处长郭景沪，莆田市政府办副主任陈金枝，莆田市旅游局局长王秋洪，湄洲岛管委会主任林韶雯，台湾旅行业质量保障协会副理事长陈善国，台湾旅行商业同业公会总会召集人陈思苍，中华两岸旅行协会理事长黄瑞荣，中华两岸旅行协会首席会务顾问林受坤，台湾乡村旅游协会秘书长、创新学院副院长林邵洁，台湾南投县观光民宿协会总干事陈巨凯，浙江省杭州芦茨土屋主人、石舍香樟营长、完美生活创始人黄伟舜；阿里旅行，同程网、去哪儿网、驴妈妈、村游网,《福建日报》、福建电视台、莆田电视台、《湄洲日报》、《莆田晚报》等出席论坛。

【台湾妈祖联谊会举办"妈祖迺台湾"集章活动】

6月1日至12月31日，台湾妈祖联谊会联合67间妈祖宫庙举办"妈祖迺台湾"集章活动。活动期间只要走访各宫庙集满 30 枚以上纪念章，寄回活动小组就有机会参加抽奖，最高奖项是轿车。

【2016 首届民间宗教论坛——万民看妈祖】

6 月 4 日，由台湾妈祖联谊会、台湾宗教与社会协会联合举办的"2016 首届民间宗教论坛——万民看妈祖"活动，在台北市进出口商业同业公会会议中心举行。活动邀请专家学者为宫庙管理人员、导游、文史研究者讲授妈祖文化知识。

【"妈祖福安"德化瓷葫芦猴粥米罐】

为迎接中国闽台缘博物馆的馆庆、第八届海峡论坛两岸同名村文化论坛的举办，"中华妈祖俗信文化研究中心"、全球粥会万旗粥会联合推出一款德化陶瓷产品——"'妈祖福安'德化瓷葫芦猴粥米罐"。该产品将作为礼品，在上述活动中赠送给嘉宾。

"德化瓷葫芦猴粥米罐"，由全球粥会万旗粥会会长谢文清设计，由诗人余光中书写"妈祖福安"，罐内装填台闽两地生产的精米，包装箱上由全球粥会会长陆炳文书写"天上圣母和平女神湄洲祖庙妈祖金身巡安台湾平安米"。

【湄洲妈祖祖庙、贤良港天后祖祠入选"海丝"申遗预备名单】

2016 年 4 月，国家文物局正式确定由泉州牵头，联合广州、宁波、南京等城市，全力推进中国"海丝"联合申遗。截止到 6 月已初步选定 30 个申遗文物点，其中莆田市湄洲妈祖祖庙和贤良港天后祖祠两处遗产点，入选"海丝"申遗预备名单。国家文物局副局长宋新潮指出，湄洲妈祖祖庙和贤良港天后祖祠及其相关海港遗迹，见证了中国海洋开拓事业的客观需要，催生了海神妈祖的历史过程，成为海上丝绸之路的直接物证和历史见证。

【莆田妈祖信俗等摄影展在抚州市市博物馆举行】

6 月 11 日至 17 日，印象莆田——福建莆田市文化遗产摄影图片展在江西省抚州市市博物馆四楼展厅举行，共展出莆田妈祖信俗、文物、风土人情等摄影作品 174 件。

本次活动是落实莆田市与抚州市达成的文化交流框架协议，由莆田市文化广电新闻出版局、抚州市文化广电新闻出版局共同主办，莆田市群艺馆、抚州市群艺馆共同承办的莆田市文化遗产图片展、抚州市非物质文化遗产图片展在两市分别开展。

【第八届霞浦"妈祖杯"龙舟赛】

6 月 9 日时值端午，由福建省霞浦松山天后行宫董事会、霞浦县松港街道松渔村两委、霞浦县松港街道松农村两委联合主办，以"奋进、和谐、吉祥"为主题的第八届霞浦"妈祖杯"龙舟赛在霞浦县松港街道松山村举行。

【两岸青年与留学生共同表演万国茶帮拜妈祖】

6 月 9 日，由福州三坊七巷天后宫承办的第四届海峡青年节前期系列活动之一"两岸青年同源信俗文化体验营"，在三坊七巷光禄吟台开幕。活动中，两岸青年与"海丝"沿线国家及地区的留学生共同进行了《万国来朝》的茶艺表演，再现万国茶帮拜妈祖的盛况。

【汕尾红海湾田墘白沙湖（上墩）妈祖庙会】

6 月 9 日，广东省汕尾红海湾田墘白沙湖（上墩）妈祖庙理事会举行端午节妈祖庙会开幕式。广东省妈祖文化交流协会、广东省民俗文化研究会、汕尾市有关部门、红海湾开发区管委会、田墘街道办事处有关负责人和嘉宾、乡贤、乡亲等一千多人参加活动。

开幕式上进行了传统社戏、舞蹈和麒麟献瑞的文艺演出。开幕式后，还举行"白沙湖（上墩）妈祖申报文物保护单位工作领导小组"、"白沙湖（上墩）妈祖文化研究会"、"广东省妈祖文化交流协会理事单位"揭牌仪式和传统献祭、炮会活动。庙会期间连续 10 个晚上举行社戏演出。

【参加第八届海峡论坛的两岸妈祖信众到厦门朝宗宫祭拜妈祖】

6 月 11 日，"中华妈祖俗信文化研究中心名誉主任"陆炳文带领福建省万旗艺术中心谢文清等参加第八届海峡论坛的海峡两岸妈祖信众到厦门朝宗宫祭拜妈祖。祭拜仪式后,海峡两岸妈祖信众举行了简短的座谈会。陆炳文、谢文清特意向朝宗宫敬献了"'妈祖福安'德化瓷葫芦猴粥米罐",这也是"'妈祖福安'德化瓷葫芦猴粥米罐"首次敬献妈祖宫庙。陆炳文还为朝宗宫现场书写了"妈祖福安"。

【马六甲拿督颜天禄一行到中华妈祖文化研究院参访】

6月11日,马来西亚马六甲拿督颜天禄一行到中华妈祖文化研究院参访,中华妈祖文化交流协会常务副会长林国良、莆田市政协副主席俞建忠、中华妈祖文化交流协会副秘书长周金琰与来宾举行座谈。

【台湾成立圣母三妈文化交流协会】

● 6月12日上午,台湾31家宫庙的63位妈祖信众代表,到湄洲妈祖祖庙,为拟成立的圣母三妈文化协会上呈疏文,祈愿妈祖圣允,并请求分灵一尊妈祖圣像至台湾。协会顺利获批。随后,湄洲妈祖祖庙董事长林金榜行割香鞠火礼,再分灵一尊妈祖,以待安座圣母三妈文化协会。

下午,台湾圣母三妈文化交流协会一行到中华妈祖文化研究院、莆田文峰天后宫参访交流。

● 7月24日下午3时30分,由台湾南投县竹山镇连兴宫发起成立的台湾圣母三妈文化交流协会举行成立大会。至7月24日,全台共有60间黑面三妈宫庙加入台湾圣母三妈文化交流协会。成立协会的主要目的是结合各宫庙资源、加强彼此联系,创建对外交流平台,方便两岸的交流与互动。

此次成立大会,连兴宫除邀请全台各宫庙代表前来与会,厦门市同安区银同天后宫开基三妈、莆田文峰天后宫、湄洲妈祖庙也受邀参加。

● 应台湾圣母三妈文化交流协会邀请,莆田文峰天后宫管委会主任陈鹭玲、中华妈祖交流协会蔡承武先生、湄洲妈祖祖庙林金赞副董事长于7月23日至7月26日到台湾参访。7月24日上午参访高雄慈明宫、连兴宫,并与该宫林进元董事长就两宫交流等事宜进行交谈;7月24日下午参加"台湾圣母三妈文化交流协会"成立大会；7月25日参访鹿港天后宫；7月26日从高雄返程。

【莆田举办妈祖文化与海上丝绸之路图片展】

由福建省莆田市文化广电新闻出版局主办，莆田市文物局、莆田市博物馆承办的妈祖文化与海上丝绸之路图片展，6月11日至30日在莆田市三清殿展出。图片展分为"妈祖文化之源""妈祖文化之美""妈祖文化之旅"三个篇章。

【二十七年前从台湾直航湄洲岛进香的船长再回"妈祖故里"】

1989年6月10日，台湾宜兰南方澳南天宫进香团一行340人，在当时主委林源吉的率领下到湄洲妈祖祖庙谒祖进香，并迎请300多尊妈祖神像回台奉祀。其中220人乘20艘渔轮直航湄洲岛，另120人从香港转机来大陆汇合。

2016年6月18日下午，台湾宜兰南方澳南天宫三代主委林源吉、陈正男、陈正信携1989年直航湄洲岛的18位在世老船长在内的25人，回湄洲妈祖祖庙交流进香。6月19日，到贤良港天后祖祠进香。

【《海灵》《颂》两妈祖文化舞蹈获"海外桃李杯第六届国际舞蹈大赛"广东选拔赛一等奖】

6月19日，"海外桃李杯第六届国际舞蹈大赛"广东选拔赛在深圳海雅大剧院降下帷幕，由陆丰市妈祖文化研究会策划、"舞蝶"文化团体主创的舞蹈《海灵》《颂》双双获得一等奖。参加少年组赛的《海灵》艺术地展现幼小默娘的聪慧伶俐、友爱姐妹、勤劳朴实、向善向上，为成人之后的德馨广扬、惩恶济困、大爱无疆的崇高品格奠定基础。而参加青年组比赛的舞蹈《颂》，则着力渲染年轻默娘那立德起航、行善济世、大爱见博的崇高人品。

【连江县妈祖文化研究会2016年上半年工作会议】

6月23日，连江县妈祖文化研究会2016年上半年工作会议在连江县国惠大酒店召开，出席会议的有中共连江县委统战部、中共连江县委台湾工作办公室张雅英副主任，连江县民政局领导、连江县文学艺术界联合会郑新顺主席，连江县华侨联合会詹立坤主席、连江县政府侨务办公室刘伯述主任、连江县社会科学界联合会王婷主席，世界杨氏联谊会（总会）会长、美中经贸科技促进总会主席、美籍华人著名侨领杨功德先生，国际海峡文化交流总会杨银官会长、连江县作家协会阮道明主席、连江县道教协会陈宏武会长，还有连江县各妈祖宫庙主任、代表120多人参加。

这次半年度工作会议由琯头后一圣母宫出资承办，妈祖研究会郑德佺副会长主持。会议先由承办单位琯头后一圣母宫、村领导迎辞，接着杨文健会长作2016年上半年工作回顾及下半年工作布置，最后聘请美籍华人杨功德先生和国际海峡文化交流总会杨银官会长两人为连江县妈祖文化研究会荣誉会长。

【苍南县妈祖文化交流协会召开第二次会员大会】

6月26日上午，浙江省苍南县妈祖文化交流协会第二次会员大会在苍南县会议中心举行。苍南县委统战部部长胡长虹、苍南县副县长林小同、县政协副主席冯兴钱以及县民宗局、县文广新局、县海洋渔业局、县对台办等有关领导出席大会，全县各乡镇一百多位会员代表参加了会员大会。

大会回顾了协会五年来的发展历程，听取审议了理事会工作报告，审议通过了理事财务收支情况报告，并进行换届选举，产生了新一届理事会，林存华当选新会长。会议还表彰了先进，举办了《苍南妈祖宫庙概览》首发式和《传承优秀文化弘扬妈祖精神——苍南县妈祖文化事业五年发展历程》碟片首发式。

【南京妈祖文化交流协会召开换届大会】

6月29日，南京妈祖文化交流协会召开换届大会。南京市政协副主席陆平贵，鼓楼区委书记张一新、区政协主席王隆京、区委副书记陆敏、区人大常委会副主任刘人、副区长梁春燕出席会议；南京市政协港澳台侨外事委员会、市文广新局、市旅游委、市台办、市台联、市侨联相关领导参加会议。会议听取了南京妈祖文化交流协会筹备工作报告，审议通过了南京妈祖文化交流协会第一届理事会工作报告，修改并通过了南京妈祖文化交流协会章程，选举产生了南京妈祖文化交流协会第二届理事会理事及会长、副会长、秘书长、名誉会长、顾问等。王隆京当选为南京妈祖文化交流协会第二届理事会会长并报告了新一届理事会的工作思路。

【2016年"亲情中华·汉语桥"夏令营莆田营体验妈祖文化】

6月30日上午，2016年"亲情中华·汉语桥"夏令营福建莆田营开营仪式在莆田举行，福建省侨联副主席谢小建出席开营式并宣布开营。夏令营为期9天，由福建省侨联、莆田市侨联承办，印尼雅加达兴安会馆协办。

活动期间，30多名来自印尼、意大利华裔青少年营员，前往妈祖故里湄洲岛体验妈祖文化，走访了湄洲妈祖祖庙、天妃故里及妈祖文化影视园。

营员们除了前往湄洲岛了解妈祖文化，还赴莆田南少林、莆田学院、广化寺、荔城文化馆、莆仙戏剧院、莆田华侨中学、涵江区华侨纪念馆、仙游榜头等多个地方参观交流，安排营员学习汉语、书法、音乐、剪纸、画脸谱、捏泥人等活动，体验具有莆仙特色的各种优秀文化，并与中国青少年交流联谊。

【莆田学院组织大学生实践队开展妈祖文化遗产调研】

6月29日至7月5日，莆田学院土木工程学院暑期大学生实践队到莆田地区部分妈祖宫庙开展妈祖文化遗产调研活动，了解妈祖宫庙古建筑的基本结构、布局及特点和妈祖信俗文化。期间，实践队到莆田文峰天后宫，了解"妈祖三献礼""妈祖供品""妈祖诵经""妈祖元宵"四个非物质文化遗产项目，参观了"三代祠"和"梳妆楼"等妈祖古建筑；到中华妈祖文化研究院，了解两岸妈祖文化的渊源、传承和现状；到莆田市白湖顺济庙，参观了观音殿、妈祖宫、"灵惠夫人"石雕像的建筑格局；到贤良港天后祖祠，参观天后圣殿、受符井、宋代古码头等历史文物，领会贤良港的文化底蕴；到港里妈祖阁了解妈祖文化的意义；到湄洲妈祖祖庙，参观考察了大牌坊、宫门、钟鼓楼、顺济殿、天后殿、灵慈殿等新殿建筑群、寻根妈祖文化。

【浙江传媒学院到湄洲岛进行妈祖文化实践活动】

7月10日至17日，浙江传媒学院的8名学生组成的以"'一带一路'倡议视阈下的妈祖文化的起源与传播"为主题的暑期社会实践团队，到湄洲岛进行为期一周的妈祖文化实践活动。实践团队一行，参观了妈祖祖庙、天妃故里、妈祖源流博物馆、妈祖文化影视城等文化景点，参与进香团体验，与中华妈祖交流协会副秘书长周金琰进行座谈会，了解了妈祖文化的起源与传播。

【福州大学妈祖文化调研实践队到中华妈祖文化研究院开展暑假实践活动】

7月11日，福州大学经济与管理学院妈祖文化调研实践队到中华妈祖文化研究院开展暑假实践活动。

参加实践活动的大学生们首先观看了承载着妈祖文化的传统戏曲表演。随后，中华妈祖文化研究院专业学者黄志霖向实践队成员阐述了国家"十三五"规划纲要提出的发挥妈祖文化积极作用的精神内涵，介绍了有关妈祖文化发展在全世界33个国家和地区的传播和发展状况，指出妈祖文化在世界范围内的广泛影响，强调传承妈祖文化的积极作用和重要性。他希望大学生们能积极主动地为妈祖文化的传承出谋划策，为传统文化的保护和发展注入新活力。最后还向实践队成员赠送有关妈祖文化的书籍。

【东华大学人文学院暑期实践队到福建调研妈祖文化】

7月14日，连江妈祖文化研究会在琯头会址接待了东华大学人文学院赴福建省暑期实践队，这支实践队确立"探妈祖文化传承发扬，看两岸交流携手共进"为主题的暑期实践活动，深入妈祖文化研究前沿访谈交流。连江妈祖文化研究会有关人员向来访的学生介绍了妈祖文化研究基本情况和当前连江妈祖官庙、信众分布概况。

【福建省妈祖文化促进会成立】

7月16日下午，福建省妈祖文化促进会第一次会员大会在厦门召开。福建各地妈祖信众代表、两岸嘉宾150多人出席会议，会议选举了第一届理事会。蔡马勇当选会长。

【台湾逢甲大学到莆田文峰天后宫考察文物】

7月18日，台湾逢甲大学李建纬教授一行7人到莆田文峰天后宫进行文物考察研究等活动。

【莆田市区赤柱妈祖宫妈祖首次赴台交流】

7月21日，首次到台湾通济宫开展三天交流活动的莆田市区的赤柱妈祖宫返回莆田市，当晚驻跸英慧妈祖宫。7月22日，赤柱宫妈祖从英慧妈祖宫出发在莆田市区举行巡游活动，中午回到赤柱妈祖宫安座。

【第九届政治学与国际关系学术共同体年会设"妈祖文化体系建设"分专场讨论会】

7月18至19日，由清华大学国际关系研究院主办的"第九届政治学与国际关系学术共同体年会"在北京辽宁大厦举行。年会开设了"妈祖文化体系建设"分专场讨论会，台湾青年志工协会主任黄彰国、中国社会科学院博士后刘智豪共同主持组织了"妈祖文化体系建设"分专题讨论会。台南市新和顺保和宫总干事杨宗祐、天津天后宫管理委员会主任郭子春，中国社会科学院、福建省社会科学院、北京大学等两岸妈祖宫庙负责人及青年学者十多人就妈祖信仰在两岸民间交流中的作用，妈祖文化在当代社会的积极作用，妈祖文化与文化创意产品开发，以及"一带一路"倡议与妈祖文化体系等议题进行了探讨。

【闽台妈祖文化交流团到天津考察】

7月20日至22日，由台湾妈祖联谊会会长郑铭坤，福建省妈祖文化促进会、厦门市两岸妈祖文化交流协会会长蔡马勇率领的闽台妈祖文化交流团，到天津进行妈祖文化交流考察。天津市市委常委滨海新区区委书记宗国英、市委常委统战部部长王宏江、天津妈祖文化促进会会长罗远鹏、天津市台办主任周克丽参与陪同考察。

【2016 湄洲岛"妈祖情，学子游"优惠活动】

为鼓励更多大学生群体到福建省莆田市湄洲岛旅游，发挥大学生充当"景区宣传员"的作用，把湄洲岛旅游品牌带向全国各地，7 月 25 日至 9 月 25 日，湄洲岛国家旅游度假区旅游局推出"2016 湄洲岛'妈祖情，学子游'优惠活动"。

活动内容：2016 年高中毕业生凭身份证和大学本科、专科录取通知书在文甲码头游客集散中心可免费领取一张专用进岛门票、一张往返船票，免费游湄洲岛所有景点一次（含妈祖文化公园、妈祖文化影视城、鹅尾神石园），关注湄洲岛官方微信，还可免费领取湄洲岛旅游攻略、妈祖伴手礼各一份。

【厦门大学暑期社会实践队学生到中华妈祖文化研究院调研】

7 月 25 日，厦门大学管理学院暑期社会实践队一行 6 人，在队长潘毅馨的带领下，到中华妈祖文化研究院开展以"福建省非物质文化遗产保护现状调查走访"为主题的调研活动。

中华妈祖文化交流协会周金琰副秘书长与实践队的同学们进行了座谈，内容涉及妈祖文化的起源、奉祀的区域、莆田当地所采取的宣传和保护措施、妈祖文化传播与现代媒体的结合等问题。

【莆田市举办"妈祖文化在海上丝绸之路沿线国家传播与发展"讲座】

7 月 28 日上午，由福建省莆田市文化广电新闻出版局主办，莆田市图书馆、莆田市博物馆承办的莆田文化系列讲座之"妈祖文化在海上丝绸之路沿线国家传播与发展"，在莆田市区古谯楼举行。莆田学院妈祖文化研究院副院长林明太围绕妈祖文化的起源发展、妈祖文化影响、妈祖文化与海丝之路关系三个部分进行讲解。

【2016 大甲妈祖文化育乐营】

为了帮助小学生体验在地人文特色，认识传统宗教之美，培养团队精神。7 月 29 日至 31 日，台湾大甲镇澜宫及大甲妈社会福利基金会联合举办面向小学四至六年级同学的妈祖文化育乐营。活动内容包含认识妈祖、发现大甲、迎新晚会、大地游戏、营火晚会等。

【南海开渔节暨三亚崖州中心渔港开港仪式】

8月1日上午，"南海开渔节暨三亚市崖州中心渔港开港仪式"在三亚崖州中心渔港举行，来自海南省各市县领导和代表、三亚市各地的群众、社会各界嘉宾近万人参加了此次盛会。

活动的主要内容有渔家传统民俗活动"龙王巡游"，祭海仪式，国家级"非遗"《崖州民歌》和黎族打柴舞等歌舞和民俗表演，三亚市崖州中心渔港开港仪式。

【鹿港天后宫举行第十七届管理委员会与第八届监事就职典礼】

8月1日，鹿港天后宫在天后宫正殿妈祖驾前举行第十七届管理委员会与第八届监事就职典礼。主委张伟东与14位委员、5位监事在妈祖驾前举手宣誓。魏明谷先生致赠"覃恩溥济"匾额。

【台湾大陆新生代参访团到莆田文峰天后宫参访】

8月5日，到莆田寻根认祖的台湾大陆新生代参访团一行60余人，到莆田文峰天后宫朝拜妈祖。当晚，参访团与莆田文峰天后宫、荔城区文化馆共同举办"妈祖缘·两岸情"文艺晚会。

【妈祖雕像亮相鄂尔多斯】

8月5日，中国报业旅游发展峰会在鄂尔多斯举行。参会的代表都带去了当地特色工艺品在会议期间进行了展示。湄洲日报社的参会代表带去了一件莆田工艺品妈祖雕像。

【全台祀典大天后宫于举办"未婚联谊月老宴"】

8月6日，香格里拉台南远东国际大饭店与全台祀典大天后宫共同举办"未婚联谊月老宴"活动，300多位未婚男女参加了活动。

当天上午未婚男女首先在大天后宫内举行祈缘仪式，由曾吉连先生担任主祭官，台南市文化部门周雅菁及中西区陈胜楠担任陪祭官，带领未婚男女向大天后宫的月老祭拜，祈求牵红线结姻缘。

中午在香格里拉台南远东国际饭店进行举行"月老好合宴"联谊活动。活动现场邀请 10 对结婚 23 周年至 64 周年的幸福夫妻一起重新披上婚纱礼服，重温步上红毯的幸福时刻；台南市文化部门向 10 对已婚夫妻致赠幸福夫妻纪念证书；结婚逾 60 周年的八旬徐氏夫妇现场向未婚男女分享婚姻之道。

【台湾鹿港天后宫到莆田参访问】

8 月 7 日至 9 日，台湾鹿港天后宫第十七届委员会成员一行 19 人，在主委张伟东的带领下，到福建省莆田市参访问交流。走访了湄洲妈祖祖庙、中华妈祖文化研究院、莆田市涵江区梧塘镇鳌塘天后宫、江口福莆仙东岳观。

【2016 古笨港成年礼】

8 月 7 日，台湾北港朝天宫举行成年礼活动。

【厦门朝宗宫举行第二届 16 岁成年礼活动】

8 月 9 日，厦门朝宗宫举行第二届 16 岁成年礼活动。50 位来自大陆、台湾、澳门地区的 16 岁少男少女们参加了"七夕"的成人礼仪式。

本次活动由厦门市朝宗宫主办，思明区文化馆、蜂巢山社区居委会、沙坡尾社区居委会联办，旨在通过隆重、有文化和道德意味的成年礼仪式，使青少年接受传统文化的熏陶，加深对中华传统文化的认识和感悟，充分发扬中华民族的传统美德。

【安平开台天后宫举行 16 岁成年礼活动】

8 月 9 日上午，台湾台南市安平开台天后宫管理委员会、安平开台天后宫文化基金会、安平观音亭管理委员会联合为年满 16 岁的青少年举办成年礼活动。成年礼活动的仪式依次为：安平开台天后宫膜拜妈祖、国姓爷；安平观音亭膜拜观音佛祖、齐天大圣；周龙殿膜拜中坛元帅——太子爷；谢亲恩，走成人花道，行加冠礼，钻七娘妈亭出鸟母宫；时光隧道，感恩之旅；登王城，步步高升，感恩礼赞。

【霞浦妈祖宫庙到苍南进行妈祖文化交流】

8月11日至12日，福建省霞浦松山天后行宫、霞浦大京天后宫、霞浦长春外城圣母宫联合组成霞浦妈祖文化交流参访团，在霞浦松山天后行宫董事会秘书长陈杰的带领下到浙江省苍南县开展两地宫庙联谊交流活动。参访团一行在苍南县妈祖文化交流协会的陪同下，先后到苍南县霞关镇坑尾妈祖庙（苍南妈祖文化园）、赤溪镇韭菜园妈祖宫、大渔镇大渔天后宫、钱库镇钱库天后宫、灵溪镇灵溪妈祖庙等宫庙参访交流。

【青岛市妈祖文化联谊会第二届常务理事会第一次会议】

8月16日，青岛市妈祖文化联谊会第二届常务理事会第一次会议在银海国际游艇俱乐部召开。会议选举农工党青岛市副主委、市政协常委、青岛海瑞国际交流中心董事长赵起良为联谊会会长兼秘书长。

【"弘扬妈祖文化、拓展合作共赢"投资合作论坛】

8月20日，湄洲妈祖祖庙董事会、厦门市莆田商会联合全国省级、直辖市、单列市驻厦门办事处，在莆田湄洲岛举办"弘扬妈祖文化、拓展合作共赢"投资合作论坛活动。参会企业家，各界人士畅谈参与"弘扬妈祖文化、拓展合作共赢"投资合作的期望与感受。

本次论坛得到了厦门市工商联、总商会，厦门市社会组织促进会，莆田市组织部非公党工委，莆田市工商联、总商会，中国将军书画院，《雷锋》杂志社，厦门雷锋文化艺术馆，厦门鸿山寺慈善会等机构的支持和参与。

【湄洲妈祖祖庙举办服务员、讲解员口试笔试比赛】

为了更好地学习妈祖文化，弘扬妈祖精神，更好地为妈祖信众、游客提供导游讲解服务，8月25日，湄洲妈祖祖庙董事会培训中心在安泰会议室举办湄洲妈祖祖庙服务员、讲解员口试、笔试比赛。

【百变妈祖游台中·妈祖大型公仔装置暨文创成果展】

8月27日至9月25日，台中市文化资产部门主办的"百变妈祖游台中·妈祖大型公仔装置暨文创成果展"在台中市港区艺术中心展出。8月27日举办开幕仪式。开幕仪式由台中市林佳龙先生主持。

现场展出的有12尊Q版大型妈祖公仔、"彩笔画妈祖水彩征件比赛"得奖作品、"跟着妈祖走——摄影家蔡明德随香行脚影像展"，同时放映由台中文化部门拍摄的《台中迓妈祖》纪录片。

展出的12尊Q版大型妈祖公仔是由艺术新锐团队"蔓半拍工作室"根据去年妈祖公仔设计征件比赛中的获奖作品雕塑而成。展厅里，主办单位将妈祖公仔结合台中百年古迹台中火车站、台中公园湖心亭、丰原庙东夜市及梧栖渔港等景点进行布置，成为另一种具文创意涵的装置艺术。

文化部门还推出"百变妈祖游台中"桌游组，于8月28日和9月4日、10日向民众开放，供民众赏玩竞赛。游戏中所有场景设计与角色，皆来自展览内容。

【澳门神州妈祖文化交流协会成立三周年】

8月27日，澳门神州妈祖文化交流协会在澳门筷子基和乐围20号宏富工业大厦3楼A1会址举行协会成立三周年恭拜妈祖仪式。关金花会长在仪式上致辞并总结了协会成立三年来所做的工作。

【莆田市代理市长李建辉到中华妈祖文化研究院调研】

8月30日，时莆田市代理市长李建辉到中华妈祖文化研究院调研妈祖文化。中华妈祖文化交流协会常务副会长林国良介绍了协会的基本概况和当前开展工作情况。李建辉在调研中指出，妈祖文化在历史上以及当前都发挥着特殊作用。妈祖文化是中华优秀传统文化的重要组成部分，是联系海内外华人华侨的桥梁和纽带，不仅是莆田，也是福建，甚至是国家的文化名片。莆田要进一步发挥这一优势，为"一带一路"倡议贡献力量。

【湄洲妈祖祖庙在金海岸举行放生活动】

9月2日上午9点，湄洲妈祖祖庙副董事长吴国春携祖庙员工在湄洲岛金海岸海神之星海上休闲平台上举行放生仪式，现场共放生20条巨型龙胆石斑和百余条台湾红鱼，价值6万元。

【莆田学院开设《妈祖文化教育概论》课程】

年初莆田学院组织专家学者编撰校本妈祖文化教材《妈祖文化教育概论》，5月份完成编撰工作，9月份新学期正式开课。

《妈祖文化教育概论》共九章，包括妈祖与妈祖文化、妈祖文化与中国海洋文化、妈祖文化与传播、妈祖文化与中国传统文化、妈祖文化与社会主义核心价值观、妈祖文化与大学生思想道德教育、妈祖文化与构建和谐社会、妈祖文化与台海两岸和平发展、妈祖文化与海上丝绸之路等。

【《中华妈祖》与《海南之声》签订资讯互通备忘录】

9月7日，《中华妈祖》杂志社与马来西亚《海南之声》杂志社举行资讯互通备忘录签约仪式。中华妈祖文化交流协会常务副会长林国良与马来西亚雪隆海南会馆会长丁才荣博士分别作为代表签约。

【中华妈祖文化交流协会第二届常务理事会第八次会议】

9月8日，中华妈祖文化交流协会第二届常务理事会第八次会议在莆田市召开。十届全国政协副主席、中华妈祖文化交流协会会长张克辉，十一届全国政协常委、全国侨联原主席、中华妈祖文化交流协会副会长林兆枢，莆田市委副书记程强、莆田市政协副主席陈元等领导及来自海内外150多名妈祖文化机构代表出席会议。会议由中华妈祖文化交流协会常务副会长林国良主持。

会议讨论了《中华妈祖文化交流协会第三届领导班子组成人选及情况说明》《中华妈祖文化交流协会第二届理事会工作报告》《中华妈祖文化交流协会章程》

修改说明等。

【台中梧栖朝元宫到福建姐妹宫联谊交流】

为纪念台中梧栖朝元宫与泉州天后宫、泉州东海石头街长春妈祖宫、晋江金井镇下丙霞里宫结为姐妹宫三周年。9月9日下午至9月10日，台中梧栖朝元宫联合基隆新朝宫等台中妈祖宫庙组织妈祖信众400多人恭捧妈祖神像先后到长春妈祖宫、泉州天后宫、晋江金井镇下丙霞里宫进行联谊交流。

【泗阳妈祖文化园举办中秋国庆艺术彩灯节】

9月9日至10月9日，由江苏省泗阳县文化广电新闻出版局主办，泗阳县妈祖文化园管理处、宿迁马上湖文化发展有限公司承办的"中秋国庆艺术彩灯节"在泗阳妈祖文化园举行。央视新闻联播、新闻直播间分别以《中秋乐团圆共享家国兴》《但愿人长久：各地喜迎中秋佳节》为题，关注报道了泗阳妈祖文化园艺术彩灯节的盛况。

【第八届中国·天津妈祖文化旅游节】

第八届中国·天津妈祖文化旅游节由天津市人民政府主办，南开区人民政府、天津市旅游局、天津市台办、天津市文化广播影视局、天津市侨办、中新天津生态城管理委员会、天津市妈祖文化促进会、天津天后宫管理委员会承办，以"情系海上丝路、弘扬妈祖精神、建设美丽天津"为主题。旅游节期间举办"海峡两岸交流基地"授牌、天津妈祖文化艺术研究中心成立暨妈祖文化节情系海上丝绸之路书画展、天后宫敕建690周年大型传统祭拜暨皇会巡安散福活动、2016首届妈祖省亲骑行活动、天津妈祖文化与现代文明研讨会、天津滨海妈祖文化园揭牌等八项主要活动。

● 2016首届妈祖省亲骑行活动。

"2016首届妈祖省亲骑行活动"，通过自行车骑行这一全民均可参与的体育活动，在全国海选36位骑手，担任妈祖执事（护卫），以骑行的方式，护卫供奉在天津天后宫分灵自大甲镇澜宫、西螺太平宫、新港奉天宫、台北圣济宫、南方澳南天宫的 5 妈祖尊神像赴台湾"省亲会香"。

7 月 20 日下午，为做好首届妈祖省亲骑行活动的开展，迎接分灵至天津的妈祖回台湾省亲，天津天后宫为妈祖神像举行换袍仪式。天津市南开区文化和旅游局副局长、天津天后宫委员会主任郭子春，台湾妈祖联谊会会长、台中大甲镇澜宫副董事长郑铭坤，新加坡万天府宫主委蔡亚华女士等妈祖信众参加了换袍仪式。

7 月 28 日，第八届中国·天津妈祖文化旅游节暨"2016 首届妈祖省亲骑行活动"新闻发布会在古文化街天后宫举行，会后进行了骑行活动启动仪式。随着骑行活动的启动，骑行选手的海选报名也全面开启。天津市妈祖文化促进会副会长张春生、天津市台办交流处处长廖建平、天津市旅游局处长续宏泉、天津市南开区人民政府办公室主任刘明娜、天津天后宫管委会主任郭子春等领导出席了启动仪式。

9 月 1 日上午 9 时，"2016 首届妈祖省亲骑行活动"起驾仪式在天津天后宫举行。南开区委常委、宣传部部长朱树江出席仪式，参加活动的领导共同在长 16.6 米、宽 2.88 米的《天后圣迹图》上盖上宝印。随后 5 尊妈祖圣像由 36 位骑行执事组成的护卫队护驾启程赴台，开展为期八天的台湾环岛省亲之旅。

9 月 8 日，"2016 首届妈祖省亲骑行活动"回銮安座仪式在天津天后宫举行。

●第八届中国·天津妈祖文化旅游节开幕式。

9 月 10 日上午，第八届中国·天津妈祖文化旅游节开幕式在天后宫举行。开幕式上还举行"全国海峡两岸交流基地"授牌、湄洲妈祖祖庙董事会向天津天后宫赠送"泽被四海"金匾、天后宫敕建 690 周年大型传统祭拜暨皇会踩街散福活动。出席开幕式的人员有天津市委常委、统战部长王宏江，国务院台办副主任龙明彪，天津市副市长赵海山以及市委、市政府有关领导，各地妈祖宫庙代表及来自 15 个国家和地区的嘉宾共八百余人。

●天津妈祖文化艺术研究中心成立揭牌仪式暨第八届中国·天津妈祖文化节"情系海上丝绸之路书画展"开幕仪式。

9 月 10 日上午，由中国·天津妈祖文化旅游节组委会主办，天津市南开区人民政府、天津市妈祖文化促进会承办的天津妈祖文化艺术研究中心成立揭牌仪式暨第八届中国·天津妈祖文化节"情系海上丝绸之路书画展"开幕仪式，在古文化街天津妈祖文化艺术研究中心举行。出席活动的人员有天津市委常委、统战部长王宏江，国务院台办副主任龙明彪，天津副市长赵海山，天津市妈祖文化促进会老同志罗远鹏，天津市台办主任周克丽，天津市南开区委书记薛辉，"中华妈祖俗信文化研究中心"名誉主任陆炳文等嘉宾。仪式由南开区区长陈玉恒主持。

此次书画展有来自比利时、菲律宾等15个国家和地区以及14个省市的一百多名书画家投稿。

●天津滨海妈祖文化园揭牌仪式。

9月11日上午，天津滨海妈祖文化园举行揭牌仪式。天津市、滨海新区、中新天津生态城管委会的有关领导及台湾妈祖联谊会会长郑铭坤，海峡两岸的妈祖官庙代表等八百多位嘉宾参加了揭牌仪式。揭牌仪式由副区长单泽峰主持，区委副书记、区长张勇致辞。天津市委常委、滨海新区区委书记宗国英，国务院台办副主任龙明彪，天津市人大常委会原副主任罗远鹏与台湾嘉宾代表共同为天津滨海妈祖文化园揭牌。

●9月11日，参加第八届中国·天津妈祖文化旅游节开幕活动的台湾书画家们，为了表达对组委会的谢意，由陆炳文、陈七春、唐健风、史瑛、陈正娟、王诒典、李铁仓、冯士彭等书画家共同创作完成大型书画"圣母情牵津台缘"赠与组委会。

【莆仙戏《海神妈祖》入选第三届丝绸之路国际艺术节展演】

莆仙戏《海神妈祖》入选第三届丝绸之路国际艺术节展演，于9月11至12日在西安易俗大剧院进行为期两天的演出。

【天津天妃宫复建筹备处、天津妈祖文化传播交流中心、天津市天后妈祖发展基金会揭牌】

9月13日，天津天妃宫复建筹备处（二期工程）成立揭牌暨妈祖安座仪式在河东区大直沽中路举行。与此同时，天津妈祖文化传播交流中心、天津市天后妈祖发展基金会也同时举行揭牌仪式。

出席天妃宫复建筹备处成立揭牌暨妈祖安座仪式的专家学者有罗澍伟、姚树贵、崔庆捷、逯彤、牛世清、尚洁、赵靖、吕琰、许永星等来宾及妈祖信众。

【2016 丹台妈祖文化经贸交流联谊活动】

辽宁省丹东市台办携手大孤山经济区管委会、东港妈祖文化促进会举办了2016 丹台妈祖文化经贸交流联谊活动。台湾妈祖联谊会副会长、新港奉天宫董事长何达煌，台湾大甲镇澜宫常务董事吴财福等 29 位台湾同胞，福建省妈祖文化促进会会长蔡马勇，新加坡万天府宫主蔡亚桦，丹东市政府台湾事务办公室、大孤山经济区管委会、辽宁大孤山风景名胜区管理局相关负责人参加了妈祖文化交流活动。9 月 13 日上午，参会人员在大孤山天后宫海神娘娘大殿举行妈祖祭典仪式。

【全台祀典大天后宫、高雄新庄天后宫到厦门朝宗宫参访】

9 月 16 日，全台祀典大天后宫主任委员曾吉连先生以及高雄新庄天后宫洪主委率团到厦门朝宗宫参访。当晚，双方一起欣赏十六的圆月，畅叙亲缘。这也是台南乡亲第一次和朝宗宫管委会成员一起共度中秋佳节。

【青岛市妈祖文化联谊会考察青岛周边妈祖庙旧址】

9 月 16 日，青岛市妈祖文化联谊会赵起良带领青岛市妈祖文化联谊会部分成员先后到墨市金口天后宫、崂山沙子口天后宫、崂山太清宫进行考察。

【"2016 年中国农民艺术节"——小康电视节目工程颁奖典礼在湄洲岛天后广场举行】

9 月 17 日，由中国电视艺术家协会、中国农业电影电视中心主办，中国电视艺术家协会农村电视委员会、CCTV-7《乡村大世界》栏目协办，中共莆田市委宣传部、湄洲岛国家旅游度假区管委会承办的"2016 年中国农民艺术节"——小康电视节目工程颁奖典礼在湄洲岛天后广场举行。中国文联副主席、中国电视艺术家协会主席赵化勇，中国农业电影电视中心党委书记赵泽琨，莆田市领导程强、吴桂芳、陈国林、张丽冰等出席。颁奖典礼上，共颁发了"优秀对农电视作品奖""优秀对农电视主持人""优秀对农电视栏目奖"三个奖项。颁奖典礼现场还表演了《海上明珠湄洲岛》《赶庙会》《游花灯》等富有莆仙特色的文艺节目。

【湄洲岛打造妈祖文化小镇】

9月17日，福建省人民政府公布的福建省第一批特色小镇创建名单，湄洲妈祖文化小镇入选其中。今后湄洲岛将瞄准文化创意和科技创新，重点打造妈祖文化特区，扶持发展文化创意设计、演艺动漫、节庆会展、工艺美术等文化创意产业。

【第十九届中国（象山）开渔节】

第十九届中国（象山）开渔节系列活动于9月8日至17日举行。举行的主要活动有：祭海仪式暨渔区民俗文化巡展，第十二届中国海洋论坛。原定举行的第十八届中国（象山）开渔节开船仪式及妈祖巡安仪式受台风影响而取消。

【旗山天后宫举办天赐良缘男女配对活动】

9月18日，高雄旗山天后宫举办天赐良缘男女配对活动，邀请70名未婚男女到庙前广场参加联谊。

【霞浦松山天后行宫到台湾进行妈祖文化交流】

9月20日，福建省霞浦松山天后行宫董事会秘书长陈杰带领霞浦妈祖文化交流团一行赴台进行为期七天的妈祖文化交流活动。先后参访了马祖境天后宫、松山慈佑宫、北港朝天宫、大甲镇澜宫、新港奉天宫、彰化南瑶宫、澎湖天后宫等宫庙。

【海南省妈祖文化交流协会和海口市妈祖文化交流协会到中华妈祖文化研究院参访】

9月21日，海南省妈祖文化交流协会和海口市妈祖文化交流协会一行45人在罗家善和吴坤跃的带领下，到中华妈祖文化研究院参访。中华妈祖文化交流协会常务副会长林国良等陪同罗家善一行在懿明楼举行祭拜仪式，在懿贤楼会议室进行座谈。

【福建省佛教协会副会长广霖方丈等人考察苍南妈祖文化园建设】

9月21日，福建省佛教协会副会长、福州旗山万佛寺、雪峰崇圣禅寺广霖方丈一行到浙江省苍南县霞关镇对苍南妈祖文化园建设进行实地考察。苍南县委常委、统战部长胡长虹，苍南县第九届人大常委会副主任陈孝沈，苍南县民族宗教局副局长陈士洪及上海浙江苍南商会秘书长林勇，苍南县妈祖文化交流协会会长林存华、副会长林成眼、办公室主任叶德超等陪同调研考察。

经现场和规划方案等考察了解后，广霖方丈对苍南县妈祖文化园建设发展提出了意见与建议。

【澳门神州妈祖文化交流协会、台湾妈祖宫庙到长岛县进行妈祖文化交流】

9月23日至25日，澳门神州妈祖文化交流协会、台湾妈祖宫庙到山东省长岛县进行妈祖文化交流活动。

9月24日上午，山东省长岛县庙岛显应宫举行天后圣母秋祭典礼。参加此次活动的有长岛县妈祖文化交流协会全体会员、台湾桃园慈护宫、桃园福兴宫、中坜朝明宫天上圣母公德会、澳门神州妈祖文化交流协会、长岛县庙岛妈祖文化园旅游投资有限公司、砣矶岛井口村天妃庙、砣矶岛后口村天妃庙、大钦岛东村天后宫、南隍城天后宫、北隍城山前村天后宫、北隍城山后村天后宫等。下午，举行长岛县妈祖文化交流协会2016年年会，晚间举办了"歌声里的千年妈祖——非遗作品演唱会"。

9月25日，长岛县台办负责同志与澳门神州妈祖文化交流协会会长关金花一行8人召开妈祖文化交流恳谈会，并考察了长岛"全域旅游"开发项目，就招商引资工作、妈祖文化产业发展进行了探讨。

【彰化妈祖联合绕境祈福活动推进环保祭祀】

9月25日上午，一年一度的彰化妈祖联合绕境祈福活动在埤头乡合兴宫举行起驾典礼。彰化县魏明谷先生担任主献官，带领合兴宫主委杨龙河及各间宫庙代表敬拜妈祖后，正式启动六天五夜的绕境祈福活动。彰化县为推动宗教环保，向信众倡导"以粮代金"，以环保炮代替传统鞭炮的环保祭祀方式。"以粮代金"就是用平安米取代烧金纸的祭祀方式，信众用平安米参拜之后可以不烧金纸，将平安米带回享用或捐作公益，减少金纸焚烧量。

【2016 北台湾妈祖文化祭】

9月26日，由台湾新北市及台湾省城隍庙共同主办的"2016 北台湾妈祖文化祭"在新北市开幕。共有来自新北市、基隆市、宜兰县、台北市、桃园市、新竹县市、苗栗县、云林县、嘉义县等 10 县市的 25 间妈祖宫庙参与了活动。9月26日起，25 尊妈祖云集新北市会香，在小基隆福成宫驻驾至 9月30日。10月1日，小基隆福成宫金面妈祖及众参赞宫庙妈祖从三芝出发，回銮台北城绕境，之后众妈祖圣驾驻驾台湾省城隍庙至 10月5日供民众参拜。

【莆田学院成立妈祖文化传播学院】

为培养服务妈祖文化传承与发展的高层次应用型专门人才，围绕福建省建设"21 世纪海上丝绸之路"核心区和莆田市建设世界妈祖文化中心的目标，推进人才培养模式改革，打造办学品牌，2016 年 9月，莆田学院成立了妈祖文化传播学院。

【福山举行"福运如山·长寿澄迈"重阳祈福暨海洋文明妈祖文化活动】

10月2日，由海南省澄迈县旅游发展委员会主办，海南南海妈祖文化旅游投资有限公司承办，福山咖啡文化风情镇管委会、福山镇人民政府协办的"福运如山·长寿澄迈"重阳祈福暨海洋文明妈祖文化活动在福山镇举行。活动内容有海南南海妈祖文化旅游投资有限公司挂牌仪式；纪念妈祖"羽化升神"，妈祖祈福巡安，澄迈 18 座妈祖庙巡安福山镇为民祈福；儋州调声庆福寿；千人祭祀妈祖，祈福平安长寿；"饮福分胙"千人共享妈祖赐福；"福运如山百桌平安宴"，邀请澄迈长寿老人、游客、群众共度重阳佳节，共同分享美食佳肴；10 名书法家名现场挥毫百"福"书法作品赠送老人及现场拍卖;《中国节·中国梦》汉服文化表演。

【2016 曹妃甸蚕沙口金秋庙会暨曹妃甸首届海鲜美食节】

10月5日至9日,2016曹妃甸蚕沙口金秋庙会暨曹妃甸首届海鲜美食节在唐山市曹妃甸区柳赞镇蚕沙口村天妃宫景区举行。此次庙会旨在让广大游客进一步了解妈祖文化、民俗文化、海洋文化。这是蚕沙口传统庙会近年来首次在秋季举办。活动主要内容有曹妃甸"首届海鲜美食节""对虾王、螃蟹王评选""书画展示""光鱼(海楞蹦)垂钓比赛""京津冀戏曲名家名段演唱会"等。

【湄洲岛第二届彩虹跑】

10月6日下午,由莆田市默娘文化创意投资有限公司、妈祖影视城联合举办的"湄洲岛第二届彩虹跑",在湄洲妈祖祖庙圣旨门举行。彩虹跑从圣旨门广场出发,沿着台湾风情街、环岛东路,终点为莲池澳沙滩娱乐中心,全程3.23公里,五百多名彩跑爱好者和游客参加了活动。活动中,主办方把妈祖元素色彩融入其中,活动的形象设计、文化衫、装备包上都展现妈祖习俗文化。

【第十四届澳门妈祖文化旅游节】

10月9日上午,由澳门中华妈祖基金会主办,澳门特别行政区政府、中央政府驻澳门联络办公室、中华海外联谊会和云南省人民政府协办的第十四届澳门妈祖文化旅游节开幕式暨妈祖祭典仪式在澳门特别行政区妈祖文化村举行。

澳门行政长官代表、社会文化司司长谭俊荣,国务院港澳事务办公室副主任周波,全国政协常委、港澳台侨委员会原主任杨崇汇,外交部驻澳门特派员公署副特派员蔡思平,澳门中华妈祖基金会主席颜延龄、副主席陈明金等与海内外妈祖文化机构代表一千多人出席开幕式。全国政协副主席何厚铧宣布活动开幕,云南省副省长刘慧晏致辞。

本届妈祖文化旅游节主要活动内容有文化开幕式、祭祀大典、妈祖巡安、福建民俗文化表演、云南省旅游推介等。

【首届宁波"妈祖颂·'海丝情'"主题系列活动】

10月9日上午，由中华妈祖文化交流协会、福建省湄洲妈祖祖庙董事会指导，庆安会馆与宁波市莆田商会联合主办的首届宁波"妈祖颂·海丝情"主题系列活动暨纪念妈祖羽化升天1029周年秋祭大典在庆安会馆举行。宁波市文联副主席、宁波美术馆馆长韩利诚先生，宁波市文物保护管理所副所长、庆安会馆馆长黄浙苏女士，福建省湄洲妈祖祖庙董事会顾问林洪国先生、宁波海曙区政协文史委主任殷明先生、宁波市考古研究所副所长林国聪先生、宁波报业集团文体部主任楼世宇先生、宁波画院院长于效祥先生、著名画家鲁樵先生、宁波市莆田商会会长林奇松先生、宁波市莆田妈祖文化交流中心负责人吴金耀先生以及福建省在甬的各大商会领导、专家共百余人出席了开幕式。

本次活动持续半个月，活动主要内容有开幕仪式、纪念妈祖羽化升天1029周年祭典、宁波市莆田妈祖文化交流中心成立授牌接牌仪式、宁波市莆田妈祖慈善义工队成立授牌仪式、宁波市莆田妈祖慈善义工队携手中国狮子联会浙江大爱队向宁海县天童古镇岭南村留守老人资助惠赠礼券仪式、"2016大爱妈祖"鲁樵中国画展开幕仪式、福佑万民·妈祖丁酉挂历出版发行仪式等十项活动。

【"大爱妈祖"2016鲁樵中国画展】

10月9日，由宁波美术馆、深圳美术馆、宁波市莆田商会等单位联合主办的"大爱妈祖"2016鲁樵中国画展在宁波开幕，此次活动，展出了画家鲁樵历时两年多创作的"妈祖故事"大型系列画作38幅及山水、花鸟共计60幅作品。

【湛江市硇洲岛津前天后宫建宫510周年暨第二届妈祖文化旅游节】

10月9日，湛江市硇洲岛津前天后宫建宫510周年暨第二届妈祖文化旅游节在硇洲岛举行。活动由广东省湛江市硇洲镇津前社区居委会和津前天后宫理事会主办。活动的主要内容有妈祖祭典、舞龙舞狮等民俗表演、重阳敬老活动。

【福建省广播影视集团向台湾妈祖宫庙赠送《天下妈祖》光盘】

10月9日晚,福建省广播影视集团在台中大甲镇澜宫向台湾各大妈祖宫庙举行赠送海峡卫视摄制的人文纪录片《天下妈祖》光盘仪式。福建省闽台交流协会常务理事陈玲、福建省广播影视集团副董事长叶雄彪、海峡卫视总监洪雷出席赠送仪式。

【莆田学院举行《妈祖学研究系列丛书》出版发布会】

10月12日,莆田学院妈祖文化研究院在学术交流中心举行《妈祖学研究系列丛书》出版发布会。

此次发布出版的书籍为《妈祖文化年鉴（2013）》《妈祖与海洋文化》《妈祖民俗体育实证研究》《妈祖文化教育概论》及《邮说妈祖》等5部新书,分别由人民出版社、中国文史出版社及厦大出版社等出版发行。

【新北市三峡长福岩到厦门朝宗宫参访】

10月12日,台湾新北市三峡长福岩董事长林东西先生带领180余人的参访团到厦门朝宗宫参访。

【妈祖文化摄影图片展在美国举行】

美国时间10月13日下午,第12届中国（福建）图书展销会暨"清新福建"图片展在纽约举行。作为图片展内容之一的"妈祖文化摄影图片巡回展"也同时展出。

此次妈祖文化摄影图片展分为"千年信俗""大爱无疆""心向妈祖""四海一家"四个部分,共213幅图片、166个展板。参展图片主要以历届全球妈祖文化摄影大赛获奖作品为主,兼及妈祖信俗、湄洲妈祖巡天下活动。

【莆田市白湖顺济庙举行普济殿开光仪式及海峡两岸暨香港妈祖文化交流活动】

10月15日上午,福建省莆田市白湖顺济庙举行普济殿开光仪式及海峡两岸暨香港妈祖文化交流活动启动仪式。共有来自北京、台湾、香港、广东等地的信众五百多人参加。活动内容有白湖顺济庙普济殿开光仪式，莆田白湖顺济庙与台湾台南市铁线桥堡通济宫缔结"姐妹宫"仪式，灵慧夫人灵慧像记、功德碑文揭牌仪式，"古玉湖"揭牌仪式，妈祖贡品宴桌展等。

普济殿观音像、灵慧夫人石雕像由东莞维特集团董事长王蕙兰捐建。观音像使用整株红木塑造而成，高6.22米，由顺济庙董事会从浙江普陀山普济殿分灵而来。

【第六届北港妈祖杯排球锦标赛】

10月15日至18日，台湾北港朝天宫举办第六届北港妈祖杯排球锦标赛。共有303支球队参加比赛。比赛分别安排在北港镇立体育馆、北港高中、北港农工、北辰小学、东势初中、元长初中、马光初中、褒忠初中等球场举行。

【莆田学院妈祖文化特色班学生到惠安崇武天后宫】

10月15日，莆田学院组织妈祖文化特色班学生前往惠安崇武天后宫，开展妈祖文化实践学习活动。

实践学习期间，学生们与崇武天后宫工作人员面对面交流，了解当地有关妈祖的民间故事，介绍了妈祖文化特色班对妈祖文化相关课题的研究。学生们还摘抄宫庙内楹联、匾额等文字，拍摄宫庙壁画、雕刻等建筑装饰，体验妈祖的朝圣流程等。

【陆炳文到台北松山慈佑宫茶祭妈祖】

10月18日，台湾"中华妈祖俗信文化研究中心"名誉主任陆炳文到台北松山慈佑宫茶祭妈祖庇佑国泰民安、两岸相和谐。

【青岛市妈祖文化联谊会到新加坡参访】

10月21日至25日，中国农工党青岛市委副主委、青岛市政协常委、青岛市妈祖文化联谊会会长赵起良应邀到新加坡，参加"万天大将军开光天上圣母祈福"仪式。这是青岛市妈祖文化联谊会首次出访新加坡。

【2016 西螺太平妈祖文化祭】

10月21日至11月13日，台湾西螺福兴官举行"2016西螺太平妈祖文化祭"活动，纪念建官三百年。活动主要内容有举办学术讲座，邀请民俗学者林茂贤讲授妈祖对当地文化的影响，邀请鹿港文教基金会理事陈仕贤讲授西螺福兴官庙宇建筑艺术；宝宝古礼抓周；宝宝爬行比赛；扛米比赛；高空烟火秀；3对3篮球赛；布袋戏等文艺演出；西螺妈祖绕境大会香等。

西螺妈祖绕境大会香于10月30日晚间9时起驾，持续十五天十四夜步行500公里，绕境云林、彰化两县14个乡镇，与208间庙宇会香。

【台湾梧栖区中正小学校庆迎请妈祖绕境】

10月22日，台中市梧栖区中正小学举行创校六十周年校庆，校长及关心学校人士特别迎请大庄浩天官妈祖绕境学校。

【莆田市启动妈祖信俗保护立法】

10月26日至27日，莆田市六届人大常委会召开第四十次会议，会议审议了《莆田市妈祖信俗保护条例（草案）》，决定修改后提请莆田市第七届人民代表大会第一次会议审议。

11月23日，莆田市六届人大常委会召开第四十一次会议，会议审议了《莆田市妈祖信俗保护条例（草稿修改稿）》。

【"妈祖文化图片展"在马来西亚举办】

10月27日至11月20日，由广东省福建商会、2016世界闽南文化节筹委会和中华妈祖文化交流协会联合在马来西亚马六甲举办"妈祖文化图片展"。本次展览的妈祖图片包含妈祖习俗、妈祖历史、妈祖故事等内容，展览照片共39幅。

【2016 新北市宗教艺术节暨庆祝新庄慈祐宫建庙 330 周年活动】

10月28日至11月5日，台湾新北市举行新北市宗教艺术节暨庆祝新庄慈祐宫建庙 330 周年活动。活动的主要内容有万众祈拜躜轿脚、掷筊比赛、庙街宗教文物展、主题巷弄寻古趣、宗教艺术乐体验、庙街巡礼好神庄、庙街庆典神摄手等。

【天津市妈祖文化促进会第三届会员大会】

10 月 29 日，天津市妈祖文化促进会召开第三届会员大会。天津市南开区委常委、宣传部部长朱树江等有关单位的领导及天津市妈祖文化促进会的会员参加了会议。

会上，妈祖文化促进会领导作了题为"弘扬妈祖精神为构建和谐天津而努力"的工作报告。会议还就修改促进会章程等议题进行了表决，选举蔡长奎为天津市妈祖文化促进会会长。

【沙埕第五届妈祖文化节】

10 月 30 日，福建省福鼎市沙埕镇举办第五届妈祖文化节。活动内容有妈祖祭典，巡游踩街活动，沙埕铁枝、旱船、欢乐腰鼓等民间传统节目表演。

【台湾北港春生活博物馆举办"国外画家、在地文化"联合展】

10 月 30 日至 11 月 14 日，台湾云林县北港镇刘厝里北港春生活博物馆举办"国外画家、在地文化"联合展。展出由捷克籍海大海、英国籍丹尼尔、北爱尔兰籍丹尼尔三名艺术家创作的妈祖、千里眼、顺风耳、十二生肖互动广告牌画、DIY 板画。

【第十八届中国·湄洲妈祖文化旅游节】

11 月 1 日上午，第十八届中国·湄洲妈祖文化旅游节在湄洲岛天后广场开幕。出席开幕式的人员有十届全国政协副主席、中华妈祖文化交流协会会长张克辉，中国侨联原主席、中华妈祖文化交流协会第二届副会长林兆枢，福建省人大常委会原副主任、中华妈祖文化交流协会名誉会长袁锦贵，福建省政协原副主席李祖可，国家海洋局副局长石青峰，南太平洋旅游组织总干事克里斯托佛·罗伊·科克，新加坡驻厦门总领事馆总领事池兆森，泰国驻厦门总领事馆总领事邱塔泰，菲律宾宋庆龄基金会创会会长陈祖昌，加拿大坎伯兰市前市长弗雷德·贝茨，马来西亚诗巫市议员张元保，莆田市领导林宝金、李建辉、阮军、林庆生、程强、李飞亭、郑春洪、吴桂芳、傅冬阳、卓晓銮、吴立新、沈伯麟，中华妈祖文化交流协会第二届常务副会长林国良，中华妈祖文化交流协会副会长、台湾大甲镇澜宫董事长颜清标以及来自 34 个国家和地区的五百多位嘉宾和近万名妈祖信众。

莆田市委副书记、代市长李建辉主持开幕式。张克辉宣布妈祖文化旅游节开幕。莆田市委书记林宝金及台湾大甲镇澜宫董事长颜清标分别在开幕式上致辞。开幕式后，举行了秋祭妈祖大典。此次祭典在原来的基础上扩大规模，祭典表演人数达到 500 人。

第十八届中国·湄洲妈祖文化旅游节持续开展近一个月，举办的活动有"福建省美术家协会人物画艺委会"创作基地授牌仪式暨创作写生活动、"湄洲女发髻"非遗技艺表演赛、"漫骑湄洲·寻根妈祖"、"最湄洲·最妈祖"平安礼品展、"发挥妈祖文化的积极作用"全球征文大赛暨"湄洲妈祖杯"妈祖文化知识网上竞答等多项活动。

【昆山慧聚天后宫举办成年礼】

11 月 2 日上午，华东台商子女学校成年礼活动在江苏省昆山慧聚天后宫举行。这是慧聚天后宫与华东台商子女学校连续三年举办该项活动。

本次活动，强调以感恩、回馈与责任之心，教化学生能够时刻观察自身的学识品性，反省道德涵养是否有所不足，充分展现发挥自我才能，服务社会人群，并以妈祖文化"立德、行善、大爱"的精神为纽带，传承中华文化传统美德。

【《妈祖潮》作品在第三届（2016）福建最具创意文化产品评选活动中获"最具创意文化产品奖"】

11 月 4 日下午，第三届（2016）福建最具创意文化产品评选活动颁奖典礼在第九届海峡两岸（厦门）文化产业博览交易会上举行。《妈祖潮》等 10 件作品获评"最具创意文化产品奖"。

《妈祖潮》系列作品由郑州轻工业学院易斯顿（国际）美术学院刘西会、黄志雄创作，以传承与发展妈祖文化为出发点，以文化创意产品为载体，通过对妈祖文化的提炼，并对其品牌视觉进行构建，研发了"器""香""食"三方面的妈祖文创产品，让妈祖文化以一种更具亲和性与趣味性的方式呈现，以转变民间信仰在传播中给人带来的庄严敬畏威慑的心理，让现代的年青人在一种亲和的生活化的状态下对妈祖文化进行有效传承。

【青岛市妈祖文化联谊会到台湾参访】

11 月 4 日至 8 日，青岛市妈祖文化联谊会一行 27 人的参访团到台湾开始了为期五天的文化交流。参访团先后参访了宜兰南方澳南天宫、台中市神冈社口万兴宫、台中万和宫、高雄内门顺贤宫等 10 座妈祖宫庙，并作为特邀嘉宾出席台湾妈祖联谊会 37 次会员大会。

【台湾妈祖联谊会举行 37 次会员大会】

11 月 5 日，台湾妈祖联谊会 37 次会员大会在基隆圣安宫举行。台湾近百家宫庙参加盛会，青岛妈祖文化联谊会、新加坡万天府等作为特邀嘉宾出席。

【日本国际妈祖会创立 40 周年】

11 月 3 日下午，日本国际妈祖会在东京池袋大都会饭店举行庆祝日本国际妈祖会创立 40 周年纪念活动。

【纪念孙中山先生诞辰 150 周年，陆炳文率众到上海天妃宫祭拜妈祖】

11 月 6 日，为了纪念孙中山先生诞辰 150 周年，台湾孙中山文化研究中心执行主任、台湾"中华妈祖俗信文化研究中心"名誉主任陆炳文带领海峡两岸的孙中山博爱精神的拥挤者、妈祖信众一行 10 人，到上海天妃宫祭拜妈祖。

【搜三百集团一行到贤良港天后祖祠参观朝圣 】

11月11日上午,搜三百集团公益事业委员会秘书长于海鑫、主席助理李枢,台湾专家周焦元辉、林丽乡、薛莉萍、谢世铭、卢昆鸿,中铁建设投资有限公司副总经理、总经济师肖铁贤等一行在莆田市北岸开发区党工委书记林修岚、宣传部部长王义勇等陪同下,到贤良港天后祖祠参观朝圣。

【首届"湄洲女发髻技艺表演赛"】

11月13日,由福建省莆田市湄洲岛管委会、莆田市文广新局主办,湄洲岛党工委宣传部承办的首届"湄洲女发髻"技艺表演赛在湄洲岛妈祖祖庙天后广场举行。

表演赛分青年组、中年组、老年组,每组33人,共99人。参赛选手中,最小的只有17岁,最大的有82岁,有33名选手来自湄洲岛外。

【莆田举办妈祖文化专题《新闻沙龙》】

11月15日下午,由正荣地产和湄洲日报联合主办的专题《新闻沙龙》在莆田市正荣·财富中心举行。本次沙龙围绕跟进、扩大、提升世界妈祖文化论坛效应,借势发力,转化应用成果,落实"湄洲倡议",加快建设论坛永久会址,聚焦"妈祖保佑"本土平安祝福语,深化"天下妈祖回娘家"活动,推广"妈祖圣地、美丽莆田"旅游品牌等进行座谈。

出席沙龙的有文史专家黄国华,中华妈祖研究院艺术和民俗顾问、原莆田县文化馆馆长林洪国,中华妈祖文化交流协会副会长兼秘书长、湄洲妈祖祖庙董事会董事长林金榜,莆田市政协委员、文峰天后宫管委会主任陈鹭玲,《中华妈祖》杂志社编委会副主任翁卫平,莆田学院妈祖文化研究院副院长林明太教授,新疆维吾尔自治区昌吉回族自治州在莆田挂职干部王新斌,作家林春荣,莆田中国旅行社总经理蔡朝晖,莆田市天下寻宝文化艺术馆艺术总监陈国华,莆田市第一支妈祖义工队的负责人、城厢区龙桥街道龙桥天后宫管委会主任朱鸿燊等。

【中国书法家协会副主席何奇耶徒一行到贤良港天后祖祠参访】

11 月 17 日下午，中国书法家协会副主席何奇耶徒、福建省书法家协会主席柯云瀚一行到贤良港天后祖祠参观。莆田市市委常委、宣传部长吴桂芳，北岸开发区党工委书记林修岚，党工委委员、宣传部长王义勇陪同。

【青岛市妈祖文化联谊会到印尼、马来西亚进行妈祖文化交流】

应印度尼西亚以及马来西亚妈祖文化联谊会盛请，11 月 17 日至 26 日，青岛市妈祖文化联谊会赵起良会长一行到印度尼西亚、马来西亚进行妈祖文化交流。期间参访了印尼雅加达天后宫和马来西亚雪龙海南会馆等地。

【大陆妈祖宫庙赴台参加"道行天下——祖天师巡台祈福文化庆典"活动】

11 月 19 日下午，海口白沙门中村天后宫、澄迈东水港天后庙、福建霞浦县松山天后行宫分别护送本宫的妈祖金身前往台湾，参加 11 月 20 日至 30 日在台湾举行的"道行天下——祖天师巡台祈福文化庆典"活动。这是海南妈祖首次受邀赴台参与巡境祈福活动。

【莆田市妈祖文化交流促进会一届二次会员大会】

11 月 20 日，莆田市妈祖文化交流促进会一届二次大会在莆田市区玉湖公园内的白湖顺济庙观音殿举行。《中华妈祖》杂志社副主任翁卫平、《中华妈祖》杂志社副社长颜青山、秀屿区妈祖文化交流中心主任詹金炉、仙游朱阳宫董事长陈育灿以及促进会全体成员共一百多人参加会议。会议听取并通过了《促进会理事会 2016 年度工作报告》。

【洞头区举办"妈祖平安宴"烹饪技能培训】

为促进浙江省温州市洞头区渔农村劳动力转产转业，区委渔农办、区人力社保局与北岙街道在东沙村共同举办了"妈祖平安宴"烹饪技能培训班。培训班于 11 月 21 日上午正式开班，委托温州市金鼎美食培训学校承办。来自北岙街道范围 44 名学员参加培训。

此次培训为期 5 天，主要培训内容为烹饪理论知识，烹饪基本技能，妈祖平安宴创新菜制作、烹调和实操练习等。

【上海天妃宫与梧栖浩天宫结为姐妹宫】

11 月 22 日上午，上海市松江天妃宫董事长龚忠辉率领文化中心科长王树强、理事彭烨峰等人，到台湾梧栖浩天宫举行妈祖分灵仪式及缔结姐妹宫签约仪式。

【莆田着手建设世界妈祖文化中心】

11 月 27 日，中共莆田市委、莆田市人民政府发布《建设美丽莆田行动纲要》，提出了将莆田建设成为世界妈祖文化中心的宏伟蓝图。

【"永福妈祖文化节"入选"闽西十大经典民俗活动"】

11 月 29 日，龙岩市委宣传部公布了"闽西十大经典民俗活动"评选结果，"永福妈祖文化节"入选"闽西十大经典民俗活动"。

【福清黄檗文化促进会与日本莆田同乡会商榷中日妈祖文化交流】

12 月 4 日至 15 日，福建省福清黄檗文化促进会到日本进行文化交流活动。12 月 10 日，福清黄檗文化促进会一行与日本莆田同乡会杨建飞会长见面，就中日妈祖文化交流进行商榷，双方都希望共同为中华传统文化复兴作贡献。

【贤良港妈祖文化交流中心成立】

12 月 8 月，贤良港妈祖文化交流中心正式挂牌成立。莆田北岸开发区党工委委员、宣传部部长王义勇出席挂牌成立仪式。

贤良港妈祖文化交流中心成立，旨在为社会各界、专家学者搭建妈祖文化研究、交流平台，拓宽妈祖文化交流、研究领域，传播"平安、和谐、包容"的妈祖文化特征，妈祖文化，弘扬"立德、行善、大爱"的妈祖精神，共同推动妈祖文化论坛交流活动常态化发展和妈祖文化在世界范围内的传播。

【天津市妈祖文化交流团到莆田参访】

12月8日，天津市南开区委常委宣传部部长朱树江、天津市南开区委宣传部副部长焦洪斌、天津市南开区台办主任田路明、天津市民俗博物馆馆长暨天津天后宫管理委员会主任郭子春等11人到中华妈祖文化交流协会参访。中华妈祖文化交流协会副会长俞建忠，第二届中华妈祖文化交流协会常务副会长林国良，湄洲妈祖祖庙副董事长吴国春等陪同并座谈交流。参访团还到莆田文峰天后宫、湄洲妈祖祖庙参观交流。

【莆田学院"妈祖文化教育示范基地"入选福建省高校中华优秀传统文化教育示范基地】

12月9日，中共福建省委教育工委、福建省教育厅公布首批福建省高校中华优秀传统文化教育示范基地名单。由莆田学院申报的"妈祖文化教育示范基地"入选其中。

【昆山慧聚寺天后宫开通"微信支付"】

12月，江苏昆山慧聚寺天后宫也跟上潮流，开通"微信支付"服务，信众在手机上就能完成光明灯、太岁灯、发财灯的点灯登记。上线第一天，就有超过800名信众完成在线点灯。

【莆田学院妈祖文化传播人才培养特色班到仙游县调研】

12月10日，莆田学院妈祖文化传播人才培养特色班36名师生，到仙游县三妃宫、霞桥灵慈庙实地调研，了解仙游县妈祖官庙的文化魅力。

【台湾彰华南瑶宫观音殿落成百年纪念】

12月10日，台湾彰化南瑶宫举办学术研讨会，纪念观音殿百年落成。

上午，由台北科技大学建筑主任兼所长张崑振主讲"南瑶宫观音殿建筑的文化特征解析"，台湾"中正大学"历史系助理教授苏全正主讲"从僧官体系的发展谈南瑶宫至笨港进香的意义"。

下午由"政治大学华人宗教研究中心"李玉珍主讲"观音信仰在地化与汉人女神的特质",林美容主讲"南瑶宫的会妈——全台最大规模的妈祖会",最后由林美容主持主题为"观音与妈祖的相遇"的座谈。

【妈祖担任嘉义县新港艺术高中荣誉校长】

12月13日,经掷筊,新港奉天宫开台妈祖同意驻驾嘉义县新港艺术高中,并担任荣誉校长。校方未来拟将妈祖列入特色课程。

【"妈祖保佑"主题春联征集】

12月13至16日,湄洲日报书画院、莆田万科城联合开展"妈祖保佑 筑福莆田"活动,通过"莆田新闻"微信公众号征集"妈祖保佑"主题春联。活动得到了莆田市团市委、莆田市楹联学会、佰诚商贸公司、湄洲妈祖祖庙董事会、湄洲岛书画协会等协办单位的支持。

【湄洲妈祖祖庙开展"妈祖文化走亲"联谊活动】

12月19日至20日,湄洲妈祖祖庙副董事长林金赞、总干事李少霞、办公室主任曾金春等7人组成的参访团到福建省宁德霞浦开展"妈祖文化走亲"联谊活动。

参访团一行先后赴霞浦松山天后行宫、三沙东澳天后宫、三沙小皓天后宫、竹江后湾天后宫、竹江前澳天后宫等地详细了解宫庙文化历史及妈祖文化弘扬的情况。

20日上午,来自霞浦县内的部分妈祖宫庙代表与参访团一起在霞浦松山天后行宫举行座谈会。座谈会上,霞浦县妈祖文化交流协会副会长兼秘书长黄亦钊向参访团一行汇报了霞浦妈祖文化的发展和各宫庙的情况。湄洲妈祖祖庙董事会副董事长林金赞在会上向大家详细介绍了祖庙近年来的工作情况及今后发展的规划情况,并就如何进一步推动妈祖文化的发展与参会代表进行交流。

12月21日,参访团到浙江省苍南县开展"妈祖文化走亲"联谊活动。走访了灵溪镇妈祖庙、参观了苍南妈祖文化交流协会办公室，在苍南县行政服务中心四楼会议室召开"妈祖架心桥、交流促友谊"座谈会。参加座谈会的有参访团成员、苍南县文化民宗等有关部门、苍南县妈祖文化交流协会、部分妈祖官庙代表共六十多人。

【连江妈祖文化研究会召开第四届会员大会】

12月21日，连江县妈祖文化研究会召开第四届会员大会。会议修订了研究会章程，通过了第四届理事会、常务理事和领导成员名单。杨文健继任会长。

【"崔永元口述历史研究中心"到莆田采访，寻找妈祖文化与"海丝"文化的契合点】

2016年11月至12月，中国传媒大学"崔永元口述历史研究中心"的张明巍一行4人到莆田文峰天后宫、湄洲妈祖祖庙董、秀屿区妈祖文化交流中心等地搜索口述海洋历史项目，寻找妈祖文化与"海丝"文化的契合点。采访了莆田文峰天后宫管委会主任陈鹭玲、湄洲妈祖祖庙董事长林金榜、秀屿妈祖文化交流中心主任詹金炉、北港朝天宫副董事长蔡辅雄、台湾顺天宫主委谢铭洋、台湾彰化鹿港天后宫主委张伟东、新西兰妈祖文化交流协会会长冯一飞、马来西亚王子国际学院教授丁才荣、新加坡道教总会会长陈添来等人。

【"寰宇妈祖文化国际交流协会"成立】

12月26日，北港朝天宫在行政大楼举行"寰宇妈祖文化国际交流协会"成立仪式并召开第一届会员大会，选出日本吴本信一等16名国际理事、台北吴旻哲等3位为国际监事，北港朝天宫蔡咏锝董事长为当然理事长，同时召开第一届国际理监事会，由蔡咏锝理事长提名聘任蔡辅雄为副理事长、蔡相晖教授为秘书长，经理监事会同意聘任。寰宇妈祖文化国际交流协会是由财团法人北港朝天宫第九届董事会同意设立而成，朝天宫赞助1000万元新台币为创会基金，此创会基金将不能动用，而以每年之孳息，赞助协会运作及活动办理。

"寰宇妈祖文化国际交流协会"的任务是：（1）联合并团结世界不分族群、地域之分灵与宫庙，共同推展妈祖信仰文化，带动人类和平与发展社会族群祥和之理念。（2）发扬妈祖救世之精神，推展圣母懿德，倡行尊圣孝廉。（3）提升妈祖信仰之精神，定期举办公益之活动，关怀世界每个角落。（4）发展社会福祉，定期举办传统民俗活动及仪轨之宣讲。（5）宣扬妈祖文化，定期举办国际学术研讨、组织平台交流、经验传承资源共享。（6）定期举办庆典法会，祈求国泰民安。（7）兴办公益慈善事业，推崇礼义廉耻及孝行之伦理道德。（8）协助各地区会员交流，增进文化之发展。（9）协助政府推动民间交流及社会公益，促进社会和谐。

【莆田文峰天后宫妈祖金身今年第二次前往马来西亚吉隆坡巡安】

受马来西亚大悲林宫庙的邀请，莆田文峰天后宫妈祖金身，于12月27日中午，从文峰天后宫旧殿启驾，在9位信众的护送下，第二次前往马来西亚吉隆坡进行为期七天的巡安。中华妈祖文化交流协会副会长俞建忠参加起驾仪式。此次交流团一行共12人，其中3人已于12月22日提前赴马来西亚，帮助大悲林宫庙制作文峰天后宫妈祖供品。

【"莆商情·妈祖心"精准扶贫公益颁奖晚会】

12月30日晚，由北京莆田企业商会、北京妈祖仁爱慈善基金会共同主办的"莆商情·妈祖心"精准扶贫公益颁奖晚会在北京国际会议中心举行。来自国家部委、北京市、福建省和莆田市各级领导嘉宾，商会顾问、福建省驻京办、北京福建企业总商会，在京省级、闽籍兄弟商会，以及高校、金融、媒体等单位、莆田市科协北京分会，莆田各中学在京校友会代表八百多人出席了晚会。

会上，举行了北京莆田企业商会专家委员会揭牌仪式，北京莆田企业商会与京东集团、唐山市曹妃甸招商局、中国国际经济技术合作促进会商业经济工作委员会等单位的战略合作签约仪式，精准扶贫公益颁奖，北京莆田企业商会向莆田一中教育集团擢英中学北京办学点（尚丽外国语学校创新班）颁发奖教奖学金3万元，向莆田一中颁发奖教奖学金30万元。

【妈祖文创专利】

● 如意盘香炉（妈祖手礼）

申请号：CN201530362542.9

申请日期：2015-09-18

公开号：CN303596039S

公开日期：2016-02-24

申请人：蔡振勇

发明人：蔡振勇

● 工艺雕塑（妈祖）

申请号：CN201530477974.4

申请日期：2015-11-25

公开号：CN303634052S

公开日期：2016-04-06

申请人：德化县梅垄陶瓷研究所

发明人：陈茂桂

● 拉杆箱（妈祖）

申请号：CN201530446035.3

申请日期：2015-11-10

公开号：CN303615259S

公开日期：2016-03-16

申请人：方凤梅

发明人：叶荣旭

●木雕（妈祖赐福坐像）

申请号：CN201530548231.1

申请日期：2015-12-21

公开号：CN303771417S

公开日期：2016-08-03

申请人：天下寻宝（莆田）工艺品有限公司

发明人：蔡奇龙

●木雕（妈祖赐福立像）

申请号：CN201530548247.2

申请日期：2015-12-21

公开号：CN303749188S

公开日期：2016-07-20

申请人：天下寻宝（莆田）工艺品有限公司

发明人：蔡奇龙

【泗阳妈祖文化园获批国家 4A 级旅游景区】

1月8日，江苏省旅游资源规划开发质量评定委员会发布 2016 年第一号公告，正式批准泗阳妈祖文化园为国家 4A 级旅游景区。

4月29日上午，江苏省泗阳妈祖文化园举行国家 4A 级旅游景区、江苏省对台交流基地揭牌仪式。江苏省台办副主任李卫华、宿迁市台办主任徐丽丽、宿迁市旅游局副局长王晓红、江苏省台办经济处副处长李晓志，泗阳县委常委、经济开发区党工委书记、泗阳县政府党组成员葛明，泗阳县委常委吴俊宁，泗阳县政协副主席徐业平等出席仪式。泗阳县委常委、宣传部部长、县政府党组成员杨卫国主持揭牌仪式。葛明在活动仪式上致辞。李卫华、葛明、王晓红、吴俊宁共同为泗阳妈祖文化园"江苏省对台交流基地""泗阳妈祖文化园国家 4A 级旅游景区"揭牌。

【湄洲妈祖祖庙推出二维码自助语音导览系统】

1月19日，湄洲妈祖祖庙正式推出二维码自助语音导览系统。游客只要用手机扫一扫贴在各殿阁景点的二维码语音导览讲解标识标牌，就能免费收听语音导游讲解。

【福建湄洲岛将创建中国国际妈祖文化旅游目的地】

1月22日，国家旅游局正式同意全国30个地方创建"中国国际特色旅游目的地"。其中福建湄洲岛成为入选城市之一，将创建中国国际妈祖文化旅游目的地。

【莆田市高地天后宫入选市第五批市级文物保护单位】

莆田市城厢区灵川镇高地天后宫入选莆田市第五批市级文物保护单位。1月28日，高地天后宫举行莆田市文物保护单位挂牌仪式。莆田市文管办主任连金焰、中华妈祖文化交流协会副秘书长周金琰以及高地天后宫管委会全体成员等参加了挂牌仪式。

【台湾嘉义县规划打造"妈祖大道"】

从台湾新港乡月眉潭大桥至台19线北港溪桥头长9.6公里的公路，沿线有六兴官、新港奉天宫、笨港长天宫、笨港天后宫与北港朝天宫等5间妈祖庙，每年吸引400万香客到此朝圣，为推广当地"妈祖文化"特色，台湾嘉义县规划将此道路打造成"妈祖大道"。其第一期规划在月眉潭大桥建造高10.8米的千里眼、顺风耳神像，在北港溪桥头建造高12米的黑、粉、金三面妈祖图腾柱。

4月12日，嘉义县为月眉潭桥上的千里眼、顺风耳将军像举行开光揭幕仪式；千里眼、顺风耳正式与世人见面。

【潮阳区贵屿天后古庙举行妈祖大学堂授牌仪式庆典活动】

4月12日上午，广东汕头市潮阳区贵屿天后古庙举行恭迎湄洲妈祖祖庙翡翠妈祖分灵安座暨妈祖大学堂授牌仪式庆典活动。

参加庆典的领导和嘉宾有汕头市民族宗教事务局副局长孙建宏，潮阳区人民政府统战部部长吴锡龙，副部长彭绍长，潮阳区人大常委会委员、潮阳妈祖文化交流协会名誉会长董建伟，潮阳区民资宗教事务局局长黄炎标，湄洲妈祖祖庙董事会董事长林金榜，中华妈祖文化交流协会副会长、上海玉成天赐珠宝有限公司董事长赵柳成，协会副秘书长蔡承武，广州南沙妈祖文化学会会长陈镇洪，深圳龙岗天后古庙祭典传承人陈永腾，潮阳妈祖文化交流协会会长林钟海，南澳县妈祖文化交流协会会长林元辉以及市、区、镇、村各级领导、各联谊宫庙代表五百多人参加了活动。

庆典仪式开始时，潮阳妈祖文化交流协会副会长、贵屿天后古庙理事会荣誉会长杨镇喜先生介绍此次庆典活动；随后中华妈祖文化交流协会副秘书长蔡承武代表协会向贵屿天后古庙授予"妈祖大学堂"牌子。

活动中，贵屿天后古庙还向当地的贫困户、孤寡老人发放慰问物品。

【晋江市妈祖文化研究会"妈祖大学堂"授牌暨开学典礼】

5月15日上午，泉州市晋江市妈祖文化研究会在东石镇文化活动中心举办"妈祖大学堂"开学典礼。

中华妈祖文化交流协会副秘书长蔡承武、湄洲妈祖祖庙副董事长吴国春、连江县妈祖文化研究会会长杨文健与来自台湾、澳门、金门、晋江、浙江、汕尾和霞浦等地的妈祖宫庙代表共两百余人参加开学典礼。

晋江市妈祖文化研究会会长蔡庆华、中华妈祖文化交流协会副秘书长蔡承武、湄洲妈祖祖庙副董事长吴国春分别在典礼上致辞。蔡承武代表中华妈祖文化交流协会授予晋江妈祖文化研究会"妈祖大学堂"匾额；晋江妈祖文化研究会向21个会员单位授"妈祖大学堂"分校校牌。

【中国红十字在湄洲妈祖祖庙设立救护站】

5月18日上午，中国红十字救护站（祖庙站）揭牌仪式在湄洲妈祖祖庙医疗所举行。中国红十字会党组副书记郭长江、省红十字会党组书记黄毅敏、湄洲岛管委会主任林韶雯、湄洲妈祖祖庙董事长林金榜以及祖庙妈祖服务志愿者共同出席揭牌仪式。

【天津滨海妈祖文化园开园】

9月11日上午，天津滨海妈祖文化园举行揭牌仪式。

天津滨海妈祖文化园区位于天津滨海新区的中新天津生态城，地处滨海旅游区南部填海区域的北堤路与东堤路交汇处，所在地块整体通过填海造陆而成，三面环海，总占地面积3.9万平方米。由滨海新区与台湾大甲镇澜宫合作开发建设，于2009年7月奠基。整个建筑群南北长156米，东西宽64米，包括妈祖平台、妈祖阁、东西配殿、东西厢房等。文化园中的妈祖圣像高42.3米，共计使用858块石料。

天津滨海妈祖文化园由滨海新区与台湾大甲镇澜宫合作开发建设，于2009年7月动工建设。

慈善活动

【北京妈祖仁爱慈善基金会获"希望工程 2015 杰出贡献奖"】

北京妈祖仁爱慈善基金会荣获中国青少年发展基金会"希望工程 2015 杰出贡献奖"。基金会成立一年多来，已在支持妈祖文化遗产、扶贫救助、医疗卫生、支教助学等公益项目中开展了大量工作，共向社会捐赠善款 4000 多万元。其中，向希望工程捐资 50 万元。

【新港奉天宫百年建醮万桌普度品捐赠弱势社团】

1 月 2 日晚，台湾嘉义县新港奉天宫为期七天的百年建醮科仪圆满落幕。新港奉天宫将信众捐助的上万桌普度供品，委托给嘉义县慈善团体联合会协助处理，转送给嘉义地区、台南市、屏东县和云林县约 45 个需要物资的弱势社团。

【辽宁省举行闽商表彰先进大会暨公益慈善助学金颁发仪式】

1 月 10 日，以"福旺辽宁"为主题的辽宁省闽商表彰先进大会暨公益慈善助学金颁发仪式在辽宁省香格里拉大酒店二楼宴会厅举行。仪式上，辽宁省福建商会为辽宁大学 100 名贫困学子颁发 25 万元助学金；同时还举行为重建沈阳天后宫捐资仪式，辽宁省福建商会成员在前期筹集 1300 多万元的基础上，再次乐捐 100 多万元；全国工商业联合会原副主席庄聪生向辽宁省福建商会颁发国家民政部授予"全国先进社会组织"的奖牌及荣誉证书。

出席本次会议的人员有，全国工商业联合会原副主席庄聪生，辽宁省政协秘书长崔德胜，辽宁省工商联主席杨冠兴，沈阳市人民政府副市长祁鸣，辽宁省侨联主席王朝霞，中华妈祖文化交流协会副秘书长蔡承武，辽宁省民政厅副厅长马涛，辽宁省民间组织管理局局长赵适良等辽闽两地政府部门相关领导、各兄弟商会、企业家代表、金融界代表及新闻媒体逾千人。

【嘉义县新港奉天宫发放冬令慰问金及"千里育才·顺风飞翔"奖助学金】

新港奉天宫每年都会在春节前举行冬令慰问及"千里育才·顺风飞翔"奖助学金发放活动。今年在 1 月 17 日向新港乡及溪口乡柴林村、林脚村 99 户低收入户发放冬令慰问金，每户慰问金 2000 元（新台币）及白米两包。向百余位学生颁发了"千里育才·顺风飞翔"奖助学金。

【2016 大甲妈祖冬令救济活动】

1 月 17 日，大甲镇澜宫董事长颜清标、副董事长郑铭坤率领全体董监事，在庙前广场进行一年一度的大甲妈祖冬令救济活动。

【台湾桃园慈护宫举办岁末寒冬送暖"冬令救济"活动】

1 月 20 日至 1 月 26 日，台湾桃园慈护宫举办岁末寒冬送暖"冬令救济"活动，向两千多户低收入家庭发放慰问金及食物，每户 2000 元（新台币）、食米一份、平安面一份。

【台湾南投慈善宫推进环保庙会，节约经费用于慈善】

● 台湾南投慈善宫推进环保节约意识，在今年的天上圣母联合会执年理事长交接时不举行传统的绕境仪式，号召信众用"妈祖粮香"取代"炮仔香"，将传统燃放鞭炮和绕境活动的钱节约下来，用于帮助弱势群体。本次活动庙方共募得价值 109 万余元（新台币）善款。

1 月 23 日，慈善宫举行善款捐赠仪式。向辖境内 500 户困难户每户发放 1000 元新台币红包及民生物资；向南投县教育部门捐助 25 万元新台币的食物券；向草屯警察分局丰城派出所捐赠一辆巡逻车。

● 10 月 8 日至 10 日，南投市慈善宫举办为世界和平祈福息灾的陆海空超度大法会。法会传承年初的"妈祖粮香"取代"炮仔香"帮助弱势群体的做法，共募集到 6300 桌供品。法会结束后，南投市慈善宫将供品全部捐赠给县内弱势团体。

【霞浦松山天后行宫举办春节送温暖活动】

1月24日，福建省霞浦松山天后行宫董事会举办以"大爱妈祖·情暖人间"为主题的春节送温暖活动，为特困户送去春联、食用油等慰问品。

【莆田文峰天后宫开展春节"扶贫助困送温暖"活动】

1月26日下午，莆田文峰天后宫管委会主任陈鹭玲带领管委会全体成员到荔城区文献、凤山、长寿、英龙4个社区开展"扶贫助困送温暖"活动。此次活动共慰问156户贫困户，为每户贫困户送去了大米10公斤、食用油5公斤、慰问金100元。

2月4日上午，莆田文峰天后宫管委会主任陈鹭玲组织管委会成员在文峰天后宫旧殿开展"扶贫助困送温暖"活动，为镇海社区困难群众及环卫工人发放大米、食用油及现金。

【2016 湄洲妈祖祖庙举行"慈善之光"春节送温暖活动】

1月31日上午，湄洲妈祖祖庙在祖庙圣旨门广场举行"慈善之光"春节送温暖活动。湄洲岛管委会主任林韶雯出席了活动并致辞，列举了祖庙董事会多年来践行妈祖"立德、行善、大爱"精神的善行义举，并呼吁妈祖故乡人都要共同践行弘扬妈祖精神，做妈祖故乡文明人。随后，湄洲妈祖祖庙董事会正副董事长分别向岛上2294位70岁以上的老人发放204万元的压岁钱。其中70—79岁的老人，每人发送800元压岁钱；80—89岁的老人，发送1000元压岁钱；90岁以上的，每人1200元压岁钱。捐资67万多元，为全岛5600位60岁以上居民的新农合买单。为全岛110户贫困户送去每户一袋米、一桶油和1500元慰问金。

【台南安平开台天后宫向台南地震灾区捐款】

2月6日台湾台南发生地震，台南安平开台天后宫为台南地震灾区捐助100万元新台币。

【湄洲妈祖祖庙为台湾地震灾区义捐】

2月12日下午，湄洲妈祖祖庙为在2月6日地震中遇难的台湾同胞举行诵经祈福活动。随后，祖庙董事会在寝殿现场发起义捐活动，祖庙员工及前来湄洲岛朝圣旅游的香客也纷纷捐款，共募集捐款16万元。

【台南泰安宫向台南地震灾区捐款】

2月15日，台南泰安宫向台南地震灾区捐助360万元新台币。

【基隆庆安宫向台南地震灾区捐款】

2月18日下午，台湾基隆市举办向台南地震灾区捐款仪式。其中庆安宫捐助100万元新台币，主委童永、副主委林景吉也分别捐助20万新台币及10万元新台币。基隆市林右昌先生向捐款人颁发感谢状。

【台中市万春宫用普度物资资助弱势人员】

3月13日，台湾台中市万春宫用信众普度物资举办"千人爱心宴"，邀请近千名弱势人员一起用餐。同时将白米8000包、面条16800包、罐头、饼干、泡面及各种熟食等价值173万余元新台币的新春祈安法会普度物资，捐赠给台中市爱心食物银行绿川店，委托其统筹运用，用于帮助弱势人员。

【彰化县员林市福宁宫为贫困学生发放奖助学金】

3月15日，台湾彰化县员林市福宁宫为员林、永靖、埔心、大村，共30所中小学贫困学生发放奖助学金。

【台湾丰原慈济宫向山海屯生命线协会捐赠公务车】

4月13日，台湾丰原慈济宫向山海屯生命线协会捐赠公务车。

【北京妈祖仁爱慈善基金会专项基金"D基金"在京成立】

4月22日，北京妈祖仁爱慈善基金会专项基金"D基金"在京成立，该基金由北京惠泽天下网络科技有限公司牵头发起并捐资设立，是专注于全国贫困癫痫患者的公益救助基金。该专项基金计划在五年时间内，救助约1500名贫困癫痫患者。

【妈祖诞辰日虎尾持法妈祖宫联合有关机构宣示捍卫保护儿童】

4月29日，台湾虎尾持法妈祖宫与钰齐国际股份有限公司、云林儿童暨家庭扶助基金会，一起宣示捍卫保护儿童，捐赠民生物资给儿童暨家庭扶助基金会的受助家庭。钰齐国际股份有限公司向云林儿童暨家庭扶助基金会捐赠20万元新台币设立儿童保护基金。

【潮阳区贵屿天后古庙慰问困难群众】

为纪念妈祖诞辰1056周年，4月12日，广东省潮阳区贵屿天后古庙理事会筹资10余万元善款，组织妈祖慈佑慈善会100多名妈祖义工对辖区500多户困难群众、孤寡老人进行济困慰问。

【台湾鹿港天后宫向鹿港高中捐赠清寒学生营养午餐费】

5月13日，台湾鹿港天后宫主委张伟东代表鹿港天后宫向鹿港高中捐赠清寒学生营养午餐费238860元新台币，校长陈汉铭代表接受，并致赠感谢状。鹿港天后宫已连续7年为鹿港高中捐赠清寒学生营养午餐费，每学期补助的经费从20万至40万不等。

【北港朝天宫资助海外志工团到泰国服务】

7月3日，台湾北港朝天宫举行2016年笨港妈祖文教基金会海外志工团泰北服务之行前授旗典礼。这是北港朝天宫连续第四年资助海外志工团到泰缅边界偏远山区服务，今年共17名成员，从7月3日起分三批次出发，预计服务天数长达 70 天。服务内容除了华语教学，还包括了舞狮等传统民俗技艺传授以及环保社区营造等。

【嘉义涂家接骨整复所接骨技术员到莆田文峰天后宫义诊】

台湾嘉义涂家接骨整复所接骨技术员涂金枝分别于 7 月 18 日、9 月 15 日、10 月 14 日、11 月 21 日至 22 日到莆田文峰天后宫义诊。为前来就诊的颈椎病、风湿痛、肩周炎等患者推拿按摩、答疑解忧，提高了居民的健康意识、治病知识。

【莆田文峰天后宫给环节工作者发放防暑物品】

7 月 22 日，莆田文峰天后宫给荔城区镇海社区负责文献路中段的每个环卫工作者发放两包绿豆。

【上海永宏投资有限公司董事长刘亚勇向湄洲妈祖祖庙敬赠 350 克重的纯金蚰龙耳彝炉】

7 月底，上海永宏投资有限公司董事长刘亚勇先生到湄洲妈祖祖庙还愿，并定制 350 克重的纯金蚰龙耳彝炉敬献给妈祖。湄洲妈祖祖庙副董事长庄美华代表祖庙接受捐赠，并举行"三献礼"仪式。

【南投县埔里镇恒吉宫妈祖庙定期为信众提供免费平安粥】

台湾南投县埔里镇恒吉宫妈祖庙每逢周六及农历的初一、十五日定期煮平安粥，免费提供给信众食用。

【彰化南瑶宫颁发 2015 学年度第一学期奖学金】

8 月 6 日，台湾彰化南瑶宫举行 2015 学年度第一学期奖学金颁发仪式。

【广东深圳龙岗天后古庙理事会开展扶贫助残送温暖活动】

8 月 9 日，广东深圳龙岗天后古庙理事会开展扶贫助残送温暖的慰问活动，共向社会发放大米 1.5 万公斤、健康饮品 1000 件、面食 800 件、饼干糖果共 100

件。慰问对象为临近天后古庙的两个社区（龙东、龙新）、3个自然村、3个街道的养老院和残疾院、儿童康复中心、环卫工人与公安民警以及参战老兵。

【湄洲妈祖祖庙颁发2016年奖教奖学助学金】

8月23日，湄洲妈祖祖庙2016年奖教奖学助学金颁发大会在湄洲岛安泰酒店会议室举行。向全市427名优秀学子、优秀教师和贫困家庭优秀子女发放奖教助学金，总金额达2604200元。

【雪隆海南会馆（天后宫）颁发2016年度会员子女奖励金】

8月28日，雪隆海南会馆（天后宫）举行2016年度会员子女奖励金颁发仪式。共向530名学生发放奖励金98300令吉。

【屏东县内埔六堆天后宫发放白米济贫】

8月29日下午，台湾屏东县内埔六堆天后宫向14个客家村的464户低收入家庭发放白米。

【彰化县鹿港天后宫向鹿港镇洋厝小区发展协会捐助12万元新台币】

10月7日，彰化县鹿港天后宫管委会由副主委蔡平焜等代表向鹿港镇洋厝小区发展协会捐助12万元新台币，用于小区开办老人营养午餐以及独居老人送餐的服务。

【莆田文峰天后宫开展"金秋助学"活动】

10月25日下午，莆田文峰天后宫在莆田学院开展"金秋助学"活动，向莆田学院10名优秀贫困大学生颁发2万元助学金。

【台中乐成宫第二届旱溪妈祖奖助学金颁发】

11月5日，台中乐成宫举行第二届旱溪妈祖奖助学金颁奖典礼，共有415位大、中、小学学生获得奖助学金。台中市张光瑶先生出席颁奖典礼，并勉励获奖学子学业上再接再厉，同时秉持发挥妈祖爱人的精神，未来社会上贡献自己所长。

【涵江区妈祖文化交流协会发放 2016 年奖教金】

11 月 11 日，涵江区妈祖文化交流协会在区教育中心举办 2016 年奖教金发放仪式。该协会捐资 15 万元，对涵江区表现突出的 70 位先进教师进行奖励。

【新港奉天宫百年圆醮 普度物质捐弱势】

嘉义新港奉天宫继年初百年建醮后，于 12 月 14 日至 12 月 17 日，举办丙申年百年大醮圆醮庆典。庆典期间信众及单位捐赠的普度物资达上万份。其中嘉义市福添福社会福利慈善基金会捐赠 1000 份、耕兴股份有限公司 588 份、富邦食品有限公司 200 份、台塑企业新港厂 200 份（指定捐给新港乡在地各村低收入家庭）、台中乌日圣母宫 160 份、荣鑫实业（股）公司 100 份、法碟化妆品科技有限公司 100 份。圆醮仪式结束后，庙方将信众捐赠的普度物资委托嘉义县慈善团体联合协会，发放至嘉义地区低收入家庭、弱势家庭、小学及民间社会团体等。

【台中县丰原慈济妈祖社会福利慈善事业基金会清寒优秀学生助学金申请办法】

台中县丰原慈济妈祖社会福利慈善事业基金会设立清寒优秀学生助学金申请办法。

责任编辑:周文婷
特约编辑:程文梅
封面设计:彭世兴

图书在版编目(CIP)数据

妈祖文化年鉴.2016/莆田学院妈祖文化研究院,莆田市湄洲妈祖祖庙董事会 编. —北京:
人民出版社,2018.9
ISBN 978-7-01-019927-6

Ⅰ.①妈… Ⅱ.①莆…②莆… Ⅲ.①神-文化研究-中国-2016-年鉴 Ⅳ.①B933-54

中国版本图书馆 CIP 数据核字(2018)第 235600 号

妈祖文化年鉴·2016
MAZU WENHUA NIANJIAN 2016

莆田学院妈祖文化研究院   莆田市湄洲妈祖祖庙董事会   编

人民出版社 出版发行
(100706 北京市东城区隆福寺街 99 号)

北京中科印刷有限公司印刷   新华书店经销

2018 年 9 月第 1 版   2018 年 9 月北京第 1 次印刷
开本:787 毫米×1092 毫米 1/16 印张:20.75
字数:370 千字

ISBN 978-7-01-019927-6   定价:118.00 元

邮购地址 100706   北京市东城区隆福寺街 99 号
人民东方图书销售中心   电话 (010)65250042   65289539